フルートを語る

ジェームズ・ゴールウェイ著

吉田 雅夫 訳

シンフォニア

James Galway, Flute
Copyright © 1982 by James Galway
Instructional Illustrations copyright © 1982 by Jeanie Mellersh
Japanese translation rights arranged with Macdonald & Co Ltd
through The English Agency (Japan) Ltd.

目次

感謝の言葉 10
まえがき　ユーディ・メニューイン 11

第1部　フルート 13

第1章　はじめに 15
　　　　フルートとは何か 15
　　　　古代世界におけるフルート 17
　　　　民俗フルート 18
　　　　ヨーロッパが輸入する 19

第2章　リコーダー 21
　　　　リコーダーの変遷 22
　　　　コンソートの中のリコーダー 25
　　　　17世紀と18世紀 28

第3章　フルートの発展 33
　　　　フランスにおける進歩 35
　　　　ヨハン・ヨアヒム・クヴァンツ 41
　　　　補助キー 46
　　　　レパートリー 49

第4章　モダン・フルート 57
　　　　ウィリアム・ゴードン 57
　　　　テオバルト・ベーム 59
　　　　20世紀になって 61
　　　　リコーダーが帰ってきた 66

第5章	私のフルート製作　アルバート・クーパー	68
	同じ大きさのホールをもったフルート	69
	私のグラフとカバード・ホールのフルート	71
	オープン・ホールのフルート	72
	頭部管	74
	結論	75
第6章	フルートの保守	78
	きれいに，そして大事に	78
	取り扱い	79
	ケース	79
	温度の問題	81
	修理	81
第2部	演奏する，練習する，技術をみがく	83
第7章	身体について	85
	立つ	85
	腰かける	89
	呼吸	91
	フルートを持つ	97
	唇	104
第8章	最初の音	108
	最初の音の出し方	108
	二番目に出す音	112
	音を組み合わせる	114
第9章	音	118
	表現力	118

　　　　音の柔軟性 121
　　　　唇の柔軟性 122
　　　　ピアニッシモとフォルティッシモを演奏する 126
　　　　スピード 128
　　　　ヴィブラート 129

第10章　練習 133
　　　　スケールとアルペジオ 137
　　　　はっきりした音を出す 141
　　　　練習について言い忘れたこと . . . 141

第11章　アーティキュレーション 145
　　　　タンギング 145
　　　　レガート 147
　　　　アーティキュレーション 148
　　　　アタック 149
　　　　「牧神の午後」の出だし 150
　　　　ゆっくりした楽章を演奏する . . . 151

第12章　ピッチ 154
　　　　ピッチ感をみがく 155
　　　　移調 157

第13章　エチュード 159
　　　　初心者 161
　　　　上級の生徒 162
　　　　練習で得たものを曲に応用する方法 . . . 177
　　　　「タッチ」をみがく 178

第3部　レッスン 180

第14章　バッハを演奏する 182
　　　　呼吸 183
　　　　色彩 184
　　　　アーティキュレーション 185
　　　　テンポ 186

第15章　バロック音楽を演奏する 188
　　　　簡単な旋律の装飾 189
　　　　理解を助けるために 190

第16章　主なソロ曲 196
　　　　「シリンクス」 197
　　　　「精霊の踊り」 199
　　　　ピアノと一緒に演奏する 200

第17章　レコードを聴く 211
　　　　先生としての蓄音機 211
　　　　フルート奏者を比較する 213
　　　　フルートを越えて 214

第4部　フルート奏者であるということ 216

第18章　オーケストラ 218
　　　　いろいろなオーケストラのスタイル .. 219
　　　　技術的に上達する 220
　　　　オーディションの受け方 221
　　　　オーケストラの中で演奏する 227
　　　　トゥッティとソロ 237
　　　　ピッコロとアルト・フルート 239

第19章　室内楽 241

	団結心	241
	曲目	243
	室内楽から得られるもの	244
第20章	スタジオで演奏する	246
	ポピュラー音楽	246
	初見で演奏する	248
	二つ目の楽器	248
	スタジオで演奏する	249
第21章	ソリスト	252
	神経過敏になる	254
	ソリストとオーケストラ	256
	ソリストと伴奏者	258
	ソリストと聴衆	259
	編曲	261
	作曲を委嘱する	263
第22章	今日のフルート，明日のフルート	266
	現代曲	266
	録音	268
	録音テープと演奏する	269
	最新の考案	271
	循環呼吸	273
	フルートは進歩する	275
	レコード目録とレパートリー	277
	索引	278
	訳者あとがき　吉田 雅夫	285

感謝の言葉

　私が次から次へと立派な先生につく幸運にめぐまれなかったら，このような本を書こうとは，考えもしなかったでしょう。これらの先生方には心から感謝しています。私が最も強い影響を受けたのは，ベルファストではミュリエル・ドーン先生とビリー・ダンウディ先生，ロンドンではロイヤル・カレッジのジョン・フランシス先生とギルドホール・スクールのジェフリー・ギルバート先生でした。パリではジャン・ピエール・ランパル先生から大きな激励を受け，先生には時々レッスンをしていただきました。後にあの伝説的なマルセル・モイーズ先生を定期的に訪れたことは，フルート演奏に関する私個人の哲学を実現するのに役立ちました。

　旅行に私と同じくらい時間をついやす場合には，助手や出版者やその他の人々からの援助はどうしても必要です。当時私の助手であったエレナ・デュランさんの一方ならぬ援助がなかったら，私はこの本を書き始めなかったでしょう。ペニー・ホーアさんは最も忍耐強い産婆役でした。一方，ユーディ・メニューイン氏とパトリック・ジェンキンス氏は絶えず私を激励して下さいました。私の希望に注目して思い切って本にしようと言ってくださったエリク・フェンビー氏は，始終すばらしいアドヴァイスと具体的な援助をしてくださいました。

　モーリン・マコンヴィル，ヒュー・ヤング，ヘンリー・レイナー，ジェイコブ・メイン，ケイシー・ニコルソン，アレックス・ウィークスの諸氏はみんな原稿の整理に手をかしてくださいました。一方，私の友人でありマネジャーでもあるマイケル・エマソン氏は，フルートを手にしたこともないという方でしたが，最後までこの仕事をやりとげてくれました。

まえがき

ユーディ・メニューイン

　人類が創造したすべての音の中で，フルートの音は最も純粋な音です。フルートが作る音の透明さというものは，私にとってすべての音楽が永遠に求めている自然の素朴さのこの上もない表現です。フルートは争いや怒りによって汚されることのない国に私達をつれていく尋常一様でない力をもっています。フルートが私のためにかもし出す気分は，あこがれ，心の悲しみにも似ていますが，それはつらさのない悲しみです。ヒポクラテスが心身を癒すため，回復期に羊飼いのフルートの音を薦めたのも不思議ではありません。

　ジェームス・ゴールウェイは天駆ける姿，心の落着きと共感をともなう音をもったこの最古の楽器の複雑さと楽しさを教えるのに最もふさわしい道案内人です。自分の選んだ楽器を勉強しようとする人々と話し合おうというはっきりした望みだけでなく，とびぬけて豊かな経験から彼が筆を走らせていることは間違いありません。「音楽は言葉だ」とゴールウェイは書いています。そして，言葉で話す能力についれは無邪気なほど控え目ですが，読者の皆さんは非常に丁寧で詳細な文章の中に彼が演奏に心がけるのと同じ暖かさと熱意——それは幸運にも彼の演奏を聞いたことのある人々にはわかります——を見出すことは疑いありません。たしかに彼はフルートとフルート音楽の考え方全体に新風を吹きこみました。彼のこの楽器に対する打ちこみ方，その楽しみ方は，この本を読むすべての人々に直接伝わることと思います。

文中の行間に付した小さい数字は訳注を示します。訳注は各章の終りにまとめて載せてあります。

第1部
フルート

　フルートがどのようにして，いつ，どこで発明されたかは誰も知りません。人間が音楽を書くということを考える前にフルートが何世紀もかかって，おそらく何千年もかかって発達したことは間違いありません。ですから，ある特定の文化が記録を保存し，歴史を記録するようになった時には，フルートが最初どのようにして考え出されたか誰も思い出すことはできませんでした。フルートは存在していたのです。フルートは生活必需品の一つでした。

　間違いなく申し上げることができるのは，あらゆる文化，あらゆる国家，世界のあらゆる地方では一つか二つ，普通は数種類のフルートが作られたということです。過去の時代を掘り返して御覧なさい。そこには誰かフルートをもった人がいます。人類の歴史のいかなる時期にもフルートが重要でなかった民族はどこを探しても見当りません。

　フルートは最初の楽器でした。反証はありませんが，これは自信をもって言えます。おそらくある原始的な形の太鼓が最初に現われた，すなわち誰かが何かを打ってそれが音を出すことを知り，物を打つことを職業として取り上げたという反論があることも事実です。もし皆さんがその意見に賛成したいなら，それはそれでよいでしょう。おそらく私達の誰一人として他人を黙らせる自信のある証拠を見出すことはできないでしょう。しかし，私の考えではフルートが先です。

　フルートは最初の楽器であっただけでなく，最も自然な楽器でしたし，ずっとそうです。その音は楽器の中から出てくるもので，楽器をたたいたり引っかいたりしても出てくるものではありません。それは奏者の話し声や歌声の延長です。奏者の呼吸，筋肉，指が，むずかしい技術の助けをかりずに音を作ります。音と

奏者をひきさくものは何もありません。機械もリードもハンマーも弓も弦もありません。聴衆との間にほとんど何ももたないのは歌手だけです。フルートを唇にあてて，そして吹く。うまくいけば音楽が生まれます。

　しかし，音楽とは何でしょうか。基本的には音楽は響きですが，その答には他に重要な側面があります。その響きは美しくなければなりません。それは美しくなければならないだけでなく，何かを語らなければなりません。音楽は意思の伝達手段です。音楽は言葉です。もし印刷された文字を使うより音楽という言葉を使う方がてっとり早いなら，どうかお許し願いたいのです。私は人生の大半を音楽という言葉を使って意志を伝える方法を学ぶことに費してきました。話し言葉というものはひとりでに身につかなければならないものです。私達はほとんど誰でも全く同じ経験をしていると思います。私が言葉を駆使すれば，ここでは音楽，フルート，そしてそれを学ぶ人達の役に立ちます。私の話を通じて皆さんが音楽という言葉を理解していただけたら幸せです。

　まず最初に，いかにして楽器の中で最初の最も自然なこのフルートが人類に話しかけるようになったかを考えてみましょう。

第1章
はじめに

　古代の歴史においてフルートが非常に普及したという事実を認めた場合，フルートは個々別々にインスピレーションを感じた非常に多くの人々によって何度も発明されたという結論にだけは達することができると思います。発明されたというより発見されたという言葉の方がおそらく適切でしょう。もとはと言えば，フルートは偶然の産物といってもよいのです。たまたまその辺にころがっている何か中空の古い棒きれ，葦や茎なのです。人間の営みの中の創造的な側面とは，薪にしかならないこんなつまらないものを音楽的な意思伝達手段に変えるということなのです。これこそ発明や発見がなされる最初の場です。

フルートとは何か

　元来フルートというのは，その内部にある空気が振動するようにリードなしで吹く中空の管です。あとでいろいろ説明しなければなりませんが，今日の楽器があらゆる点で進歩してきたとはいえ，この基本的な事実は変わりません。内部で空気が振動する中空の管は私達が今日吹くものと同じものです。

　しかし，時がたつにつれ所が変わるにしたがってフルートはいくぶん違った形で現われるようになりました。こういう変化の背後には，振動をつくるためにフルートを吹く方法が，一つではないという事実があります。すべての方法に共通なことは，空気の流れは鋭いエッジにぶつかって分けられるということです。縦にもって音を作るフルートがいくつかありますが，その場合空気は管の向こう側の縁にぶつかるように上端にある穴越しに吹きつけられます。こういう「管の端

を吹く」フルートには，音の出をよくするために縁にちょっとした切り込みをつけることがあります。フラジオレット，フィップル・フルート——リコーダーはその一例です——は気道をもったマウスピースを通して空気が吹き込まれますが，

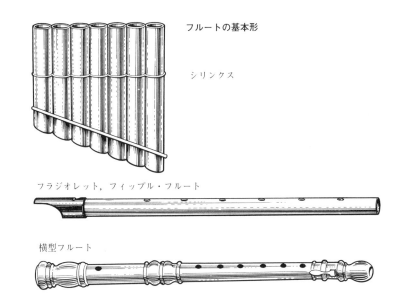

フルートの基本形

シリンクス

フラジオレット，フィップル・フルート

横型フルート

管の中にはフィップル(栓)があって，管の側面に切り込まれた穴に向かって空気がまっすぐあたるようになっています。これから主に説明するフルート，すなわち横型のフルートの場合には，端に近い管の側面にホールが開けられているのが本質的な特徴です。空気の流れを奏者はホールの向こう側に吹きつけますが，それは管の向こう側にある鋭いエッジにぶつけて振動させるためです。太平洋の島々のフルートの中には鼻から空気を吹き込むものもありますが，寄り道をしてこういう特殊なものを研究するのは止めておきましょう。

これまで取り上げたのは一つの音を出すことのできる中空の管です。このすぐ後にもう一つの発見があらわれます。すなわちパイプが短ければ短いほど，音は高いということです。長さが少しずつ異なるパイプを数本たばねるとパンパイプ

すなわちシリンクスができ，それだけで音楽を作る――吹くことはできますが，まだ扱いがめんどうです――ことができます。必要がない時には閉じることができるフィンガー・ホールを開けていくつかの音を一本の管で出せるようになったことは飛躍的な発展でした。ヴァーグナーによればこういう発見をしたのは竜を退治したジークフリートでした。手の届くところにある証拠から音響的な結論を引き出すことができるということが人類にかなり広汎にゆきわたっていたのは事実です。

古代世界におけるフルート

　旧約聖書によれば，ジューバルはハープとパイプを吹くすべての人々の父でした。ハープとパイプのことをもう少し詳しく語ってくれればよかったのですが，聖書はこの点については依然として簡潔で，聖書学者は今日これらの楽器がどんなものであったかを話したがりません。古代の近東の他の地域から，スメリアとエジプトから，だんだんとその正体がわかってきますが，その情報の大部分は絵で，私達が期待できるほど正確ではありません。これらの文明には茎製のパイプがありました。それは縁を吹き，長さは1ヤードくらいのもので，ホールは最初はありませんでしたが，後には三つも四つもありました。エジプトの墓に埋められていたフルートは三つのホールをもったものであることが証拠によってはっきりしています。この楽器は羊飼いのパイプとして始まり，後には宗教的儀式のために取り入れられたようです。

　最初に六つのフィンガー・ホールを用いたのはギリシア人だったようです。ですから，彼等の楽器をその旋法や音階に合わせれば，すべての音をその楽器で出すことができます。実はギリシア人にはリードなしのパイプよりもリードつきのパイプの方が人気がありました。フルートは一般的に言って，羊飼いや村人や普通の人達のためのものでした。オーボエの前身であるアウロスが社会的に認めら

れ，このなさけない状態は中世まで続きました。中世になってフルートは北ヨーロッパでその地位を認められました。その間，民衆は勿論フルートが重視されるか否かなどということは大して気にせずに楽しい毎日を送っていました。

民俗フルート

　未開であると否とを問わず，何らかのフルートを吹かない民族は今日世界にはほとんど見当りません。端を吹くフルートにはニューギニアの6フィートのお化けみたいなものから，駝鳥の羽でできているアフリカの「ブッシュマン・フルート」まであります。フラジオレットはいたるところでなんらかの形で発見されます。ジャヴァにはスリンと呼ばれるものがあり，有名なガムランのパーカッション・バンドと一緒に演奏されます。北アメリカのインディアンにはアパッチ・フルートがあります。それはいささかめんどうな楽器で，「恋人のフルート」というニックネームがついています。イギリスにもイギリス人特有のフラジオレットがあります。私は子供のときにそれを吹きました。当時「一銭笛」と呼ばれていましたが，それ以来インフレで一銭どころではなくなりました。

　インドや日本は，大フルート演奏国です。ヒンズー教の神クリシュナの姿は，六つのホールをもった横型のフルート——ムルリとして知られています——を吹いていることがしばしばあります。バンサリという名前は数種類のフルートにつけられています。もとはと言えば，それは竹（バンセは竹という意味です）で作られたフルートのことでした。2オクターヴ下までの音域をもっている単音楽器で，あるものは縦吹きですが，あるものはムルリのように横吹きでした。今日ではバンサリは世界中に普及し，多くのものが金属で作られています。バンサリはインドの古典音楽やインド全土に人気のある映画音楽の中で聞くことができます。

　日本の大部分の芸術と同じように日本の古典音楽は伝統としっかり結びついています。舞楽のために雅楽（みやびやかな音楽）を奏する宮廷オーケストラには，

2種類のフルートがあります。すなわち一つは九つのホールをもつフラジオレット「ひちりき」、一つは横型のフルートです。伝統的には「左方楽」には七つのホールをもつフルートがあり、「右方楽」には六つのホールをもつフルートがあります[3]。日本にはまた美しい端吹きの、いくぶん歌口を削り込んだフルート、即ち尺八があります。尺八の四つのホール[4]は日本音楽の特徴であるＤＦＧＡＣの5音階を作りますが、他の音はオーバー・ブローイングとクロス・フィンガリングによって出すことができます。尺八の音は実に魅力的です。

ヨーロッパが輸入する

紀元後最初の1000年間はヨーロッパはビザンチウムや東洋と比較するとおくれていました。進歩、学問、贅沢はすべて東洋から入ってきました。音楽も楽器もそうでした。西洋に来た最初のフルートは、太鼓と一緒に演奏される簡単なパイプでした。それは12世紀の前半にヨーロッパに入ってきました。このパイプは縦吹きのフルートで、フィンガー・ホールが三つありました。二つは前に、一つは親指用としてうしろにありました。そしてそれは1本の手で演奏されました。もう一方の手は太鼓でリズムをとりました。足では自由に踊りをおどりました。想像できるかも知れませんが、このフルートはまだ高級品として通用するものではなくて、それが到来してはじめて本当の作曲家の関心を引く価値のある立派な楽器として一般に認められるようになりました。自然音の第2倍音と第3倍音に達するためにこのパイプの奏者はオーバー・ブローイングで音階を作りました。C, D, E, Fは第2倍音、G, A, B, Cは第3倍音でした。

大体同じ頃、もう2種類のフルートが地位を得つつありました。東ヨーロッパ

はドイツに横型のフルートを輸出し，それは12世紀になって定着しました。15世紀には，ドラムと一緒に演奏されるファイフェという形となってそれは軍楽用と楽しみのために広く演奏されました。一方フラジオレット・タイプの楽器が南から北に移動しつつありました。これらはリコーダーに似たフィップル・フルートで，14世紀には，過去の似たような楽器の改良型として一般に広く用いられるようになりました。

　リコーダーは長い活躍期を迎えることになりました。

1　わが国では一般にドイツ語の「ブロック」という言葉を用いています。
2　原文には"Bunraku"とありますが，おそらく舞楽のことと思われます。
3　七つのホールをもった龍笛，六つのホールをもった狛笛のことでしょう。
4　裏穴(親指用)を入れるとホールは五つです。

第2章

リコーダー

　ヘンリー・ボリングブローク——後にイングランドのヘンリー4世になります——は，まだダービー伯爵という称号で通っていた1388年に家政報告を作成させたことがありました。その財産目録の中に i fistula nomine ricordo（リコーダーというパイプ一本。i は 1 という意味です）と書いてありました。これはリコーダーという名前を用いた最初のようですが，これがこの楽器の一般的名称になりました。

　その人気が何世紀も続く間に——14世紀から18世紀中頃まで——そのパイプはその他にいくつかの名前で呼ばれました。マウスピースがくちばしに似ているので「くちばし型フルート flûte á bec」，その音が優しいので「優しいフルート flûte douce」，イギリス人がそれを非常に愛好したので「イギリス・フルート English flute」。その最終的な形にはまだ発展していませんでしたが，一時期「3音のフルート flûte á trois trous」として知られました。そして，今日のようにこの楽器に六つのホールがついた後でも同じ名前で呼ばれました。私達が無視してもよいような名前が他にもありました。

　一つの楽器に六つもの名前をつけた私達の先祖の習慣以上にめんくらうのは，六つの楽器に一つの名前をつけた習慣です。17世紀までは「フルート flute」という時の半分はリコーダーを意味し，そして「パイプ pipe」という時はたまたま手元にあった何か高音の木管楽器のことをさしたこともありました。シェクスピアの芝居の中で，ハムレットはギルデンスターンにリコーダーを差し出して「この笛を吹いてくれないか」と言います。1688年（パーセルが9才の時）にサミュエル・ペピーズはリコーダーを買ったと日記に書きましたが，パーセルは17世紀にリコ

ーダーのことを「フルート」と呼びました。1780年には既に学識豊かな音楽史家バーニー博士は「普通のフルート the common flute」という名前ではこの楽器のことを非常によく知っていましたが、リコーダーという名前では何のことだか見当がつきませんでした。ヘンデルやバッハが「フルート flute」または「フラウト flauto」と書いた時には、それはトレブル・リコーダーのことでした。もし横型フルートが必要な場合には横型フルートと言いました。

リコーダーの変遷

　1511年、シュトラスブールの大司教に献呈された楽器に関する本の中でセバスティアン・ヴィルドゥングは、銅版画でリコーダーに関する記事を説明しました。いささか出鱈目ですが、多かれ少なかれその銅版画は今日の楽器に似た形を示しています。このように、16世紀の初めにはもうリコーダーはその進歩を終えていました。

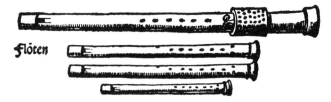

リコーダーのコンソート、ヴィルドゥング著「ドイツ語による音楽の書」(1511年)より

　その時までにリコーダーはまた多くのファンを獲得し、その立場を主張しましたが、それは民衆の低級な楽器としてスタートし、進歩の重要な段階は大部分その歴史の庶民的な部分に現われました。

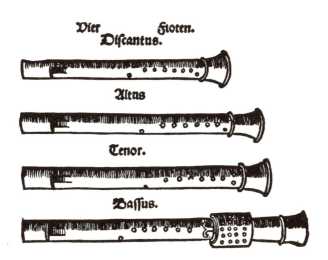

リコーダーのコンソート，アグリーコラ著「ドイツの器楽」(1528年)より

　初期のリコーダーは(この点では初期の横型フルートと同様に)一本の木から作られましたが，楽器が二つの部分すなわち本体と足部──足部は本体にさしこまれるジョイント部をもっています──に分かれれば，気道の中心孔はもっとうまく作ることができるということがやがてわかりました。

　リコーダーを現在の形にする技術的進歩は一層急速におこったにちがいありません。つまり，「リップ」すなわち空気の出口にある傾斜のついたエッジに向かって空気を通す狭い気道部分だけを残して，フィップルすなわち栓──頭部を閉めます──をマウスピースの中に挿入することです。

　フィンガー・ホールが現われたのは──まだリコーダーが上流社会の仲間入りをする前でしたが──少し後のことです。リコーダーがまだ民俗音楽のためのものだった時に三つのフィンガー・ホールがつけられ，小太鼓奏者のパイプと同じ方法で演奏されました。ヘンリー・ボリングブロークが家財道具の目録の中にリコーダーを1本載せた時には，もう七つのホールがつけられていました。すなわち六つは標準のホール，一つはサム・ホール[5]で，足部に近く管の裏側について

いました。サム・ホールは奏者がオーバー・ブローする第2オクターヴを出しやすくするためでした。

15世紀初期のリコーダー（ハーグ市立博物館蔵）

　六つのフィンガー・ホールを使うと，子供でもできるくらい簡単に完全な半音階を2オクターヴ作ることができました。しかし，問題はまだありました。あまり強く吹くとピッチがあがり，あまり弱く吹くと音程が下がって力がなくなります。ホールが大きすぎるとフラットになり，小さすぎるとシャープな音が出ました。正確にホールを開けて，それを半分だけ閉じると全音の代りに半音がでました。ですからホールを半分閉じる運指技法が役に立ちましたが，大抵の奏者はクロス・フィンガリングという方法によって半音を出す方を好みました。この方法は19世紀の中頃，テオバルト・ベームによって紹介されたフルート製作の改良まで木管楽器奏者の間に広まりました。

　クロス・フィンガリングは次のようにしてやります。六つのホールを全部閉じると，最低の音，初期の頃は普通はDが出ます。一番下のホール（すなわち，マウス・ピースから最も遠いホール）を開くと，1音上がってEになります。二つのフィンガー・ホールを開くと，必ずしも音程は正確ではありませんが，1音高くなってFisが出ます。F♮が必要ならば，一番下のホールを閉じ2番目のホールは開けなければなりません。一番下の三つのホールを開くとGが出ます。こんどは下のホール二つを閉じるとGは半音下がってFisになります。D,E,F,Gのノート・ホールを閉じれば，同じ方法で音階の上半分を出すことができます。Aは4番目のホールを開け，Bは5番目のホールを開けますが，B♭を出すには4番目と5番目のホールを開けます。C♯を出すには6番目のホールを開けますが，C♮は5番目と6番目の両方のホールを開けます。要するに，隣り合わせの二つ

のホールを開けると高い方の音が半音だけ低くなります。前に説明したように第2オクターヴはオーバー・ブローイングで出します。

　二つの特徴がリコーダーの長い栄光の歴史を物語っていると言えるでしょう。

　第一は，アマチュア音楽の時代にはリコーダーは理想的な楽器でした。リコーダーには故障するようなメカニズムが何もついていませんでした。奏者は何か特別なアンブシュールを学ぶ必要はありません。ただ両唇の間にマウスピースをくわえて吹くだけでよかったのです。

　第二にリコーダーの静かな澄んだ音の中には人に訴えかけるものがありました。そしてそれによって音楽のムードは少しも変わることなく，奏者が何をしても影響されることはあまりありませんでした。ハーモニクスや倍音がないように見えますが，その音の素朴さは，知識やメカニズム，いや奏者の腕とも全く関係がないように思われました。フルートは楽器の中で最も自然なものですが，リコーダーこそフルートの中で最も自然なものであると言える根拠がここにあります。

コンソート（同族楽器合奏）の中のリコーダー

　間違いなくその音の性格から，リコーダーはソロ楽器としては何かちょっと物足りないところがありました。この点では私達の祖先は困ることはありませんでした。器楽のポリフォニーが15世紀に流行しました。楽器の「コンソート」（当時はこう呼ばれました）は当時のポップ・グループでした。ですから，リコーダー発展の新局面は，いろいろなサイズのリコーダーが出現したということです。それらのリコーダーは三つか四つを合奏することができ，丁度歌手のように異なる声部を異なる音が受け持ちました。基本になるリコーダーはトレブル・リコーダーでした。デスカント（つまりソプラノ）とソプラニーノ（つまりエクシレント）はトレブルよりピッチが高く，テナー，バス，グレート・バス（時に一層低い音のために）はトレブルより低いピッチでした。

16世紀末には次のようなものも作られました。

これらの声部を全部使ってリコーダー族は人間の合唱の全音域を実際に再現しましたが——これはアンサンブル演奏に対するリコーダーの特別の貢献でした——,最低の音域から最高の音域まで音が完全に均等であったからです。

トーマス・モーリーの旋律から

　1419年から1467年までブルゴーニュ王国の公爵であったフィリップは1437年にフルート fleute（すなわちリコーダー）奏者の四重奏を聞きました。楽器のうち2本は恐らくトレブル，2本はテナーだったでしょう。なぜならば，更に一世紀たってはじめてバス声部とそれが動く音域が重要視されたからです。次の世紀になるともう典型的なコンソートというのはトレブル1本，テナー2本（1本はアルトとしての役割です）それにバス1本という編成になりました。ヘンリー8世が1547年にこの世を去った時，その楽器の表が作られました。その表を見ると彼が72本のフルートと76本のリコーダー――コンソート毎にまとめられていましたが，バス・リコーダーは別の表になっていました――を持っていたことがわかります。

　国王ヘンリーは結婚への情熱とほとんど同じくらいの情熱を音楽に注いだことで有名ですが，楽器を集め音楽家に職を与えたのは彼一人ではありませんでした。チューダー王朝を通じて宮廷につとめる木管楽器奏者と弦楽器奏者の数は増加し，何人かの奏者の名前は今も残っています。エリザベス一世はガイというフルート奏者とラニエとパーカーという二人のリコーダー奏者をかかえていました。その他に彼女は六人のショーム奏者を雇い，彼等はすべてガイと同様に必要とあればリコーダーを扱うこともできました。イギリスでは宮廷以下の階級でも音楽が栄えていました。サフォークのケングローヴ・ホールのキットソン家は音楽一家で

した。17世紀の初めに彼等は家庭の団欒のためにジョン・ウィルビーという大マドリガル作者を住み込みの作曲家として雇いました。彼等が楽器を持っていたことは勿論です。その楽器の中には、おそらく全部異なったピッチの7本のリコーダーのはいっているケースと2本のフルートがありました。こんどはフルートの出番です。しかし、フルートがリコーダーを駆逐するにはまだかなりの年月を必要としました。

17世紀と18世紀

　最終的にリコーダーを舞台から引っこめたのは、18世紀における古典派オーケストラの発展でした。アンサンブルの演奏に対立するオーケストラの演奏にはリコーダーは必ずしも充分な備えがありませんでした。きっとリコーダーの発展が終りを告げたからでしょう。バッハが知っていたこの楽器はブルゴーニュ王国のフィリップやヘンリー8世が聞いたものと殆どすべての点で同じでした。そして、この点については、今日数多くの学童が吹いている楽器とも同じでした。リコーダーの2オクターヴの音域を広げたりその狭いダイナミックを増したりする手段は何も講ぜられませんでした。

　しかし、この時代を通してずっと、リコーダーは素朴でとっつき易く、ヨーロッパ中に人気がありました。イングランドではリコーダーという名前はすたれました。しかし、楽器はすたれませんでした。サミュエル・ペピーズはもうフラジオレット（イギリスのデスカント・リコーダーのフランス版で、マウスピースの下に球形のふくらみをもっています）を吹いていました。1668年2月28日にペピーズは「殉教の処女」という劇を見に行きました。彼はこの劇を大して評価しませんでしたが、その「木管の音楽」には「心を奪われ」、すぐに自分のために1本、妻のためにもう1本のリコーダーを買いました。17世紀の末期までポピュラー・ソングは、歌とバスの楽譜の下にリコーダー・パートを印刷して売られていました。

バッハのオーケストラはヴァイマルであれ，ケーテンであれ，ライプツィヒであれ，リコーダーとフルートを両方ともはっきりと区別していました。なぜならば，バッハはどちらを希望しているかを指示するのに常に注意を払っていたからです。「フラウト flauto」または「リコーダー flûte á bec」とスコアの中に指示した場合には，それはトレブル・リコーダーのことです。バッハは，新しいフルートのことをフラウト・トラヴェルソ flauto traverso，またはフランス語でフリュート・トラヴェルスィエール flûte traversiere，ごくまれにドイツ語でトラヴェルスフレーテ traversflöte，またはクヴェアフレーテ Querflöte と言いました。横型フルートは1730年にバッハがドレスデンを訪れた後にだけスコアの中に指示されています。ドレスデンのオペラ・ハウスでバッハは初めてすばらしいフルートの演奏を聴いたのでしょう。

バッハはフルートとリコーダーを一緒にしてはスコアを書きませんでした。きっとそれらが同じ奏者によって吹かれたからでしょう。「マタイ受難曲」の中のゲッセマネの瞑想のためにリコーダーを使って悲しみを表現した奏者達と同じ人達が，同じオラトリオのキリストの審判での合唱 " Lasst ihn Kreuzigen " にフラウト・トラヴェルソを使ってあざ笑うような話の効果を加えました。

しかし，こういう器用な人達は「町のおかかえ音楽家」の集団やクリスマスの聖歌隊からのプロではありませんでした。1730年にバッハは自分の雇い主であるライプツィヒの市参事会に覚え書を送って，フルートのような楽器——今日の音楽

には欠くことはできません——のために大学生や自分自身のコーラス学校からの少年に頼っていることを指摘することが必要であると考えました。

バッハは特別な効果を出そうとして主にリコーダーを用いましたが，ライプツィヒに雇われて行く前にケーテンで書かれたブランデンブルク協奏曲第2番と第4番のオーケストラ編成の中にリコーダーを含めました。後でわかりますが，非常に多くの重要な仕事をバッハはフルート——ブランデンブルク協奏曲第5番ではフルートのために作曲しました——にまかせました。

バッハと同様にヘンデルもこの二つのタイプのフルートのために作曲しました。そして，バッハと同様にヘンデルはどちらを要求するかを明確にし，フルートをリコーダーと区別して「ジャーマンgerman」——すなわち横型の——フルートのためにスコアを書きました。ヘンデルのイタリア風カンタータは，非常に魅力的なリコーダー音楽をいくつか聞かせてくれますが，この楽器のための彼の最も有名な曲は「アチスとガラテア」の中のポリフェスマスのアリア「おお，桜の花よりも赤い」につけられたソプラニーノ・リコーダーのための華々しく滑稽なオブリガートです。ここでは歌手のぶんぶんいうようなバスとソプラニーノのピーピーいう音の間のとんちんかんな対照が楽しいまでにうまく使われています。

1730年までのヘンデルの主席オーボエ奏者であったベルギー人のジャン・バティスト・ルイエは当時イギリスでジャーマン・フルートを吹く第一人者であると思われていました。このことは必ずしも文字通り真実ではないことはたしかですが，ルイエは金を払って聴きにくる聴衆に公開演奏会でジャーマン・フルートを吹いた最初の人であると言っても間違いありません。いずれにしても，彼は作曲でも演奏でもジャーマン・フルートを普及するのに大いに尽力しました。彼は上流社会の聴衆のために自分の家で毎週コンサートをひらきましたが，他の奏者はいくらか社会的地位のあるアマチュアでした。ジョン・ホーキンズの「音楽学と演奏の歴史概説」によれば，そういうアマチュアは「非常に気前よく彼に報酬を払って自分たちの指揮をしてもらった」のです。換言すれば，彼等はそういう特権に対して高額の支払をしたわけです。

　ルイエはリコーダーの破滅を招く手伝いをしたわけですが，彼はなおリコーダーを演奏し，リコーダーのために作曲をしました。彼の重要な曲の中にはリコーダーと通奏低音のための何組かのソナタ，リコーダーがオーボエ及び弦楽器と合奏する曲がたくさんあります。彼が死んだ時，当時の傑出したフルート奏者としての彼の地位は，もう一人の大陸から移り住んだカール・フリードリヒ・ヴァイデマンによって引きつがれました。ヴァイデマンは，1726年にイングランドに来て，1782年にこの世を去りました。ルイエは2種類のフルートに関係しましたが，ヴァイデマンは奏者として作曲家として横型フルート一辺倒でした。

　リコーダーについては作曲はもう決定的に先が見えていました。

　リコーダーのために広汎に作曲をした最後の作曲家はテレマンでした。彼の作品の多くはハンブルクのアマチュア向けのものでした。それは冗談を言いあっているような楽しくて親しみのある軽い曲から，人を動かさずにはおかない力と深さをもった曲にまで及んでいます。テレマンは1767年にこの世を去りました。それからわずか数年後にドイツの作曲家，オルガン奏者兼詩人C.F.D.シューバルトがリコーダーの墓碑銘を書きました。「この楽器は，その静かな音と狭い音域のために今ではほとんど使われなくなってしまった。」

リコーダーの衰退は20世紀まで続きました。20世紀になって，イギリスの楽器メーカー，アーノルド・ドルメッチが再興に乗り出しました。その間に，横型フルートがリコーダーの地位をすっかり占領してしまったのです。

5　親指用のホール。
6　リード楽器の総称。

第3章
フルートの発展

　テレマンがこの世を去るおよそ2世紀前，正確には1599年にフルートについて予言めいたことが言われていました。その年にトーマス・モーリーは「ブロークン・コンソート」すなわちいろいろなサイズの同じ楽器のグループよりはむしろ違った楽器のグループのために特に書かれた最初の曲を出版しました。ちがいのわかる人モーリーは，フルートというのはリコーダーよりずっと弦楽器とよく合うと明言しています。そこで彼は二つのヴィオール，ピッチのちがった三つのリュート，できたら1本のフルートのための6声の「コンソート・レッスン」を書きました。しかし，リコーダーの地位はまだまだ強く，モーリーはリコーダーを6番目の声部のための交代要員として認めるほどでした。(実際にモーリーは，ショパンが「エチュード」――ひいて楽しく，聴いて楽しいが，個々別々のむずかしさに音楽家を立ち向かわせるもの――という言葉を用いたと同じ精神で「レッスン」という言葉を用いました)。

　私達がヘンリー8世の財産目録から推理できるようにフルートは勿論コンソートの中でも吹かれました。普通のコンソートはトレブル1本，テナー1本(私達のフルートに一番近い楽器)とバス1本から成り立っていました。より重厚な音をもち，一般により低い音域で演奏されたので，こういう楽器はすばらしく豊かな音を作ったにちがいありません。

　しかし，フルートというのは演奏するのにとてもむずかしい楽器でした。フルート奏者はリコーダーのマウスピース，フィップル，狭い気道がリコーダー奏者のために自動的にしてくれるすべてのことを自分の唇でしなければなりません。その音程は絶対に狂うことはなく，その音楽は優雅かつ雄弁に表現されるので，リ

コーダー奏者は完璧な音楽家となり得ますが，簡単に音が出るので楽器の能力を増すことはできません。反対にフルートは興味深い魅力ある音色，力強いダイナミック，低音域でのただならぬうつろな音から高音域での荒々しく鋭い音にまで及ぶ音域の広さをもっています。リコーダーは単調ですが，フルートは大きな表現の可能性をもっています。しかし——ここに問題が出てきますが——フルートの表現力は全く奏者の腕次第なのです。

　一人か二人の熟練したフルート奏者の助けと，リコーダーより巾広い能力とより大きい表現力によって，結局フルートはオーケストラ楽器およびソロ楽器として承認されることになりました。

トルニエールの作と伝えられる「ドゥ・ラ・バルと音楽家たち」1710年

フランスにおける進歩

　17世紀と18世紀には，フランスはヨーロッパの他の国のために文化の流行を作りました。ですから，一般に木管楽器音楽，そして ― それに輪をかけて ― 特にフルート音楽がフランスの宮廷において評価されたという事実は，広く各国（そして音楽家）に重要な影響を及ぼしました。

　話はリュリが自分のバレエ「愛の勝利」のスコアの中にフルートを書き込んだ1678年に始まると言ってよいのですが，しかしこのフルートの出現が民衆の喝采を浴びた裏には長い発展が隠されていました。フルートというもの，とにかく1本のフルートが，この世紀の初期にどんなものであったかはわかっています。なぜなら，1637年に出版された「宇宙の調和」という本の中に学究の徒マラン・メルセンヌ牧師がいわゆる「世界で最善のフルートの一つ」を描いたからです。彼はまた本文を説明するのに版画を載せましたが，それを見ると驚いたことに楽器が曲っています。わざと曲げられたものか，版画に何かミスがあったかは，説明がありません。とにかくメルセンヌはいくつかの数字を示しました。

メルセンヌ著「宇宙の調和」（1637年）に描かれた横型フルート

　この楽器は長さが 23.45 インチでした。歌口はフルートのヘッドから 3.2 インチ，ストッパーの端から 0.71 インチのところにありました。フィンガー・ホールは大きさが 0.266 インチから 0.444 インチまでいろいろありました。このフルートはDに合わせてありましたから，他の調の音はクロス・フィンガリングかホールをごくわずか閉じることによって出しました。手の大きさに合わせるためにEホールとAホールは正しい位置より上に開けなければなりませんでした。ですから，この音を嬌正するためにこれらのホールは他のホールよりも小さく作られたのです。

このフルートはうまい奏者なら多かれ少なかれ完全な半音階スケールの2オクターヴ半を出すことができましたが，この巾はアンブシュールの作り方次第でした。第1オクターヴのための空気の流れは第2オクターヴのための巾の半分にまで狭くし，第2オクターヴより上の音にはそのまた半分にしなければなりませんでした。確かにフルートというのは無器用な人や音程の全くよくない人が手にする楽器ではありませんでした。

　数年後に更に改良が加えられました。理論的には新しいホールをあければ楽器の音域が広がるにちがいありませんが，ホールの数を不必要に増やさないための充分な理由がありました。平均的な手の大きさが第一の制約でした。第二の制約は当時のピッチを維持したいということであり，第三の制約はフィンガリング・システム全体を考えなおしたくないということでした。これらの制約にもかかわらず，1660年頃，このフルートには新しいホールが一つつけられました。このホールは，一番下のフィンガー・ホールとパイプの下端の間の真中に開けられました。その目的はDis（そして勿論その倍音）を出すためでした。Disは以前にはクロス・フィンガリングによってだけ出すことができましたが，実際は決して明瞭で豊かな音ではありませんでした。奏者の手の届かないところにあるフィンガー・ホールを開けたり閉じたりするために以前にはキーがフルート（フルートだけでなくリコーダーにも）に取り付けられたことがたまにはありました。これがやっとできるようになったのです。Disホールは右手の小指で動かすキーによって開閉されました。そのキーは押さえればホールが開き，キーをはなせばスプリングによって再び閉まりました。

　もう一つのフランスの改良はフルートの穴を円錐型にあけることでした。この時になって楽器は頭部，本体，足部の三部分に分けて作られました。足部は本体につながる所で約0.725インチ，それから狭くなってもう一方の端では約0.45インチになっていました。フィンガー・ホールはメルセンヌが書いたものより小さいホールでした。

バロック・フルートの断面図，円錐型の穴の形状

しかし，隠れた研究家の努力にもかかわらず，フルートのイントネーションは依然として不安定でした。一つの要因は材質でした。当時，もっとも人気のあった材質はボックスウッドで，それは見ばがよく，また甘美な音を出します。しかし，ボックスウッドは湿気を吸いやすく，そのために木がふくらんで，音程が全く狂ってしまいます。これに代わる材料は象牙でしたが，奏者が唇にあてたときに肌ざわりがよくありませんでした。金属製フルートには長所もありましたが，欠点もありました。欠点の一つは部屋の温度に影響されやすいということでした。

当時イントネーションは使用材料の他に二つの点にも依存しました（それは現在でもまだある程度影響を受けます）。一つはフィンガー・ホールをあける際の精度，もう一つはフルート奏者のフィンガー・ホールの開け方でした。メーカーと奏者の両方から最高の精度が要求されました。

もともとノート・ホールはリコーダーの場合と同じように平均的な手の指の自然の開きと押さえに合うようにあけられました。大きいホールを使うと奏者は非常に広い範囲でイントネーションをなおすことができましたが，クロス・フィンガリングによって作られるシャープ付きの音やフラット付きの音の音質は非常にあやふやでした。Disキーの発見後フルート製作者達は音程が一層明確になるようにフィンガー・ホールのサイズを小さくし始めましたが，彼等がその目標に達するにはなお長い道のりがありました。

1776年になってもまだジョン・ホーキンズ卿は「耳が悪いためにこの楽器は音程が駄目だと言うことができないような人々の間でジャーマン・フルートつまり横型フルートはまだある程度の評価を得ています」と書いています。ほぼ同じ頃モーツァルトがフルートを好まなかったのは音程に信頼が置けないからだと言われています。でも彼はフルートのためにすばらしい音楽を書いたのですから，実

際に彼が嫌いだったのは楽器ではなくて，並みの奏者の頼りなさだったと言えます。チャールズ・バーニーはヨーロッパを旅行して音楽史を調べ，聴くことができる音楽はすべて聴きましたが，行く先々で木管楽器の音程の悪いことを嘆きました。以上3人がそれぞれ文句を言っている時には，もうフルートは1660年以前のキーなしの楽器とは全くちがったものになっていました。

　17世紀に戻りましょう。円錐型の穴とDisキーをもった新しいフルートはパリのオットテール一家，父，4人の息子，1人の孫が作ったものであったと言ってもさしつかえありません。彼等は作るのと同じ位上手に木管楽器を演奏しました。オーボエは彼等の発明によるもので，一般的には彼等がフランス木管楽器の幕を開け，フランスの優位を決定的なものにしたのです。

オットテール著「横型フルートの原理」(1707年)より

私達フルート奏者の立場からすると，オットテール一家の中で最も重要なのは孫のジャック・マルタンでした。彼は一時期をローマで過したので，「ル・ロマン」というニックネームをもっています。彼のフルート演奏はとびぬけていたので，ルイ14世が宮廷オーケストラの中で主要な職を彼に与えただけでなく，多くの貴族が彼の生徒となりました。オットテールはフルート演奏についての最初の教則本を出版し，この楽器のために非常に多くの曲を書きました。他のどの奏者よりもオットテール・ル・ロマンは，18世紀フランスにおけるフルートの普及に貢献がありました。ジョン・ホーキンス卿はその「音楽学と演奏の歴史概説」の中で，指導的上流階級フランスがフルートに味方してリコーダーを見棄てたのはオットテール・ル・ロマンのせいで，その結果リコーダーは「小僧」の楽器になりさがってしまったと言っています。

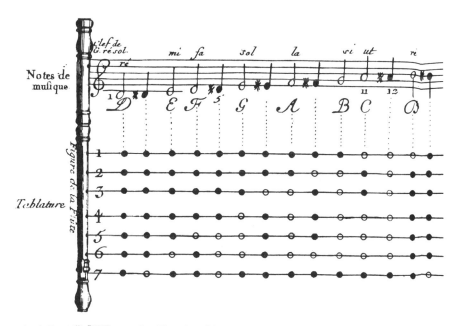

オットテール著「横型フルートの原理」(1707年）より

オットテールの教則本「横型フルートの原理」(1707年)には四つに分けて作られた2本の楽器の絵がのっています。短い円筒型のマウスピースとストッパー，長い円筒型のネック，六つのフィンガー・ホールをもった本体(Disホールとそのキーだけのついた足部に向かって細くなっています)。各ジョイント部分は勿論よわい部分でしたから，外観上は飾りと思われるバンド——多くの場合象牙で作られていました——で補強されています。

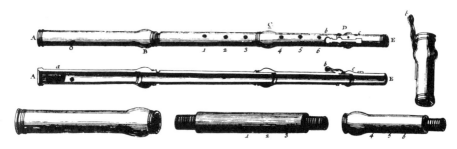

四つの部分に分かれたフルート，ディドロー著「百科全書」より

影響力のあるもう一人のフランスの奏者はピエール・ガブリエル・ビュファルダンでした。彼はマルセーユの生まれで，国境を越えてフランスの優秀性を説いてまわりました。1715年に彼はドレスデンのザクセン王立オーケストラの一番フルートになり，バッハがザクセンの首都を訪れた時にはまだその地位にとどまっていました。バッハは無伴奏フルートのためのイ短調パルティータをビュファルダンのために書いたと考えられています。なぜならば，ビュファルダンのわざは一つしかキーのついていないフルートの欠点を補ってあまりあるものがあったとあらゆる証拠が示しているからです。ビュファルダンの給料は1741年には2倍になりましたが，それは彼の音楽界における評価の確たる拠証となると思われます。

フランスは技術的な改良だけでなく，フルートの名手，フルートのための多くの音楽の源となりました。この三つのことは同時に進行します。よいフルートはよい奏者を生み，その奏者の演奏が作曲家を刺戟してより多くの曲，より多くの難曲を書くようになりました。そして，次は楽器の一層の改良が促進されました。

しかし，ここで話は更に東へ行ってヨハン・ヨアヒム・クヴァンツとその雇い主プロシャのフレデリック大王とのすばらしい協力関係へと移ります。

ヨハン・ヨアヒム・クヴァンツ

　この協力関係においてはクヴァンツの役割は少くとも私達フルート仲間に関する限り大部分を占めていました。しかし，クヴァンツの活動を可能ならしめたのはフレデリック大王であって貧しい音楽家自身ではありませんでした。もしフレデリック大王でなかったら，恐らく誰か他の君主だったでしょう。なぜならば，この偉大で革新的なフルート製作者兼奏者兼作曲家はドイツの王子達の間で取り合いだったからです。

　音楽的にはクヴァンツは正しい音程の標準を確立しましたが，彼と同時代の人達の誰もそれには従いませんでした。フルートの構造という観点からはクヴァンツはフルートにもう一つキーを増やし，ピッチの問題に対処するためにチューニング・スライドを発明し，マウス・ホールとフィンガー・ホールのサイズに新しい精度をもたらしました。ここで彼の広範囲な旅行遍歴を眺めてみましょう。

　クヴァンツは鍛治屋の子として1697年にゲッティンゲン近くに生まれ，およそフルートの名手らしからぬスタートを切りました。子供の頃，彼はコントラバスをひきました。当時のドイツにおける音楽教育は，町の音楽家のギルドでの徒弟修業によって授けられました。クヴァンツは徒弟として他の楽器もいくつかレパートリーに加え，その中にはヴァイオリンとハープシコードが含まれていました。彼は二つの都市で仕事をしていました。その一つはドレスデンでした。20才になった

時，彼はヴィーンへ対位法の勉強に行きました。1718年にポーランドの宮廷礼拝堂のオーボエ奏者に任命され，その頃から彼はフルートの勉強を始めました。彼がすぐれたフランス人ビュファルダンの許で勉強することにきめたのは当然でした。

後にクヴァンツは述べていますが，ビュファルダンとともに過した4ヶ月間はすべて速くて華麗な音楽の演奏に向けられました。なぜならば，そのような音楽の中にこそ彼が学ばなければならない多くのことがあり，ビュファルダンはその点で明らかにすぐれていたからです。その後クヴァンツが知られるようになったのは，フルート奏者として作曲家としてであり，フルートに実に広汎で代表的なレパートリーを加えようと努力しました。彼はナポリへ行き，アレッサンドロ・スカルラッティの木管楽器嫌いをなおしました（スカルラッティは音程が悪いという理由で木管楽器を無視する考えの持主でした）。クヴァンツはパリへ行きましたが，フランスのオーケストラに満足できず，杖で床をついて拍子をとるフランスの習慣にも嫌悪感を抱きました。しかしフランスのフルート奏者には感心のしつづけでした。1727年に彼はロンドンに行きました。彼はドレスデンに帰ってザクセン王立オーケストラで吹きたかったので，ロンドンに滞在するようにとのヘンデル等の申し出をことわりました。

それから王室同志の引き抜き合戦がおこりました。プロシャの女王がクヴァンツを召しかかえたいと言いましたが，ザクセン国王はどうしても彼を手離しませんでした。クヴァンツはドレスデンにとどまりましたが，プロシャ皇子——後にフレデリック大王になります——にフルートをレッスンするため定期的にベルリンへ行くことを許されました。フレデリックが1740年に国王になった時，彼は普通の人ならとても断わりきれない，そしてザクセン国王がとても対抗する気のおきないような給料を支払うことを申し出ました。その他にボーナスも支払うことになっていました。作曲1曲ごとに一定の報酬，クヴァンツが作る新しいフルート1本につき100ドゥカットです。二人の協力関係がスタートしました。

クヴァンツが作曲したものの多くはフルートのためのもので，注目に値するも

のは300曲に及ぶコンチェルト（2本のフルートのためのものが何曲かあります）です。そのうち277曲がポツダムのフレデリック大王の宮殿に保管されました。それらは番号順に毎晩2曲ずつ宮廷のコンサートで演奏されました。作曲者がオーケストラを指揮し，国王がソロのパートを演奏しました。作曲の順番は厳格に守られました。コンチェルト第276番と第277番が火曜日の晩に演奏されれば，水曜日にはこのコンサートのプログラムは第1番と第2番でした。長くてゆっくりした旋律を演奏することができるというフレデリック大王の誇りはこんな作品の上にその痕跡を残しています。そういう作品の他にクヴァンツはまたたくさんの組曲，ソナタ，室内楽作品をそのあくことを知らぬパトロンのために作曲しました。

　よいフルートを手に入れることはむずかしいという簡単な理由からクヴァンツはフルートを作ろうと思い立ったようです。彼は1739年にこの冒険にとりかかりましたが，それはフレデリック大王のくどきに屈する数年前でした。

　彼自身は常に完璧に音程が正しかったので，下手な奏者でも必ず音程がよくなるような改良を楽器に加えることはしませんでした。クヴァンツは自分の楽器の欠点を補うには奏者の熟練こそ当然のこと，つまり技術的手段によっては嬌正することのできない演奏技法の絶対必要な要素とみなしていたようです。

　しかし，ピッチはまた別問題でした。18世紀には標準ピッチというような考え方はありませんでした。今日でもピッチは国により変わりますが，200年以前には，Aという町で完全に音程が合っている楽器も何マイルか離れたBという町では不幸にも合わないことがありました。もしフルートが他の楽器と合わなければ，おそらく教会のオルガンとは合わなかったでしょう。なぜならば，教会のピッチはホールやオペラ・ハウスで認められているピッチよりも高かったからです。どんなピッチを要求されても，アンサンブルにおいて他のどんな楽器と出くわすことがあっても，フルートを演奏できるようにすること，ホールや劇場がどんな程度でもそれに合わせられるようにすることが必要であったことは明白です。

　クヴァンツ以前のフルート製作者はこの問題を解決しようと努力しました。その解決法はフルート各部の継ぎ手を長くすることでした。そうすると特別の木の

リングを各部の間にはめこんで楽器のピッチを低くすることができました。問題はピッチが平均に下がらないということでした。木のリングをはめこんだ時には右手のフィンガー・ホールが大きく移動して左手のフィンガー・ホールと音程が合いませんでした。

クヴァンツは経験豊かで，方々に旅行し，完璧主義者でしたので，この厄介で予想のつかないピッチについて何かもっと効果的なことをしなければならないと決心しました。その結果彼が考えついたのはランニング・スライドでした。フルートの頭部と本体の一部分の間にある凹凸の継ぎ手の凸の部分を長くすることによって1音の4分の1だけピッチを低くすることができるようにしました。しかし，こうしたからといってすべてが解決されたわけではありませんでした。凸部を一杯に長くすると第2オクターヴと第3オクターヴのピッチが第1オクターヴよりも下がりました。クヴァンツはフルートの一部分が長くなると他の部分もそれに応じて調節しなければならないことを十分知っていましたが，なお彼はこの未解決のわずかな欠点の嬌正を奏者のアンブシュールとフィンガリングの扱いにゆだねました。

理論的には勿論ストッパー（頭部の端で穴をとじる栓）の位置は音階の各音にとって異ならなければなりません。もしストッパーが歌口からあまり離れたところにあると，第2オクターヴの響きは低めになり，第3オクターヴは音が出なくなりますが，一方第1オクターヴの低い方の音は明瞭さと力が増すということはフルート奏者にはずっと前から知られていました。これに反して，ストッパーが歌口にあまり近いと，第2オクターヴは高めになり，第3オクターヴはまだ高めですが出しやすくなり，低音は弱くなりました。ストッパーの位置は妥協の産物でなければなりませんでした。試行錯誤によってわかったことは，ストッパーと歌口との間の距離がストッパーの直径に等しい場合が一番よい結果が得られたことでした。

これはクヴァンツの新しい発明以前のことでした。チューニング・スライドによってフルートのピッチが低くなるのであれば，いかなる位置調整でもわずかで

ある限りストッパーはそれを補充することができました。それ故，クヴァンツはストッパーをねじにつけ，そのねじをフルートの穴の閉じてある端のところで廻して，ごくわずかで精確な調整をしましたが，その調整のためにこそチューニング・スライドを使う必要があったのです。

これまでのところではそれは以前のどれよりもずっと優秀でした。同時にクヴァンツは歌口とフィンガー・ホールの形や大きさに強い関心を向けました。もともと歌口は円形で，だんだんと減りはしたもののそのまま19世紀まで続きました。しかし，楕円形の歌口が18世紀のオリジナルなものと併行して現われ始めました。専門家の話によれば，クヴァンツの歌口は楕円形の最新型で，長さは0.5インチ，巾が0.42インチでした。

クヴァンツの3番目の発明はDisとEsを区別するキーでしたが，その改良はそのキーが他の音——第1オクターヴのすべてのシャープ付きの音と第2オクターヴのGis——をよくするという点で重要ではありましたが，ピッチにとってはそれほど重要ではありませんでした。クヴァンツは1冊の教則本を書きました。それは「フルート奏法試論」[7]というしゃれた名前で通っていますが，18世紀にわかっていたフルート奏法のあらゆる側面を扱っただけでなく，当時の音楽の生々しい説明のためにこの本の中で彼は，一定のフィンガー・ホールを半分開いたり半分閉じたりすることによっていかにあやふやな音がよくなるか，楽器を内側にまわしたり外側にまわしたりすることによっていかに奏者はイントネーションに影響を及ぼし，音を変えることができるかを説明しています。大切なことは最高にすぐれたピッチ感であり，このピッチ感を身につけるために奏者はフルートを自分で作り自分でそれを調律することを学ばなければならないと付言しています。私はこの考え方に同意して自分自身のフルートを作った奏者を何人か知っています。

補助キー

　普通のコンサート・フルートに更にどの程度の改良がもたらされるかを示唆したのは，1751年のバス・フルートの開発だったかも知れません。バス・フルートは明らかにフランス人の発明で，それはディドロとダランベールの「百科辞典」の第6巻に掲載されました。

　この時にはもう特別なフィンガー・ホールによって標準のフルートの低音はCまで広がりました。新しいバス・フルートはG管で，標準のフルートより5度低

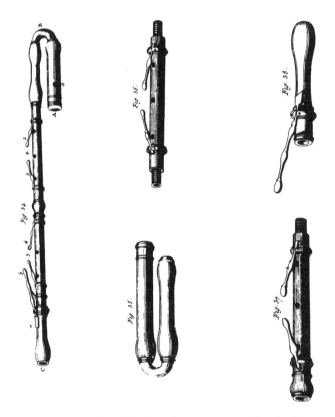

バスフルート，ディドロ著「百科全書」より——フランスの発明と考えられます。

く、この低いピッチは特別な管の長さを要求するので、これが結果的にはフルート製作における次の技術的な進歩をもたらすことになります。バス・フルートでは、どうしてもキーを使用しはければならなかったからです。

「百科辞典」に掲載されているフルートの頭部は二つの部分に分かれています。気道は歌口から真鍮の「弯曲部」を通り、その弯曲部は歌口の部分に平行してUターンし、フルートの本体につながります。フルートの第1部分には最初の三つのフィンガー・ホールがあります。右手のフィンガー・ホールは本体の第2部分にあり、足部にはFisのためのホールがあります。

これらのホールはあまり離れていて、平均的な巾の指ではゆるくさえも押さえられないほど巾広く散らばっているので、キーが5個いっぺんに加えられました。BホールとEホールは指でおさえ、他のホールはキーの助けを借ります。その中には足部にある離れたFisを操作するキー、つまり標準のフルートのCisキーと同じものが含まれています。しかし、Cisキーはホールを開けるために押さえなければなりませんでしたが、バス・フルートの場合には反対でした。即ち、キーを押しているとスプリングでホールは開いたままになっており、キーを離した時だけホールは閉まりました。キー・レバーは管に沿ってつけられ、BホールとEホールを押さえる必要のある指に対してキーが都合のよい位置になるように廻わすことができます。

標準のフルートの5度下のGから2オクターヴ半が出せるので「バス・フルート」という言葉は間違いです。実はアルト・フルートでした。そして皆さんはまだ「G・バス・フルート」という言葉に出くわすことがあっても、それは普通アルト・フルートとして一般的に知られています。そう呼ぶのはC管のより低いバス・フルートから区別するためです。

1770年頃、クロス・フィンガリング——多くの音を不安定なままにしておくテクニックです——というぎこちないことをせずに完全な半音階スケールを出せるように穴をあけた標準のフルートの可能性に関心が向けられました。F♮を出すためにはEとF♯の間に、音程のよいG♯つまりA♭を出すためにはGとAの間に、

A♯つまりB♭を出すためにはAとBの間にそれぞれホールがあけられました。こういう新しい音と一緒に新しいキーがあらわれました。まだクロス・フィンガリングを必要としたスケールの一つの音はCでした。

　キーとそのレバーは，いくつかの問題を解決しましたが，また新しい問題もおこしました。ホールの押さえは空気がもれてはなりませんでした。もれると音程が狂います。気密のキーは1840年代までずっとフルート製作者をなやまし続けました。気密のキーは他の楽器製作者をもなやませました。なぜならば，すべての木管楽器は同じ方向に沿って発展してきたからです。もう一つの問題はキーとレバーをフルートの本体にいかにして取り付けるかということでした。取り付け部はがだがきやすく，指に対する直接の反応がなくなりがちでした。第一級の奏者なら新しい技術の危険を犯すよりむしろ改良が加えられていないフルートを吹く苦労に耐える決心をしたのも無理からぬことです。

　事情はどうあれ，姿を消してしまったCのためのノート・ホールが結局は補充されなければならないということは予想されたことでした。それをつけたのはヨハン・ゲオルク・トロムリッツでした。彼は1730年頃から1805年まで生き，ライプツィヒ出身のフルート製作者兼奏者でした。彼は重要なオーケストラのポストについたことは全くなかったようですが，ソリストとしては有名でした。C♮のためのノート・ホールを作ったのに加えて，トロムリッツはキーとそのレバーの位置を合理化しはじめました。キーとレバーはそれ以前は何となくでたらめに楽器にかたまってくっついていました。普通の指の大きさでは操作するのにひと苦労でした。同じ指で同時にホールを閉じてキーを押さえなければならないこともありました。左手の親指が二つのキーを動かさなければならないことは普通のことでした。もう一つのキーは右手の親指で操作しなければならなかったので，楽器をぐらつかせないように持つのが一苦労でした。トロムリッツは2本の指の一方がどこか他のところで必要という時は他方の指によって用いることができるキーを考案しました。

　トロムリッツは60才の時に演奏の第一線から引退し余生を楽器の改良に捧げま

した。彼はどんな調でも演奏できる一層簡単な運指法とともに、キーが8個、伝統的なフィンガー・ホールが6個ついたフルートを遺しました。このフルートはどんな意図にもどんな目的にも完全なように見えましたが、クヴァンツの指導のもとにフレデリック大王が演奏した楽器よりずっと複雑なものになってしまいました。

　事実、このフルートは完璧なものからはまだ程遠いものでした。イントネーションの欠陥がまだつきまとっていましたし、それは奏者の熟練によって矯正されなければなりませんでした。トロムリッツの懸命な努力にもかかわらず、限られた数の人間の手の指には要求されることがあまりにも多いことがしばしばありました。キーが8個のフルートを使う場合のスピードと機敏さは名手でなければとても手に負えるものではありませんでした。トロムリッツ以後、他の発明家が彼の改良に更に改良を加え、彼の進歩に進歩を加えましたが、テオバルト・ベームが1830年代にこの問題に数学的解決を見出すまでは、単なる「なおし屋」の域を出ませんでした。

レパートリー

　あらゆる技術的進歩がなされたにもかかわらず、フルートの一般的標準はまだかなり低いものでした。おそらくその頃はもう大して金のない連中がこの楽器でアマチュア演奏を楽しんでいたからでしょう。「ジェントルメンズ・コンサート」を例にとりましょう。これは1740年代にマンチェスターにあった音楽クラブでした。ジャコバイト[8]が1745年に彼等の陰謀の隠れ家としてそのクラブに入りこむまでそのクラブで土地のアマチュア連中が定期的に一堂に会して演奏しました。ジャコバイトの敗退はさておき、政治的転覆の荒々しい息づかいがこの音楽愛好家の意気を粗喪させました。そして、1770年になってはじめて新しい世代の人々が「ジェントルメンズ・コンサーツ」(今度は複数)を設立することによって昔の楽し

みを再興しようと努めました。しかしほんとうにコンサートが動き出すまでには数年を経なければなりませんでした。なぜならば最初の24人の志望者は最後の一員に至るまでフルート奏者だったからです。

　この人口統計学的に見て爆発的な増加にいささか責任があるのはあの大クヴァンツでした。なぜならば，彼はフルートを改良しただけでなく，演奏できる多くの曲をフルートに与えたからです。彼だけではありませんでした。フランスでは以前と同様プロの奏者たちの演奏がどんどん進歩したので，作曲家達がそれに刺戟されて，以前には見向きもしなかったフルートに彼等の関心を向けるようになりました。作曲家達はソロの楽器として ―― 初めはソリストの方の肩をもちました ―― そしてまたオーケストラの楽器としてフルートのために作曲しました。

　バッハはすぐれた先駆者でした。これまで見てきたように，バッハは二つのブランデンブルク協奏曲の中でリコーダーのためにスコアを書きましたが，そのうち第5番で彼がはっきりと要求したのはフルートでした。更に無伴奏フルートのためのイ短調パルティータだけでなく，フルートと弦楽器のためのロ短調組曲と通奏低音付きの数曲のソナタを私達にくれました。彼と面識のあったようなフルート奏者は初めのうちは主要作品をまかせてもらえませんでしたが，その間どこかでバッハは二三の優秀な奏者に演奏してもらったようです。ロ短調組曲は非常に骨が折れるので，信頼できるモダンフルートを駆使できる奏者にとってさえも依然としてむずかしい曲です。

　ヘンデルはフルートのために作曲しました。ヴィヴァルディは数多くのソナタだけでなく6曲の発表済の協奏曲と16曲の未発表の協奏曲を書きました。時がたち，二流の作曲家達の多数の作品と優秀なクヴァンツの300曲の協奏曲は言うに及ばず，ハイドン(彼のソナタは四重奏曲から編曲されたものですが，キーが6個のフルートのために書かれました)とモーツァルトは両方ともそのレパートリーを増やしました。

　1778年にモーツァルトはよい働き口を探すためにマンハイムとパリに行きました。マンハイムのオーケストラはヨーロッパで一級の名手達のアンサンブルで，

その一番フルートはヨーハン・バプティスト・ヴェンドリングでした。彼はその時すでにイングランドとフランスを旅行して大成功を収めていました。ヴェンドリングはモーツァルトがそれまで聴いた最善のフルート奏者だったようです。

「彼はスコアに書かれたことを演奏します。そして，何か全く違ったことを演奏してあなたをおどろかせはしません」とモーツァルトは不思議そうに父親宛に手紙を書きました。感謝の念をこめてモーツァルトは「シンフォニア・コンチェルタンテ」(KV297b)の中に──オーボエ，バスーン，ホルンとともに──ヴェンドリングのフルートを入れました。モーツァルトがフルートのために書いた他の曲の中には，二つのフルートのための協奏曲(KV313と314)，フルート四重奏曲(KV285，285a，285b，298)，フルートとハープのための協奏曲(KV299)がありました。「シンフォニア・コンチェルタンテ」を除いてこれらすべての作品の中でモーツァルトはアマチュアのフルート奏者をあてにしていました。フルートとハープのための協奏曲ではドゥ・ギーヌ公爵，協奏曲と四重奏曲ではオランダ人のドゥ・ジャンでした。しかし，その労力に対して報酬が支払われたにしろ支払われなかったにしろ，彼等はフルートを扱うことを心得ていたにちがいありません。なぜならば，モーツァルトの音楽は楽器自体の力と個性，その軽快さ，高いスピードをやさしい自然な装飾とむすびつける能力，ニ長調のフルート四重奏曲からの次の二つの部分のようなレガートのメロディーを紡ぎだす際の叙情的な表現力を示そうとしたように思われるからです。

　18世紀後半にはもうフルートはオーケストラ——その頃オーケストラは古典的な形をとっていました——のレギュラー・メンバーになりつつありました。しかし，たとえば1780年代以前にはフルートは時々活動の場が与えられるにすぎませんでした。
　ハイドンが1761年にエステルハージー皇子の副カペルマイスターになる前に書いた五つの交響曲の中でただ1曲だけがフルートを要求しています。その後フルートの出番は簡単に言って多くなります。最初のエステルハージー交響曲（交響曲第6番）はフルート1本，交響曲第7番はフルート2本，交響曲第8番はフルート1本を要求しています。そして，これらの作品のうち3曲にはすべてフルートに表情豊かで特徴ある音楽が与えられています。どういう理由かハイドンはこういうフルートに好都合なことを続けませんでした。1762年と1774年の間に彼は44曲の交響曲を書き上げましたが，フルートを書き込んだのはそのうちたった7曲でした。交響曲第54番にはいくつか手直しがなされて，2本のフルートが要求されています。1780年から後は，ハイドンの残りの交響曲のどれにも少なくとも1本のフルートが要求されています。
　この楽器を無視する傾向になるのはハイドンのより荒々しくより激しい情緒あふれた中期の作品です。そして，後期の交響曲においてさえフルートは嵐のようなパッセージのために寄与するものはほとんど持ち合わせていませんが，魅力と情緒的なくつろぎの瞬間のためにはとっておかれています。時計交響曲（101番）の名前のもとになっているゆっくりした楽章は，地震計で測れば少なくとも5か6という数字が示すような激しい嵐を通りすぎます。この交響曲では，その調つ

まりト長調は短調になります。しかし，静かなト長調は魅惑的としか言いようのない音楽の中でオーボエをはさみながら2本のフルート，2本のバスーン，第1ヴァイオリンによってよみがえります。

ハイドンの交響曲第101番,アンダンテより

　後期のハイドンと同様にモーツァルトはしばしば——ザルツブルクでの演奏のために1781年以前に書かれた交響曲の大部分の場合と同じように——2本のフルートのためにスコアを書きました。このようにフルートをダブらせることこそ,

フルートがフォルテのパッセージで他の木管楽器によってのみこまれないようにすることを確実にする方法でした。しかし，一般にモーツァルトは木管楽器部のトレブル声部のためには当時最も信頼性の高い音程をもっていたオーボエを頼りにしていました。偉大なホ短調交響曲(第39番)では，フルートはしばしば静かなパッセージにおけるごくわずかな色彩にすぎませんでした。

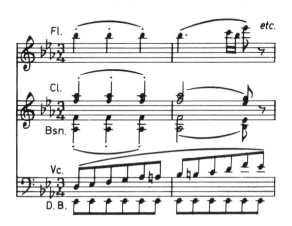

1778年に書かれ，貴族的なフランスの聴衆を魅了し，それ故考えるだに輝やかしい「パリ交響曲」(第31番)は2本のフルートを用いています。しかし「リンツ交響曲」(第36番)では全くフルートを使いません。そして，3曲の最後の傑作，変ホ長調交響曲，ト短調交響曲，ジュピター交響曲ではフルートはたった1本しか要求しません。

モーツァルトのオペラには，非常に細かくドラマに貢献しその説明をするためにフルートが用いられるパッセージがたくさんあります。しかし，この楽器の可能性をモーツァルトが充分評価した割りにはなお時々フルートを無視しました。彼はいくつかのオーケストラのために作曲しましたが，それらのオーケストラにはフルート奏者がいなかったからかも知れません。

これに反してベートーヴェンはフルートをオーケストラの中で不可欠のものと考えました。オーケストラばかりではありません。十代にボンで書かれた初期の

作品の中には，フルート，ヴァイオリン，ヴィオラのために書かれた「セレナード」があります。この作品——ルートヴィヒ・ヴァン・ベートーヴェンの子供らしい作品としてその実際の性質よりもずっと興味深い曲です——は，作品25として1802年にだけ出版されましたが，きっと1797年に作曲されたものでしょう。同じ年に，フルート，ヴァイオリン，2本のヴィオラ，チェロのためにピアノ・ソナタ作品31，第3番の編曲が一つ現われました。その出版は1810年でした。編曲はベートーヴェン自身ではなかったかも知れませんが，もしそうだとすれば，ボンにいる彼の友人とパトロンの中に優秀なフルート奏者がいたことが考えられます。

　彼がボンを去る前に作曲された初期の舞曲の中にはフルートが入っています。そして2組のメヌエットと1795年に始まるドイツ舞曲はピッコロを要求します。交響曲はみんな2本のフルートを要求し，第5，第6，第9交響曲はさらにピッコロ1本を要求します。彼がピッコロを好んだことは彼の耳の病気が進んだからでしょう。ピッコロは1805年以降の多数のオーケストラ作品の中に含まれます。ピッコロはただフルートをだぶらせるためだけに用いられるのではなくて，それ自体の効果を加えるためにも用いられます。1808年に完成した「田園交響曲」には第4楽章の嵐のクライマックスの所にピッコロ以外の楽器では絶対に伝えることのできない天を焦がすような稲光りがあります。2年後の「エグモント」序曲は第5交響曲と同様に勝利の朗唱で終ります。この歓喜はスコアを通して上昇の道を辿り，オーケストラが到達しうる最高のピッチでピッコロから突然ふき出すように思われます。

　ベートーヴェンがフルートのためにしたことはその後終ったわけではありませんでした。それ以後フルートはオーケストラの流行からそれることは決してありませんでした。

7　J. J. Quantz, Versuch einer Anweisung die Flöte traversiere zu spielen （邦訳：吉田雅夫監修，井本・石原訳，シンフォニア刊）
8　1688年の名誉革命による国王ジェームズⅡ世廃位後のジェームズⅡ世派の人々。

第4章
モダン・フルート

　ベルリオーズは1843年 その著書「近代楽器法および管弦楽法論」の中で次のように言っています「長い間非常に多くの点において不完全のままだったこの楽器は今日——ある製作者達の熟練とゴードンによる発見を通してベームが研究した製作法のおかげで——望み通りに完全で，正確そして均一な響きをもっています」
　これは勝利の瞬間でした。そして，ベルリオーズがフルートに対してかくも適切な賛辞を呈してくれたことは本当によかったと思います。

ウィリアム・ゴードン

　トロムリッツとその仲間の時代以来，8キーのフルートを改良するためにいろいろな努力がなされましたが，問題は完全に音程が合っていて人間が演奏できる楽器というものを誰も実際には考えつかなかったことでした。全音階スケールによってきめられた位置にフィンガー・ホールをあけなければならないとすれば，指はそのホールにはとどかないでしょう。楽器は必然的にずっと不完全にちがいありませんし，その不完全さは奏者の腕によって——遠い昔からなされてきたように——補正されなければならないという結論があらゆる面から引き出されました。
　実はみんながみんな同じ結論を出したわけではありませんでした。方々のフルート奏者やフルート製作者が妥協できないものをいかに妥協させるかという問題に悩み続け，1830年頃になってやっとその答えが見出されました。他の芸術や工芸における技術的進歩の場合と同様に，正確には誰が中心人物なのかに関するい

くつかの論争が過去にありましたし，今日なお続いています。ベルリオーズは上に引用した抜粋の中で，この名誉を分け与えられましたが，後世の人々はその名誉は大部分テオバルト・ベームのものという結論に達しました。おそらく偉大な人々がたまたま大体同じ時に同じ推論をしたというのが事実なのでしょう。

　ベルリオーズが言ったゴードンという人はウィリアム・ゴードンのことでした。彼はスコットランド出身のスイスの兵隊で，フランスのシャルル10世のスイス派遣連隊に従軍していない時は有名なアマチュアのフルート奏者でした。フランス人——君主をやとったり首にしたりするくせがありました——は1830年にルイ・フィリップ王に味方してシャルル10世を追放したので，ゴードンは兵隊をやめてロンドンに行きました。そこで彼は自分自身のデザインに合わせて2本のフルートを楽器製作者のルーダルとローズに作ってもらいました。目新しい点と言えばノート・ホールがそれぞれあるべき位置に正確にあけられていることでした。従って，音はそれぞれ音程が正しく，その楽器を使えば完全な全音階スケールを作ることができました。ホールはもはや指の自然の巾にしたがって決めたものではなかったので，キーはなくてはならないものでした。ゴードンがデザインしたフルートがどんな形をしていたかは，1839年にフランスの音楽家コシュによって出版されたフルート奏者のための「教則本」に載っている図からわかります。この楽器には，左手の指で閉じるように二つのフィンガー・ホール，右手の指で閉じるように三つのフィンガー・ホールが残っていました。その他のホール——半音階スケールを出すための12のホール——はキーの助けをかりました。

　　　ゴードン・フルートの図，コシュの「メソード」より

　ゴードンとベームは1830年か1831年かにロンドンで会い，一層よいフルートを作ろうと意気投合したことは疑いありません。この出会いが，ベームの改良が彼自身の仕事のすべてであったかどうかを一部の人に疑わせることになりました。

ベームの研究方法は完璧で科学的でした。そして彼は骨身を惜しまず自分のしていることを説明したので，ベームのフルートは時がたつにつれて徐々に市場を支配することになりました。ベームのフルートは，彼の故国ドイツよりもフランスとイギリスでまず人気を博しました。

テオバルト・ベーム

テオバルト・ベーム(1794—1881)はミュンヘンの鍛治屋の息子でした。16才になった時にはもう彼はプロのオーケストラ奏者であったばかりでなく，父の仕事場でフルート作りの実験を始めていました。演奏と製作は併行して続けられました。1818年に彼は宮廷オーケストラの主席フルート奏者に任命されました。1828年に彼はフルート工場を開きました。継ぎ手の凹部とそれにさし込む凸部へのメッキ技術，スライド式の金製のプレートにより調整することが可能な頭部管などをどの程度まで独力で発見したか，彼は語ることはしませんでした。そのような改良は彼が仕事を始める前に時々紹介されていましたが，それらが自分の発明であることをしばしばほのめかしました。それから彼はキーの機構に取り組み，管本体の2本の柱の間にわたっている軸にキーをホールの片側のところで取りつける古いフランスの方法を改良しました。

ベームの初期「パテント・フルート」

この種のフルートを武器として，既にソリストとして著名だったベームはロンドンに乗り込みました。そこではゴードンと会ったことは別にしてチャールズ・

ニコルソン——ロイヤル・オペラの主席フルート奏者であり，当時のイギリスでは傑出した演奏家とみなされていました——の演奏を聞きました。特にニコルソンは主に普通より大きいホールのフルートを使って伝統的なフルートから大きな音を作ることで有名でした。ゴードンの楽器を見，ニコルソンの演奏を聴いて，ベームは根本的に考えをなおす気持になりました。

　彼の目的は楽器の音程をよくし音域を広げ力を増しながらも，フルートの音の自然の性質をそのまま保つことでした。彼は手の巾ではなくて音響法則に従って管を分割することによって正しい音程を作り上げ，数学的な計算を用いてノート・ホールの位置決めを補充しました。1843年ベームは「パテント・フルート」を世に出しました。それにはゴードンのフルートと同様に5個のフィンガー・ホールがついていましたが，キーの機構がついていたので，以前のいかなるものよりもずっと操作しやすいものでした。キーの動きにがたがありがちであるという点は，「パテント・フルート」の最大の欠点でした。

ベームの後期「パテント・フルート」

　ベームはまだ仕事を終えたわけではありませんでした。1846年，音響学を一層真剣に研究した後で，彼は円筒形のフルートは，彼が以前にコピーした伝統的な円錐型のフルートよりよい結果がでるという結論に達しました。この円錐型のフルートは彼が改良したキー（リング・キーとして作られ，そのキーによって奏者の指はホールをカバーしながらリングを閉じ，一方フルートの別の部分でホールをカバーするもう一つのキーを同時に操作することができます），クラッチ・キーの機構（一つのキーがそれから離れているホールを閉じるのを可能にします），ノート・ホールを音響的に精密にあけるということが一緒になって，最終的なベーム・フルートになりました。結局はこのフルートは時々わずかな改良を加えながら一般に認められ，多かれ少なかれ至るところで用いられるようになりました。ベー

ムの仕事についての次の最大の進歩は彼と同時代のオーギュスト・ビュフェが発明した回転する「ニードル・スプリング」を使用したことでした。ベームの改良は

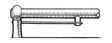

ニードル・スプリング

キーの動きだけではありませんでした。よく共鳴する音を追求して,彼はオットテール・ル・ロマン以来フルートに見られる(そして,まだピッコロでは普通のことですが)円錐型の管をやめて,自分の楽器を円筒型の管にしました。一方ベームの頭部管はストッパーに向かって狭くなるように作られ,最初は円筒型に作られ,最終的には放射線状のカーヴを持つようになりました。これが今日のフルート製作法です。

20世紀になって

　ベームの努力の後,偉大な奏者は——どの奏者も同じです——もはやオットテール,クヴァンツ,その仲間が克服したように自分達の楽器の欠点と斗う必要はありませんでした。演奏の学び方も昔と比べて複雑ではありませんし,音程の正しい演奏法もそれほどの腕を必要とはしませんでした。

　理論的にはそれは的はずれではありませんでした。実際はかなり違っていました。ベームとその音響的計算を不注意にも無視するフルート製作者が多すぎました。きっと彼等は数学を理解することができなかったからでしょう。もともと音程の悪いフルートが続けて製作され,箸にも棒にもかからない保守反動の人達によって今でも製作されています。しかし,品質がものを言います。1850年のパリの大博覧会の際にベームは自分のシステムで作ったフルートと一緒にその論文を

紹介しました。彼はこのフルートで賞を得ましたが，それは手に入る他のいかなるフルートよりもたしかにすぐれていて，中には感心してその論文を読み，計算はそれほどむずかしいものではないことを知った人もいました。実は，数学者によれば，その数値は100％正しくはありませんが，ほとんど合っていました。

　このフルートでは技術的に高度な演奏ができたので，それに合う音楽があらわれました。

　そうこうするうちにこのフルートはオーケストラの中でその地位を確立しましたが，ソロの演奏にはあまり成功しませんでした。ヴェーバーは1806年にフルートとオーケストラのために「ロマンツァ・シチリアーナ」という曲を書きました。シューベルトは「しぼめる花」にもとづいて「フルートとピアノのための変奏曲」——おかしな話ですが，評価されませんでした——を作曲しました。その歌曲は，「美しき水車小屋の娘」の中に入っていて，豊かで感動的な和音をもった幻想的な曲です。この変奏曲は終る前にフルートの見せ場に入ります。劇的なところが一二箇所あり，ヘンリー・ローリー・ビショップ卿（「ホーム・スイート・ホーム」の作者）の作った「見よ，やさしきひばりよ」の中のフルートのオブリガートが含まれています。この変奏曲の中にはコロラトゥーラ・ソプラノとF管のフルートが速いスピードで相互に華麗な演奏を競います。それはうまくいけば非常に躍動的な響きですが，それ程うまくない奏者がベーム以前のフルートで吹けば歯の浮くような演奏になったにちがいありません。

1835年にドニゼッティの「ラメルモールのルチア」が現われました。その曲の中ではフルートと悲しさで狂わんばかりのヒロインが狂乱の場を通して一緒に歌い、その曲には楽器の性格と歌手について同じ注意があてはまります。

しかし，ベーム・フルートがはじめて作られて以来，フルートの表現上の語彙を拡張するためにフラッター・タンギングやそのような進んだテクニックを要求する最も手のこんだスコアになぜ奏者が手をつけてはいけないかという理由は，ベーム自身の制約以外にはありませんでした。この時期に最も感動的な曲が2曲，即ち共にドビュッシー作曲の「牧神の午後」と「シリンクス」がフルート奏者のレパートリーに加えられました。

「牧神の午後への前奏曲」より

「シリンクス」より

フルートがだんだんよくなり音楽にも要求が多くなるにつれて，フルート奏者の腕もだんだん高度なものになってきました。19世紀後半に有名になったのはアルバート・フランツとカール・ドップラー兄弟です。国際的にも著名なソリスト，オペラとバレエで成功した作曲家，そしてすぐれた指揮者でした。この間，パリではポール・タファネルがソリスト，指揮者，更に教師として同じく多方面にわたって活躍していました。彼のように有能な指導者のもとに，フランスはフルートの故郷として優越性を取り戻しましたが，それは1889年生まれの最も著名なフルート奏者の一人マルセル・モイーズによって証明されました。

　マルセル・モイーズの名前はこの本でレコードに関連して，つまりうまくなろうとするフルート奏者が避けて通れない響きの勉強にもっと関連して後に出てきます。しかし，極めて著名ではありましたが，モイーズは20世紀にこの芸術をもたらした傑出した唯一のフランスのフルート奏者というわけではありませんでした。もう一人はルイ・フリュリーで，彼は1926年にこの世を去る前に過去をふりかえることによってフルート音楽の新しい方向をきり開きました。彼の野望はフルートのレパートリーをもっとよく知らせることでした。一方では彼はその名声を利用して新しい作品を聴衆に紹介しました。他方では，組織としては「過去のコンサート協会」を作り，昔の忘れられた音楽を掘りおこしてよみがえらせました。

　19世紀と20世紀を通じて音楽はだんだんと複雑になってきましたので，その反動としてより簡単な時代を支持する気運が生まれました。ピアノにだけはひけをとりながらもフルートは依然としてアマチュアに人気のある楽器でしたが，バルトーク，ストラヴィンスキー，シェーンベルクの曲をうまく演奏する技倆をそなえたアマチュアは過去にはいませんでしたし，現在もいません。こういうアマチュアがいながら誰も彼等の音楽的な飢えを満たしてやる人がいなかったので，昔の音楽を演奏したり聴いたりする人が多かったのです。

　18世紀の後に，17世紀がよみがえりました。考古学はそこで満足せずに，どんどん過去を掘りつづけ，今日ではとうとう最も初期に書かれた音楽，それを演奏するために特別に作られた楽器が普通に手にはいるようになりました。

リコーダーが帰ってきた

　そして，こういう考古学研究家の熱意の結果として何がおこったでしょうか。リコーダーが再び生まれました。間違いなく生まれました。しかも兎の群れのように繁殖しはじめました。最初にその参加が妨げられたと同じ理由で，リコーダーは現在までオーケストラの仲間には入れません。オーケストラではフルートにたちうちできません。しかし，無視されつづけた2世紀後にリコーダーはオーケストラの外で驚くべきカムバックを遂げ，最も数多く演奏される楽器という地位を獲得しています。事実，普通のイギリスの学校で普通の教育年限を過し，リコーダーで何か音を出さないということはまず非常にむずかしいでしょう。

　歴史上リコーダー雪辱に大いに力を貸した人物といえばアーノルド・ドルメッチでした。彼はフランス・スイス・チェコ・ドイツ系のヴァイオリン奏者で，イギリスに落着き，第1次世界大戦前にダルウィチ・カレッジで音楽の先生になりました。ドルメッチは少年たちを音楽家に育て上げるのが信念で，その決心が彼の目を過去の音楽に，次に昔の楽器に向けさせました。1890年にはもう彼はすたれてしまったと思われていた楽器，即ちクラヴィコード，チェンバロ，リュートを作っていました。1925年に彼はリコーダーのためばかりでなく，これらの音楽のための舞台としてヘイズルミア音楽祭を始めました。彼は工場を作り，コンソートに必要ないろいろなリコーダーを作ったことは勿論でした。

　第1回ヘイズルミア音楽祭の聴衆の中にヘンデル研究家マックス・ザイフェルト，ドイツのギタリスト兼楽器製作者ペーター・ハーランがいました。ハーランは多かれ少なかれドルメッチの型に従ってリコーダーを作りはじめていました。ハーランとザイフェルトは復興したリコーダーをドイツ全土にひろめましたが，イギリスと同様にリコーダーほど普通の子供に手のとどく楽器はないということがわかりました。やがて音楽学校がリコーダーを将来の先生に教える必要を認め，この動きがペースを速めました。この勢いを高めようと，作曲家達も親しみの目でリコーダーを見るようになりました。カール・オルフは1930年代にリコーダーの

ための曲をその「教育作品」の中に入れました。ベンジャミン・ブリテン，レノックス・バークレー，マルコム・アーノルド，エドマンド・ルッブラのようなイギリスの作曲家が後になってリコーダーのための，冒険的で人々にアピールする曲を書きましたが，それには古くさい模倣は微塵もありません。出版者はテレマンやその後継者を掘り出して信頼できる版を出版してがんばりました。

　リコーダーの復活は作曲の可能性をアマチュアに戻すことになりましたが，もしそうしなければ偉大なオーケストラや偉大なソリストの時代に沈黙させられる運命にありました。リコーダーは依然としてみんなの楽器です。

　しかし，私達が関心を寄せているのはフルートでなければなりません。ですから，アルバート・クーパー氏に深甚の謝意を捧げてこのフルート小史を終ることにしましょう。クーパー氏はイギリス人で，フルートを完璧なものに近づけた人だと思います。クーパー氏が御自分の証言を提出なさろうとしているので，私はあえて氏の業績を下手に説明することはやめ，感謝の念をこめてクーパー氏に説明していただくことにします。ですから，次の章は氏におまかせします。

第5章
私のフルート製作

アルバート・クーパー

　1938年にはじめて私がルーダル・カルテ社で仕事を始めた時には，フルートの流行は今日私達が見るものとは非常にちがっていました。ほとんど誰もが木のフルートを愛用しました。イントネーションをよくしようなどと考えた人は以前は誰もいませんでした。おまえはいい楽器をもっているんだから，ただ吹きさえすればいいんだよと奏者は言われていました。今日では奏者は楽器に悪いところがあると思えば，それをメーカーに話し，言ったとおりになおすよう要求します。メーカーよりも上手にイントネーションの良否を判定する奏者がいることはたしかです。1945年以来，木製フルートは人気を失ってきました。木製フルートはまだロンドンで作られていますが，奏者の大部分は銀，金，その他の金属フルートを好みます。

　私は1958年の暮にルーダル・カルテをやめて，フルートの修理屋としてひとり立ちしましたが，やがて方向を変えてフルート・メーカーになろうと決心しました。フルートをひとりで作ることがいかにむずかしいかはすぐにわかりました。私の場合は部品を全部作るのでなおさらです。どんな種類のフルートを作るべきかという問題がすぐにおきました。私は他の人達がそれまでしてきたように，現在あるものをコピーすべきでしょうか，それともオリジナルな型を作るべきでしょうか。私はフルート奏者ではありませんし，フルート奏者からのアドヴァイスは矛盾しているように思われたので，私が手にしうるできるだけたくさんのちがったフルートの寸法をはかることにきめました。ルーダル・カルテにいた間，私は何度も修理の仕事をし，多くのちがったフルートが私の手を通りました。サイズのちがったトーン・ホールがいろいろ用いられていること，管上のホールの位

置がかなり変っていることに必ず注意しました。このようにして私はフルートの寸法のコレクションを作りました。こういうデータを全部使って私はこれまでわからなかったある一定の結論に達することができました。私の初期のフルートは一つの型に従って作られましたが，その型というのは他のフルートに発見された長所と短所からの論理的推論にもとづき，約10本のフルートに対してそれを用いた後に捨ててしまったものです。それから私は数学的に計算された寸法に変えましたが，その寸法はいささかちがっていました。その方が前よりもよいということをすぐ確信しました。数年後に私は再びあるわずかな変更を加えましたが，自分は寸法という点では道のりのほとんど終りに到達したと今は思っています。

　私は自分をよい聴き手だと考えたいのです。ピッチに対してよい耳をもっているという意味ではなく，奏者からの建設的な意見を聞きたいという意味です。私にとってロンドンの奏者は世界で一番厳しくなりました。そして，そうしたのは私だと思っています。私達は必ずしも意見が一致しているとは限りませんが，大多数の人達は私の味方であってほしいと思います。アマチュアの奏者から興味ある意見を聞くことが時々あります。アマチュアの言うことは決して無視してはいけません。学生でも同じことです。もし私がフルートの演奏法をならって私の考えを将来のお客様に押しつけたら悪いにきまっています。質問するからこそ全部の意見の断面図を得ることができるのです。誰であれ，これは一人の人間の意見以上に私にとっては貴重です。多くの人達を満足させることは最高の目的です。だれ一人としてみんなを満足させることはできないのですから。

同じ大きさのホールをもったフルート

　何か疑問なところがあったら，チューニングの基本原理を確かめましょう。ホールがより大きく作られていれば音は高めになり，小さく作られていれば低め

になります。ホールを歌口の方に動かせば音は高めになり，足部管の方に動かせば低めになります。

この議論のために私の用いる音名は次の習慣にもとづいています。

どんなフルートにとってもまず決めなければならないことはオクターヴの長さ即ちC2サム・ホールとB足部管の低音のC1ホールの実距離で，その距離はホールの中心から中心を測ります。それらの相対的な位置を決定する基本的計算は同じサイズのホールをもっているフルートが前提になっています。楽器に要求される最大のホールを基準にするのが最善だと思います。ともかくオクターヴのための寸法を得るためには，ホールのサイズがどうであれ，同じ直径のCホールが2個なければなりません。ちがったサイズのホールの間でオクターヴを測定するのは不可能です。

オクターヴの長さの中のAホールの位置は最も重要です。明らかにC2とA1の間の間隔は正確でなければなりません。これらの間隔は何年もかかって試行錯誤をくりかえしながら，やっと確立されました。忘れてはならないことはAホールは決して間違った位置にあってはならないことです。なぜなら，Aはオーケストラが合わせる音だからです。もしフルートのAの音程が悪い場合には，頭部管を調節してなおさなければなりません。スケールの残りの音の位置をきめるためには数学的計算が用いられます。そこでC2とA1の間隔を3分割してBホールとA#ホールの位置をとり，A1とC1の間隔を9分割してG#ホールとC#ホールの位置をとらなければなりません。こうするためには，A1からC2までの各半音には一つの音から次の音までの距離を17.835パーセントだけ減らし，A1からC1までの各半音には17.835パーセントだけ増やさなければなりません。注意してほしいのは，Aホールから両方向に向けて計算している点です。トーン・ホールの「チ

ムニー[9]」は音をフラットにするので，音階全体にわたってすべて一定の数列で律することはできません。これに答えるとすれば「チムニー」のないカーブしたトーン・ホールということになるでしょう。しかし，そのようなホールのパッドの気密性を保つ方法はまだ見つかっていません。

　私はこの17.835という数字をあるギター製作に関する本の中で読みました。それは，ギターのネックのフレットの位置を細工するために与えられた数字でした。ベームの弦の長さが私のものと同じであるかどうかはわかりませんが，ベームの図式は弦の長さが基準になっていました。

　私はベームの図式にもとづいた同じサイズのホールをもったフルートを作りましたが，それは失敗でした。しかし，ベームの業績がフルートのためにこれまでになされた最大の進歩であることに疑いの余地はありません。このことは決して忘れてはなりません。

　妥協して全体のチューニングを最善のものにするためには，いろいろな理由からいくつかのホールは算術的計算によって得られた位置から動かさなければなりません。こういうホールに含まれるのは，F#ホール，低音のD1ホール，足部管のC#1ホールです。F#ホールはEホールとFホールのためにフラットになるのでそれを補充するために高めにし，低音のD1ホールは小さいC#2ホールを開ける必要からいく分高めにされている中音のD2を低くするために低めにし，足部管のC#1ホールは半音階スケールの均等性の中にまぜて耳を欺すのに役立てるために低目にします。

私のグラフとカバード・ホールのフルート

　私がこれまで議論してきた寸法は全体的にサイズの大きい同じホールをもつカバード・ホールのフルートに関するものです。しかし，オクターヴ全体にわたってサイズの大きいホールをもったフルートを誰もが望んでいるわけではありま

せん。このフルートが力強い低音域と中音域を生むのかも知れませんが，高音のオクターヴでは音が出しにくくなるでしょう。それ故，私達は三つのオクターヴ全部にわたってよりよいバランスをフルートに与えるためにホールの直径を小さくしなければなりません —— 大抵のフルート・メーカーはオクターヴの長さの中で三つか四つの直径を用います。

　私が作って長年にわたって改良したグラフを見ると，音のピッチを変えずに直径を小さくする場合にホールを動かさなければならない距離がわかります。しかし，このグラフは高度に技術的なことですから，本書のような本の中には入れません。私はこのグラフを長年にわたって使用し，それが正しいことがわかりました —— このグラフはホールの直径が変化する各箇所で現存のフルートから寸法をとり，論理的に推論して作ったものです。

オープン・ホールのフルート

　オープン・ホールのフルートの測定はカバード・ホールのフルートと同じではありません —— 少なくとも同じであってはならないと思います。オープン・ホールのカップからの余分の空気もれをなくすために自分のフルートに調節を加えました。

　もしオープン・ホールのフルートのキーのあがりを増やすとどうなるでしょうか。低音のオクターヴと中音のオクターヴに関する限り，楽器の最低音を除いて，全体が操作の程度，キーのあがりの最初の状態によっていささか高めになります。カバード・ホールのキーをもつ音はオープン・ホールのキーをもつ音よりもピッチが変化しがちです。オープン・ホールのキーの最初の余分の空気もれは，ピッチ変化をしにくくします。もしこの点について私が正しければ，オープン・ホールのフルートのキーのあがりは楽器のデザイン前に決められなければなりません。

そして —— 一度決めたとしても —— 目に見えるほど変化してはなりません。

　カバード・ホールのキーについているパッド・ワッシャー・スクリュー[10]もオープン・ホールのキーとのピッチの関係を変えることができます。もしスクリュー・ヘッドが厚すぎる場合は音を低めにする効果をもつことができます。その場合にはキーのあがりを広げるか，スクリュー・ヘッドを低くしなければなりません。私の考えではルイ・ローが使用しているパッド・ワッシャーのタイプが最善です。もっとも，こういうスクリュー式の古いワッシャーは今日のフルート・メーカーや修繕技師には人気がなく，今なお用いているのはおそらく私だけだと思います。そういうパッドがもたらす非常にわずかな空気もれの利点を別にして，私はパッドのレベルについてはワッシャーの高さを調節できればよいと思います。他のタイプの場合には一度ねじが締められるとワッシャーの高さは変えることはできません。ワッシャーの高さは音のピッチに影響を及ぼしうると考えるべきであったのです。その結果オープン・キーとカバード・キーの間の正しい関係はいくら強調しても強調しすぎることはありません。

　以前あるフルート奏者が私に「オープン・ホールのフルートとカバード・ホールのフルートでなぜ寸法を変えるのですか」と尋ねました。彼は低音をいくつか吹いてオープン・ホールのフルートについて証明し，次にホールを閉じずに指に関係のあるオープン・ホールのキーを封鎖してこれらの音のピッチを比較しました。彼が吹いている時，彼も私もピッチの変化の差を聞くことはできませんでした。しかし，これでは実験にはなりません。正しい比較をするためにはオープン・ホールのキーの中にコルクか栓をはめてパッドのレベルまで下げなければなりません。実験の示すことは，もし通るとしたらいかにごくわずかな空気がオープン・ホールのキーを通るかということです。ホール・エリア（ホールにある穴の占める空間）は空気が逃げるというよりむしろ循環するためのスペースと思われます。このパッドの中心のホール部分は音を高めにする効果をもっていることは確かで，それを補充するためにホールの位置を少し矯正することが大切です。

頭部管

　作る音のためだけでなくチューニング角度の点からも勿論頭部管は極めて重要です。大抵の頭部管は一定の制限の範囲におさまっていると思われます。とにかくロンドンでは多くのフルート奏者はその楽器にもともとついていたものではない頭部管——全く外国製のことがしばしばあります——を用いています。今までずっとそうでした。これはフルート奏者の中には完全なものを求めることにいかに熱心な者がいるかという証拠です。奏者によっては，その一生とは何か特別なものがちょっとでも頭部管に加わればそれを絶えず探し求めることなのです。

　私の経験では，大抵の頭部管は私の寸法に合致しています。あるものは他のものよりよく，またあるものは私自身のものよりよいと言われたことがあります。

　頭部管で私が求めているものは何かということを語るのは困難です。今日の私の考えは去年の私の考えとはちがいます。そして来年にはそれも違うことはたしかです。ある頭部管には低音から中音へのオクターヴであれ中音から高音へのオクターヴであれ，オクターヴのある部分に非常にわずかながらちがった巾があります。おそらくこれにはいろいろな理由があるでしょう。わずかに異なる放物曲線，歌口の大きさを変えること，角度，深さです。私はそれ以上にやかましくしたくありません。

　疑いなく私自身の放物曲線は改良することができますが，しかし満足しています。極めて卒直に言えば，どうやって改良すべきかわかりません。歌口の大きさ，深さ，角度は研究者に多くの研究の余地を残しています。以前には私は全くトーン・ホールのとりこになりましたが，今では私の関心は歌口に一層向いています。歌口のデザインはルイ・ローの時代以来それほど変わっていませんが，まだ何かわからないことが残っているかも知れません。時がたち実験が進めば，それもはっきりするでしょう。歌口はここ何年もかかって一層深く作られるようになったと言って差支えないでしょう——私も間違いなくその傾向に従っています。数年以前に歌口のホールは少し大きくなる傾向がありましたが，近頃私は反対の方向

に向かっています。

　私は全くフルート奏者ではないので，歌口をけずることには問題があります。手で寸法通りにけずれるからと言って，私は決してやろうとは思いません。失うものの方が大きいと思います。

　銀のフルートは世界的に不足していると言われていますが，調査のための頭部管はごろごろしているようです。そして協力したいという奏者からの援助と意見にはこと欠きません。意見をすべて分析するための時間を見つけるのが問題です。

　リップ・プレートに関して最近明らかになった関心事の一つはオーバーハングすなわちブローイング・エッジ[11]のすぐ前の部分の角度です。フルート奏者は何年間もそれを上にまげたり下にまげたりしてきました。いろいろなアイデアがこの点について出されてきました。最近のアイデアは普通より余計に下にまげると，低音と中音の間のオクターヴがいく分狭くなり，一般的にすべてのオクターヴを通してチューニングがよくなるということです。これはオクターヴの問題のほんの一部ですが，オクターヴを改良しようとするこれからの試みの中で放物曲線のカーヴを調べる時に考慮に入れなければならない問題だと思います。

　間違いなくあるフルート奏者の吹き方は他の奏者とは異なり，同じAを出すにも頭部管を引き出したり差し込んだりして調節しなければなりません。また歌口の大きさも深さも違っていては歌口の中心からAホールの中心までの正確な距離を測ることはできません。目測が許されるなら，およその目安として頭部管を1ミリ押し込めば1秒に1サイクルだけピッチが高くなり，5ミリ押し込めばA 440はA 445になることになります。

結論

　どんなフルートが最善と思うかという質問を受けることがしばしばあります。私ならオフセットのGキーとAキー，スプリットのEメカニズムのついたカバー

ド・ホールつきのモデルを選ぶでしょう。これは私には最善ですが，それが大勢の人々にもよいわけではないことはすぐさま認めます。GキーとAキーが並んでいるオープン・ホールのフルートは私の左手には合いません。それを持つと楽ではなく，演奏してもリラックスできません。リラックスすることはよい演奏に欠かすことができません。私はなにがなんでもオープン・ホールのフルートに反対しているわけではありません。オープン・ホールのフルートだけができる4分音やグリッサンドを要求する現代音楽を演奏しなければならない場合には，それがオフセットのGキーとAキー，スプリットのEメカニズムをもってさえいればオープン・ホールのフルートを使います。私はフルートの演奏をできるだけやさしくしたいのです。

　私の寸法が電子的ないろいろな方法でテストされたということをいくつかの筋から聞いたことがあります。私は自分ではそれをやったことは一度もありませんが，こういうテストは私にある程度影響を与え，いくつかのチューニングを確認し，進むべき方向を示してくれました。嬌正したり妥協したりすることが必要な音は忘れられることがよくあるので，電子的方法によって低音のオクターヴの基音をチューニングするのは間違いだと思います。どこで妥協が必要かを知らなければなりません。私に関する限り，奏者の耳が最後のテストなのです。

　いつも考えてきたことは，カバード・ホールのフルートはオープン・ホールのフルートより音程がよかったということです。オープン・ホールのフルートはおそらく最善の中音のオクターヴを持っているので，私はこの点ではオープン・ホールのフルート奏者はわずかなチューニングの欠陥は仕方がないと思っているのだと理解しています。平均的なカップより大きいカップが五つ要求され，フルートは変なかっこうにはなりますが，5個のホールの直径を大きくして同じ効果を得ることができると思います。また5個のオープン・ホールの直径を小さくすることができると思います。そうすればカバード・ホールのフルートと同じような空気もれが得られるでしょうが，それが受け入れられるとは思いません。各モデルから最善のものを得るために左手にはカバード・ホール，右手にオープン・ホ

ールをもったフルートが最善の妥協だといつも思っています。そして驚いたことにこういうフルートはまずありません。

　音程に関する一般の苦情は低音のオクターヴと中音のオクターヴの両方にあるAホールから頭部管側が高めになるということです。実際は反対なのにこういう理由で自分たちはピッチが高めのフルートを持っていると考えているフルート奏者が何人かいます。このフルート奏者はフルートがあまりに低く作られているから高めに演奏します。これは矛盾と思われます。しかし，Aが正しい（頭部管を調節してそれを合わせるので常に正しい）とすれば，高めの音のホールは歌口から離さなければなりません。こうすればオクターヴの長さが短くなり，そうすることによって音階が高めになって問題の音が低くなるのです。

　どんな金属が最善の音を出すかという問題は，私には答えられそうもありません。私が今まで作ってきたのは，銀，金，ステンレス，洋銀，それに半銀半金ですが，私にはまだわかりません。私は外観と堅さではステンレス，柔らかさと広くオルガン・パイプ——オルガン・パイプには洋銀が特に合います——に用いられていることからは洋銀に魅力を感じていました。オルガン・パイプには継ぎ目があることが最善だと聞きますが，継ぎ目なしの洋銀の管を作ることは出来ないので，私の頭部管には継ぎ目があります。洋銀の歌口のチムニーを洋銀のリップ・プレートにろう付けること，継ぎ目をろう付けした洋銀の管にそれをまた全体を溶かさずにろう付けするむずかしさは説明できないほどです。

　私の現在の研究は頭部管の完成に向けられています。同じところでとどまるものはありません。私はフルートの音を一層よくするために不断の努力を続けながら改良にはげんでいます。

アルバート・クーパー　1982年　ロンドンにて

9　ホールの壁の立ち上がり部分。
10　パッドを押さえているネジ。
11　管のあたる側のエッジ。

第6章
フルートの保守

　皆さんの想像通り私はクーパー・フルートを数本持っていることを誇りに思っています。それは非常に幸せなことなので，このフルートを大事にしてこの幸せを無にしないようにしています。いろいろな物理的脅威がフルートを襲います。ほこり，汗，極端な温度変化，よくある衝撃ですが，中でも最大の脅威は大事にしない持ち主です。でもフルートのメインテナンスには重労働も——家庭で修理しようとしない限り——熟練も要しません。結局，簡単な常識的なことを毎日ちょっとやればよいのです。

きれいに，そして大事に

　まず，楽器をきれいにしておきましょう。練習や演奏が終ったら指紋をふきとりましょう。その場合アルコールか何かにひたした柔かい布を用います。決して真鍮みがきを使ってはいけません。勿論これは金属フルート，特に銀のフルートをもっている人々に言う注意です。銀のフルートに付着した汗の指紋は，放っておくと黒く変色します。私にとっては汚れた楽器は一般にいい加減な演奏を連想させます。そんな風に自分のフルートに愛着をもたないでどうしてよい演奏が期待できましょうか。
　大ざっぱに言えば毎日のメインテナンスというのはフルートを使っていない時にどうやってその安全を確保するかという問題です。フルートはほこりの中にほったらかしてはいけません。箱の中にしまっておきます。更に念のためにその箱

は安全な所にしまっておきます。そうすれば不注意にひじを引っかけて床に落とすこともなく，極端な温度変化からも保護されます。

取り扱い

このように安全な収納をする前にフルートを分解しなければなりません。下手にやると致命傷になります。頭部管を中部管から離す時にはリップ・プレートやキーを握らないよう注意しましょう。リップ・プレートはすぐにまがります。メーカーはわざわざ苦労して吹くための正しい角度をリップ・プレートにつけてあるので，下手にそれをねじると残念ながら彼等の努力を無にすることになります。同様にキーは微妙な機械部品で，その精度はよい演奏には欠かせないものです。キーは結合部を無理にはなすための挺子として用いてはいけません。左手はリップ・プレートの下の所で頭部管を握り，一方右手はバレルのそばの中部管を握らなければなりません。同じく足部管をはずす時には左手はバレルを握り，一方右手の親指は一番下の二つのキー，CキーとCisキーの下を握ります。

こういう簡単な指示を守れば，まず決してキーを曲げることはないでしょう。指摘するまでもないことですが，こういう指示は一日の終りにフルートを分解する時と同様にフルートを組み立てる時にもあてはまります。

ケース

最善のフルート保険は，三つの部分がひざ掛けの中の三匹の南京虫のように居心持よくおさまる立派なケースです。ケースの中には，そういう目的に全く合わないで，一寸振ったりすると中に一束のナイフとフォークが入っているような音

のするケースもあります。いくつかある私のケースはニューヨークで特別に作らせたもので，そのどれもが一体の木からできていて，ビロードのようなものが貼ってあります。それらは非常に精巧に設計されているので，いくら振っても大丈夫でことりとも音がしません。みんながみんな注文のケースを作ることができるわけではありません。それはそうですが，ケースの中でフルートががたつかないようにする方法を工夫することが大切です。なぜなら，がたがたすればするほど調整がきかなくなる可能性があるからです。プロテクター，つまり頭部管の端と中部管の一番下のところにはまる小さいリングをくれるフルート・メーカーがあります。精密に作られたその部分に衝撃が加わらないようにするためのものです。これはフルートとクリケットのバットの使い方の区別がつかない子供にはよいかも知れませんが，区別のわかるようになった者，特にプロにはプロテクターを使うことをお薦めしません。あまりかたいと，保護しようとしている結合部そのものをすりへらす危険があるからです。

　私だけの話ですが，フルートを安全にしまう時にさらに一つの儀式をやっています。それはまねしてくださってもよいし，軽蔑の眼をもってしなくても結構です。使っていないフルートをしまっておく時にはいつも南北に向けて（ケースに入れたまま）置きます。私は本当に実用的な理由からこうしています。でたらめに置いた時よりも南北に向けた時の方がフルートの鳴りがよいのです。科学的に説明をすれば，磁力，すなわち誰も多くを知らない一つの力ということになります。私はフルートに与えるのと同じ考え方を自分の身体にもあてはめて，ベッドも南北方向に置きます。チャールズ・ディケンズが私よりも前に同じ考え方をしていたことを知っています。ディケンズがホテルに部屋をとった時には，自分と磁力が一線になるように部屋の模様がえを実際に要求したことが時々ありました。

温度の問題

　イギリスのような国——私達は現在エア・コンになじみつつありますが——においても，また大陸一つ分の気候の変化をもっているアメリカのような国においても，気候の極端な変化についてなしうることはそう多くはありません。アメリカを旅行していると一週間のうちに一年中25度(35度の時は除き)の南部にフルートをもっていき，零下20度の北部に持っていくことがあり得ます。こういう取扱は修理工場への近道です。なぜなら，一定の温度のところにしまっておいてこそフルートは最善の働きをしてくれるからです。大陸を横断する時に，被害を少なくしようとすることはできます。確実な方法は決してフルートを飛行機の荷物室に保管してもらわないことです。その中ではフルートは本当に冷え切ってしまい，おまけに航空会社はこれまで荷物をなくすことで有名だからです。

　温度の極端な変化によって最もダメージを受ける可能性のある部分はキーのパッドです。あまり暑かったり寒かったりすると形が変ってしまいます。乾燥と湿気の極端な変化はパッドへの脅威となり，この二つの中では乾燥の方が恐敵です。乾燥はパッドを非常に収縮させやすく，ぴったり合わなくさせます。湿気はパッドをいくらか膨張させ，運がよければパッドが平均にふくらんで吹きやすくなり，奏者は助かります。

修理

　たとえいかに注意深く慎重でも，修理が必要ならその時をいつまでも引きのばすことはできません。修理の時が来たら専門家にまかせて，自分でいじらない方がよいと思いますし，私はそれを実行しています。一つにはフルートを修理するということは非常に時間がかかります。私は自分の時間を練習に使いたいのです。

もう一つには非常な熟練を要します。私はそういう腕はもち合わせていません。お前だからそんなことを言っていられると皆さんは思っているかも知れません。つまり私は手許にフルートを数本もっていて，何の痛痒も感じないで一定期間，一本ぐらいは修理に出しておくことができます。全くその通りです。フルートを何本も持っていない場合には，自分自身で調整したいという誘惑にかられることもよくわかります。私達イギリス人の場合はなおさらです。日躍大工の国があるとしたら，イギリスこそその国です。私のフルート仲間の中には楽器を使いながらなおすだけでなく，楽器そのものを作る人もいます。アルバート・クーパーの改良は自分自身の楽器を作ることに興味をもった演奏家とよく相談しながらなされたのですから，これはフルート奏者にしてみれば大体うまくいくわけです。しかし，それでもやはり私はひとりでいじることには慎重であってほしいと思います。私の慎重な態度を正当化するために私は一寸した話——イギリスの話ではなく日本の話です——をしておきましょう。

　ある日東京で私は村松フルートのショー・ルームを訪ね，そこに陳列されているフルート，フルートのレコード，フルートの付属品をいろいろ見てまわりました。小道具の中に非常に手のこんだとてもモダンなねじまわしがありました。交換可能な頭が6本ついていました。「こんなねじまわしってあるの」と私は感嘆の叫び声をあげました。「それはねじまわしじゃないんです。フルートこわしなんです。それが一つ売れるたびに次の日にはきまってフルートの修理があるんです」と村松さんは言いました。ですから皆さんも危いですよ。ねじまわし（爪やすり，キッチン・ナイフ，皆さんがよく口にするその他の道具）も下手にかかれば凶器になって，実際に身体を傷つけることにもなりかねないのです。

第2部
演奏する，練習する，技術をみがく

　これまでフルートの古代の歴史と近世における完成を簡単に見てきましたが，皆さんはこの楽器の演奏を勉強しようと決心なさったと思います。こういう道を歩いて来た先輩達と同様に私は皆さんに最高の幸運を願い，これからその道の地図を作り，まちがって寄り道をしないようにしたいと思います。皆さんは音楽，他人に意思を伝達する能力をのばすこと，フルートをマスターすること，この三つを心に決めたのです。この三つは一般的に相互にからみ合って発展していきますが，努力をしようという観点から見ますと，三番目のフルートをマスターすることが第一です。

　皆さんはまあまあフルートが吹ければよいと思っているのではありません。ノーですね。皆さんの抱負はフルートが皆さん自身の一部になるくらいにフルートをマスターすることであるにちがいありません。皆さん自身の一部とは苦しい呼吸と器用な指によって旋律が生まれる金属の管ではなくて，皆さんそのものである身体の，知性の，そして精神の有機的組織体の延長，皆さんの身体の他の部分とほとんど同じように無意識のうちに楽に動く特別な手足のことです。ところで，私は皆さんをだまして始めようというのではありません。フルートを口にあてることの方があてないことよりも自然だと思うようになるには，人の半生というようにかなりの年月を要します。フルート奏者がその任に耐え，音程とテンポを正しくとることだけに満足して今日までオーケストラの中に座っていることはよく知られています。それは私の興味をそそる見解ではありません。フルートの演奏を楽しむ道でもありませんし，同様に重要なことですが，他の人に聴いてもらうためにフルートを吹く道でもありません。忘れてはいけないのは，皆さんが始め

たばかりであるにせよ，いくつかのこつをのみこんだにせよ，聴く人は皆さんの目標であるということです。まず大切なのは意思を伝達するということです。そして，皆さんの窮極の目標は —— 以下の頁を通してこの目標からはなにがなんでも目をはなしてはいけませんが —— フルートを皆さんの骨，筋肉，神経組織の中に吸収することです。

　しかし，この計画に取りかかる前に一般的な条件をつけましょう。以下に述べるところで私の経験を皆さんのために用いてもらおうと最善の努力をしましたが，十戒や熱力学の第一法則 —— それに対する唯一の正しい答は服従と承認です —— のように当然のこととして私の言うことを聞いてほしいというのではありません。フルートの演奏は人間のすることです。同じ人間は二人といません。結果的には皆さんの問題だけでなく，問題に対する皆さんの解答も同じではありません。だれにも合う万能テーブルのような出来あいの考え方はないのです。ですから，皆さんは試行錯誤をしながら皆さん自身に合うものを発見しなければなりません。一方，あらゆる点で違っているにもかかわらず，人間は同じ型にはまっています。こういう同一性があるからこそ物事を行う最善の道についてある程度注意深く忠告をすることが許されるのです。ですから私も皆さんに申し上げるのです。フルートを学びながら二つのことをしなさい。一つは皆さん自身の発見をすること，もう一つは皆さん自身のアイデアとはちがうアイデアに素直に耳を傾けることです。新しい道を考え，それを試みる準備だけは少なくとも忘れてはいけません。

　素直な心と試す気持でこの本を読みましょう。この広い世界の誰にも合わない完全に独特な方法を窮極的に発展させる奏者でさえどこかで出発しなければならないのです。私の話を出発点にしてください。それが出発点であることがわかればそれでよいのです。しばらくは個性は脇に置いて，始めから出発しましょう。

第7章
身体について

立つ

　私は二つの理由から練習中には立っている方が好きです。一つは一気に何時間もフルートを吹くように設計された椅子はまだ作られていないということです。今ある椅子は何か座り心地が悪く，几帳面な奏者の姿勢を悪くしてしまうみたいです。第二の理由は練習は演奏と同じであるということです。私はコンサートでは立っていなければならないのですから，立つことに慣れる方が賢明です。誰にでも通用する意見を敢えて言えば，練習ではできるだけ演奏の状況を再現しなければなrらないということです。もし20分かそこらの間──その間中美しく演奏しながら──立って演奏しなければならないとしたら，筋肉はそれに慣れなければなりません。結果的にはオーケストラ奏者はコンサートの間中座り続けていなければならないのですから，座って練習しなければなりません。私は後でこの問題にとり組みます。それまで立って練習してください。

　立ち方は重要です。これから何週間も，何ヶ月も，いや何年も練習のために立ちに立たなければならないだけでなく，姿勢は呼吸，フルートのコントロール，演奏をする時の自由に影響するからです。この目的は，安定していること，楽であること，バランスがよいこと，です。確実にするためには，第一に床にしっかりと立ち，近衛兵のように気をつけをしてこちこちにならずに，また世界の心配を一身に背負って週末の買物を両手にもってバスの停留所に立っている人のようにうつむいてはいけません。

　下から始めると，まずはき心地のよい靴をはくことを薦めます。これは特に女性に申しあげます。ファッションというものはしまったと思う靴を女性に強いることがしばしばあるからです。フルートと足のためにはファッションの要求に負

けないようにして下さい。たとえば、ハイヒールは姿勢を悪くします。それ故，私の考えではやめるべきです。しかし，練習は演奏のためのものであるという教訓に従えば，もし合わない靴で演奏するつもりなら練習の時もそれをはかなければなりません。書きものをしている時は若者でもハイヒールで一日をすごしがちですが、コンサートの晩にはフォーマルな服装の時のヒールの低い靴に変えなければなりません。こんなことをしていると演奏の時になって突然，筋肉にそれまでにない要求がなされるようになります。

立った時の姿勢
譜面台に対して少し右を向きます

演奏の時と同じ靴で練習する必要について私の経験からためになる話をします。しばらく前に私は暴走族の犠牲になってどぶの中にはねとばされ，両足を骨折しました。外科の手術やなにかをしてやっと足はなおりましたが，もと通りにはなっていなかったので，靴をはかないで練習する方が楽な気がしました。事故後の

第１回目のコンサートでは素足で練習していたことを大いにくやみました。慣れない靴ははき心地が悪かっただけでなく——ヒールはまあまあでしたが——その靴では素足で学んだバランスがくずれてしまいました。
　ですから，まず第一に重要なことは結局は公衆の前にはいてでることができるはきよい靴，第二に楽な立ち方です。私はこの点について規則を定めるつもりはありません。その方が役に立つと思って私のすることをお話しするのです。私は両足を少しはなして立つ方が好きです。左足は少し左の方に向け，右足は少し右の方に向け，角度は時計の針で言えば10時10分で，左足に身体の重みをかけます。両肩は尻と平行にしないで少し左にねじります。ねじりの程度はホール（吹こうとする頭部管のホール）を左足と一線にして判断します。さあ始めましょう。
　両肩を尻と足に合わせたとして重要なのはまっすぐ立つことです。これには充分な理由がいくつかあります。第一は，まっすぐな姿勢は身体のバランスを助け，従って筋肉のコントロールをよくするからです。もし筋肉をちょっとした気持の変化にも従わせることができないとしたら，思い通りの音楽は作れないでしょう。第二は，まっすぐに立つとエネルギーを長持ちさせられるからです。演奏中に前かがみになると，倒れるのを防ごうと緊張して足の筋肉はどうしてもエネルギーを浪費するようになるからです。第三は，まっすぐに立たないと正しい呼吸ができないからです。
　フルート演奏のための呼吸は，普通の目的に役立つ無意識の空気の出入りとはちがった動きです。呼吸についてはもうすぐお話しすることになりますが，今はフルート奏者は自分の呼吸器官をフルに使うことができなければならないということを強調するだけにしておきます。これは歌手の場合と同じ条件で，もし歌手が歌うのを見る機会があれば，立派な声はまるまった肩やへこんだ胸からは出ないことに気づくでしょう。歌手と同様に胸郭をあげ肺に空気を満たし喉を開けることができるように，背骨をまっすぐにのばして立たなければなりません。そうすれば思いきり気持を発散させることができます——音楽がそのような一連の動きを示していればの話です。呼吸は原料です。皆さんはたくさんの原料を必要と

します。肺は貯蔵庫です。まっすぐ立ち，肺に拡張の機会を与えてやれば最高の働きをするのです。

　ここまでくると，皆さんは足をしっかりと地面につけ，練習中のプリマドンナのように呼吸しています。楽に立ってください。私自身はフルート・スクールのメンバーではありませんが，その学校ではリラックスすることに始まりリラックスすることに終ると生徒に教えています。なぜなら，授業中には筋肉のコントロールが必要だからです。しかし，コントロールするということは堅くなってはならないということです。特に腕，手，指，頭の位置はコントロールされていると同時に柔軟でなければなりません。何故ならば ── 呼吸は別にして ── こういう身体の各部のコントロールされた柔軟性が皆さんの作る音を決定するからです。ですから，立つ時に目標としなければならない大切なことが三つあります。安定していること，まっすぐであること，柔軟であることです。

　この点について，若いフルート奏者との長いつきあいから私は一つの警告を発したいと思います。緊張して不動の姿勢になってはならないことは勿論ですが，私の経験では不動の姿勢は生徒にとってそれほど心配する問題ではありません。反対に，生徒は音楽を演奏するだけでなく音楽の振付けをしなければならないと考えているかの如く音楽に合わせて身体を揺らすことがあまりにも多すぎます。ダンス病にかかっていないとすれば，私は皆さんを免疫にしてあげましょう。何故ならば，それは本当に音楽の邪魔になる悪いくせだからです。例えば，よく知られていることですが，若い奏者はフレーズ毎に左に揺れ，フルートで空中をちょっと突いて拍子を釘づけにし，次に右に揺れ，演奏をくり返します。こういうテンポのとり方は音楽をがんじがらめにし，結局は音楽の魅力をなくしてしまいます。メトロノームは頭の中か暖炉の上に置きましょう。腕や足の中に入れてはなりません。更に，大げさな動きをすると音楽に費さなければならないエネルギーと酸素を浪費してしまいます。動き（小さい動き）にはついていく音を得るのに役立つものがあり，そのような動きには私は反対しませんが，他のものはすべてわずかしかないエネルギーや酸素の浪費です。そして音楽が速ければ速いほどま

すますこれらのエネルギーや酸素は少なくなり，そして動きの大きすぎる音楽家はそれをますます湯水の如く使って，使わなくてもよいのに使ってしまいます。

　ダンス病については，してはならないことをお話ししましたが，ここで立ち方についての注意をまとめます。両足を地につけ，そのまま真直ぐに立ち，身体を動かさず，フルートの演奏に集中します。

腰かける

　立って演奏するフルート奏者の問題は譜面台です。こういう奏者は楽譜を目で楽に見ることができる高さまで譜面台をあげます。この場合，聴衆は誰だかわからない人の両足にのっかった楽譜の真白な眺めでもてなされます。また譜面台ごしに聴衆が見えるまで譜面台を下げます。この場合には彼は楽譜を読むために不自然に身をかがめなければなりません。このジレンマに対する簡単な答は暗譜です。

　これは座らなければならない奏者の直面するジレンマとはちがいますが，そういう奏者も，特にフル・シンフォニー・オーケストラの木管部門の一員の時に特別の問題をもっています。フルートは横吹きなので，縦吹きの楽器（オーボエ・クラリネット，バスーン）の中では異端児です。立っている時は尻に対して肩をまわしてこの横向き（前述のように）をなおすことができます。こうすれば背中の筋肉の緊張が軽減し，結局は楽な演奏をすることができます。しかし，オーケストラの中で木管楽器の列に座る時は椅子が一列に並び譜面台が平行なので，全く問題は別です。縦吹きの仲間はスコアと指揮者にまっすぐ顔を向けます。フルート奏者は椅子に座って身体をねじりスコアと指揮者を横目で見ています。鼻が邪魔してスコアと指揮者が半分しか見えません。その結果，左腕の上部がこり，眼のためにもよくありません。

座った時の姿勢
譜面台に対して少し右を向きます

　不幸なことですが，遅まきながら私は自分でこの問題を解決しました。他の人と一線にして譜面台を離し椅子を右に少しまわしました。こうすると，指揮者が12時の位置にいれば，私の椅子は2時の位置です。ですから楽譜と指揮者が私の視線とよく合い，身体がこることも横目で見ることもありません。唯一の欠点は聴衆の中にフルート奏者が第一オーボエと仲たがいしていると思いこむ人がいるということです。しかし，こうすれば一層よい演奏が出来ることは事実です。そしてフルート奏者とは仲よくやっているのだということを第一オーボエが知っていれば，それが大切なことなのです。

　もしフルート奏者が座って演奏しなければならない時には，座って練習しなければなりません。そして，椅子は大体身体には合わないものですから，私は皆さんに同情します。私が申し上げられることと言えば，現代感覚で座り心地よくデザ

インされたものよりは簡素で昔からのキッチン・タイプの椅子に座る方が長続きするでしょう。本当の実験台はブルックナーの交響曲です。もし座り続けていられれば，それはよい椅子です。

呼吸

　呼吸というのは極めて重要な問題です。それはフルート奏者にとっては一般の人々よりもずっと大切ですが，技術的な説明，特に横隔膜のことをああだこうだ言うことによって余計にむずかしくなるのだと思います。横隔膜はズボンの左側のあたりにあるといっても，十才ぐらいの子供にはわかるはずがありません。初心者のためにいくつか実験をしてみましょう。呼吸をする時に身体のどの部分が動くのかがわかるようになっています。両親や級友に手伝ってもらいましょう。

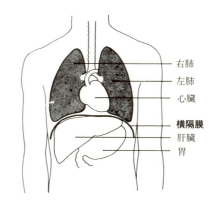

横隔膜
胸部の主要器官と横隔膜の関係

横隔膜の動き

息を吐き出した時の横隔膜の位置。ゆるんだ横隔膜が上方に移動してドーム型になり、肺はしぼんで胸腔は縮小します。

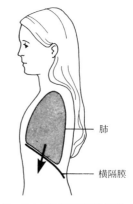

息を吸い込んだ時の横隔膜の位置。収縮した横隔膜が平らになって下方に移動し、肺は拡張して胸腔は大きくなります。

第一に、あお向けにねて両手を腰の下に少しつっこみ、手伝ってもらう人に腰の上にしっかりと片手をおいてもらいます。腰のところで胸郭が左右に曲っています。さあ、ゆっくり深呼吸をしましょう。拡張するにつれて皆さんをおさえている重い手が動き、同時に指は背中のところでそれを感ずることができることに注意しましょう。これが横隔膜の動きです。

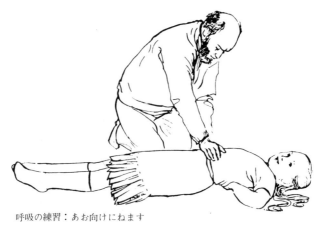

呼吸の練習：あお向けにねます

次になお床の上にねて，うつぶせにころがります。両腕は両脇におきます。この時手伝ってくれる人は背中の一番上の肩甲骨のところに手を置きます。もう一度ゆっくりと長く呼吸します。再びおさえつけている手に抵抗を感じます。

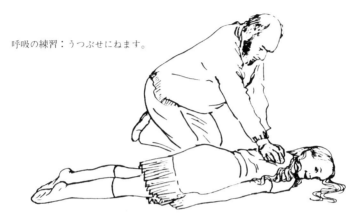

呼吸の練習：うつぶせにねます。

この実験の意図は，肺は身体の前面だけでなく背面にも作用し，皆さんが考えているよりも背中のずっと上の方に作用していることを実際にわかってもらうことです。フルートを演奏する時には，この容量の最後の最後までを必要とするので，この肺の存在と大体の位置を知っている方が好都合です。

特殊な目的のための呼吸は一日やそこらで学べるものではありません。何時間も努力しなければならないものですが，だからと言ってがっかりしてはいけません。コントロールされた深呼吸は超人的なものではありません。ヨガ行者も運動選手もできます。皆さんも —— 一寸決心して我慢すれば —— できます。呼吸のために人間に備わっている器官はほとんど同じです。私達みんながもっている唯一の戦力は向上する能力です。ですから練習計画にすぐとりかかりましょう。そうすれば —— 例えば１年，２年，いや10年たったら —— どの位進歩したかがわかるでしょう。

私が考えている練習計画は，ボクシング・ジムでの毎日の練習試合でもなければ公園での夜半のジョギングでもなくて，フルート演奏だけに特別にきめられて

いるものです。若い頃，ロンドンで学生だった頃，私は地下鉄のある駅から次の駅まで息をとめている練習をしたことがよくありました。それはおもしろい実験で，後に何も害はのこりませんでしたが，皆さんに同じことをやってほしいというつもりはありません。第一に皆さんのところに地下鉄はないかもしれませんし，第二に苦しみのあまり身体をよじっていると一緒にいる乗客がびっくりするかもしれないからです。しかし，皆さんがやることができる公衆の面前での練習はそうはありません。この練習の意図は三つの点を進歩させることです。呼吸の量を自由にできること，呼吸をコントロールすること，呼吸を無理なく使うこと。

　手を胸の両側，胸郭の下のところにつけて立ちます。頭の中で 1 - 2 - 3 - 4

呼吸の練習：立ちます。

と数えながらゆっくりと息を吸い，肋骨の拡張が両手を外側にどのくらい押し出すかに注意しましょう。4を数えるまで息をとめ，4を数えるまで息を吐き出します。数の勘定は頭の中でしなければなりません。声を出して数えると重要でない目的のために息を使い果たしてしまうからです。毎日練習をする前にこの呼吸をしましょう。私は4をやさしい目標にして(四つ数えながら息を吸いこみ，四つ

数える間息をとめ，四つ数えながら息を吐き出します）始めるとよいと思います。なぜなら，どんな小さい子供でもこれはできると思うからです。一二週間したら5に目標をあげましょう。次に6，7とだんだんあげていきます。この注意にはあまり盲従してはいけません。必ずしもすべての人が同じ能力をもっているわけではありません。もしこの練習を数の高い方から始められれば，それにこしたことはありません。その場合には目的とする数を自分で決めましょう。それがどんな数であれ，時間が経つにつれてその数を増やすよう努力しましょう。

そのような練習は別にして，呼吸についての一般的なアドヴァイスがいくつかあります。まっすぐに立つことの利点についてはもう説明しました。これまでのレッスンはちゃんと守られていると思います。身体の構造についてはこれで充分でしょう。次のアドヴァイスは，皆さんが成長するということを忘れてはならないということです。小さい子供達はプロのフルート奏者と同じようには決して呼吸することはできません。ですから，よくわかっている先生が子供達に言うことは曲の間はどんなところでもかまわず呼吸してもよいし，いざという時にはその他のところでも呼吸してよいということです。非常に正しいことです —— 初心者にとってだけです。しかし，私は最初の先生の教え方がもう必要でなくなった後もずっと守られていることに気がつきました。成長して肺が大きくなるにつれてあえぐように呼吸するのをやめるようにしなければなりません。音楽は今までとはちがって高揚することがわかるでしょう。何故ならば，フレーズの途中で息をとるたびに皆さんは音楽を中断し，音楽を沈黙させ，音楽を喉で窒息させるからです —— これは皆さんのやろうとすることではないと思います。

その通りです。呼吸は初めのうちは大問題ですが，忍耐し，努力し，ただ時が過ぎればこの問題の重要性がなくなります。もう一つヒントを言えば，楽観的な気持をもたなければなりません。人間の心理は妙な動きをします。誰でも何かをすることができると思えば，おそらくそれをすることができるでしょう。この精神第一主義は反対の効果をもたらすことも確かです。こういう特殊な問題が皆さんの手に負えないと思いこむほど才能を阻害すると考えられるものはありません。

ですから呼吸はフレーズの終りまで続くと信じなさい。息が続くことがわかれば，次には自信をもってもっとうまくいくでしょう。大切なことはあわてないことです。なぜならば，あわてると他の目的でとった息を使い果たしてしまうだけでなく，神経に悪いからです。

　それ故，時間がどんなに長く，その頁の音符がどんなに混んでいても落着いて息をとる練習をしなければなりません。落着いて呼吸をすると，脈拍が下がり，曲のために息をとっておけます。

　私の考えでは，マスターしなければならない呼吸は3種類あります。まず根本的には演奏を始める前とか適当な二三小節の休止の時にとる深呼吸があります。お役に立つなら，私がしていることをお話ししましょう。私は（落着いて）息を吸いこんで，ほとんど肺を一杯にします。それから息を止めて用意万端ととのったことをたしかめます。最後の瞬間に大急ぎでもう一息吸います。そうすれば私の体内のすべての酸素でどんどん先へ進むことができます。

　これは私流のフルート奏者用スーパー・ブレスです。スーパー・ブレスをするにはわずかな余裕が必要です。しかし，その余裕は曲の方でとっておいてくれることはまずありません。すばやく小さいブレスをして，充分にリカバーする次の瞬間までなくならないようにしなければならないことがしばしばあります。次に述べるのは第二のブレスで，私はこれをブリッジ・ブレス（橋渡しのブレス）と言っています。それは大急ぎで一息入れるので，耳ざわりになりがちです（ソリストの場合にそうなのです。ブレスがオーケストラの邪魔をすることはあまりありません）。耳ざわりなブレスは男性の場合より女性の場合に大問題で，これは女性の声が男性の声よりピッチが高いことに原因があると思っています。この理屈の真偽の程はどうであれ，男性も女性もともにブレスの時に出る雑音を少なくすることはできます。その秘密は喉の筋肉をリラックスさせることにあります。

　第三のブレスは緊急のテクニックでもあります。それがなくてもやっていければよいのですが，私達は息を吐いている間にも時々ブレスをしなければなりません。ブリッジ・ブレスと同様に曲がその用意を何もしてくれていない箇所でも一

息入れなければなりませんが，それはブリッジ・ブレスとちがって，もっと短くもっと速く，もっとわからないようにします。そのよい例は，一連のスタッカートの反復音です。その音の続きの中にごくわずかなブレスを入れましょう。そうすれば誰にもわからないでしょう。

　そのようなテクニックには経験，熟練，先見の明が必要です。それらを修得する道はブレスの練習から始まりますが，また演奏しようとする曲を考えて，その曲がブレスをする機会を何処で与えてくれているか，その時にどの位深いブレスをしてよいかを見るところから始まります。しかし，こういうプランの前段階で自分をあまやかしすぎてはいけません。若い奏者が息切れをしてフレーズの終りで息をとることがあまりにも多すぎます。もし皆さんがこういう経験をしたなら気を引き締めて，余計な休止をしないようにしましょう。うまくやるにはほんの一息しかいらないということを忘れてはなりません。

フルートを持つ

　フルートの持ち方に関する理論(そして論争)はヨハン・ヨアヒム・クヴァンツの時代にまでさかのぼります。おそらくもっと以前かも知れません。その後数世紀の間ずっとこの問題については意見の一致を見ません。私自身，学生だった数年間にくいちがったアドバイスをいくらももらいました。その後何年かかかって私はいくつかの結論を得ました。その結論は，皆さんがよそで教わることと全部はくいちがっていないと思います。

　第一に，理想的な大きさの手というものはあるでしょうか。はっきり言ってありませんが，私は幸福にも平均的な大きさの手を持っていると思います。私の手は指がキーの上にちゃんとのらないほどばかに大きくもなければ小さくもありません。小さい手をもった人達はオープン・ホールのフルートよりもむしろクロー

ズド・ホールのフルートをもてばよいというのが私の意見です。普通の大きさの手をもっているので，私はオープン・ホールのフルートを吹いています。

　第二にフルートの持ち方についてのすべての問題は煎じつめるとこうなります。指を動かしている間ぐらつかないようにフルートを持っていなければならないということです。指の圧力が変化してフルートが動けば，頭部管が上下にゆれます。そうするとホールの中に吹き込むのと同じくらいしばしばホールの向こう側や手前に息を吹きつけて音，音色，全体の感じに不幸な結果をもたらします。

　フルートをしっかり持つには，相互に圧力を消し合う三角形を頭に入れてフルートを固定します。重要な圧力点は次の三つです。左手の人さし指の根本のところ，ちょうど下唇の下で突き出ているあごの上のところ，右手親指の先です。左手の人さし指は歌口の方へフルートを押しつけ，あごはこの圧力を受ける安定点です。右手親指は反対方向に押します。こういう押しと押し返しの間で，フルートはどんなに速い動きが指に要求されても静止します。

　フルートの演奏には圧力を必要としないシステムを擁護する人がいるということを隠すつもりはありません。リラックスすることが彼等のモットーで，彼等はマルク・シュピッツやムハメド・アリというようなリラックスの名人を私達のためのモデルとして薦めます。私はまだ自信がありません。たしかにマルク・シュピッツは実際に泳いでいない時に，ムハメド・アリは実際にパンチを放っていない時に全くリラックスしています。私だって実際に演奏していない時には適度にリラックスしています。しかし，身体の動きはすべてある程度筋肉に関係していて，動かしている時にリラックスしている筋肉というものはこわれたバネと同じくらい役に立ちません。

　ですから圧力をかけなさい —— 勿論かけすぎてはいけません —— というのが私のアドバイスです。私は歯をぬいたりあごをはずしたりしなさいと言っているのではありません。安定するように三つの圧力点でしっかりとフルートを固定して演奏しつづけましょう。

三つの圧力点

C あごからの圧力

B 左手人さし指は軸となります

A 右親指先からの圧力

Bの拡大図

指を全部離しても，フルートはぐらつきません。

　指の動きをできるだけ少なくするよう指を訓練しなさいというのが私の第三のアドバイスです。これはフルートをぐらつかせないことに役立ちます。あまり元気よくキーをたたいたり強く打ったりすると，唇との関係でフルートがぐらついてしまいます。フルートは何を演奏するにしても，唇の同じ場所に必ず固定していなければなりません。

　要約しますと，フルートをしっかり持ち，指の動きを少なくすれば，危険地域が少なくなります。

　曲が速くてむずかしい時には —— 例えばイベールのコンチェルト，この曲ではフルートがぐらつくと全体的にも部分的にも大失敗します —— 上述のことは問題になります。初心者が同時に取り組まなければならない色々たくさんの技術的問題を与えられれば同様に問題です。たとえ問題がない場合でも初心者はこういう点を頭の中に入れておかなければなりません。意見のくいちがっている名手達でもフルートの持ち方に関して(私も彼等と共に)意見の一致を見ている唯一の点は右手と左手の間にバランスが必要であるということです。私の考えでは，バランスをとるのは前にも述べたように両手(プラスあご)の圧力で，こうすれば一定の挺子ができ，その挺子のおかげで指の柔軟性が得られます。ですから吹こうと思

う三つの音を続けてできたら小さい奇跡だというような段階にある時でも，皆さんはこういう考えを頭に入れてスタートし，その考えを実験に移し，いつかしっかりフルートが持てるように練習しましょう。

　こういう目的の達成に役立つよう私はタファネル・ゴーベールの「17の毎日のエクササイズ」の中の最初の練習から始めたらいいと思います。この練習の意図はフルートを吹く時に身体の対応をよくするということです。皆さん自身の発明になるメロディーを即興的に取り入れて実験をしてみるのもまた一案ですし，そうすれば興味がわいてくる一方，同時にフルートの持ち方と吹き方に慣れるようになります。

　簡単に言えば，これこそ私のフルートの持ち方の哲学です。私は最初に最後のことを持ってきて，それから逆に勉強してきました。ですからここで修正をしてフルートの握り方にもどり，最初から正しく始めましょう。

　めいめい違った体格をしているので，手の置き方については大ざっぱに申しあげましょう。次の図を見て，自分で自然な手の位置を発見するための基礎としてください。

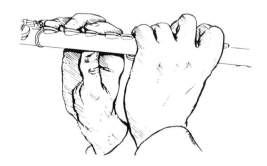

両手を前から見たところ
両手はリラックスしまています。手首はたれています。指はキーの上にまるくのり，キーからほんのわずか離しておきます。

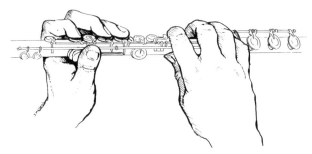

両手をうしろから見たところ

　点検を始める前に一言注意しましょう。皆さんが求めている自然の指の位置はフルートをしっかり持ちながら指がよく動くようにするという位置です。この段階では指は一房のバナナと同じくらいの機敏さ，独立性，動きのコントロールしか持ちませんが，将来の進歩はここから始まるのです。初めから，しっかり持つこと，柔軟性があることの2点から考えなければなりません。

　まず101〜103頁の絵を見ましょう。左手はフルートを支えると同時にフルートにしっかりあてられているので，挺子となって指に力を与える定点となります。この手の位置を体得するためには，まずフルートを持たないでやってみましょう。左腕を前にのばし空中に上げたままにしておきます。次にのばした腕の先で手がたれるように手首の力をぬきます。手を見ましょう。手はベビー・ベッドにねている赤ん坊の手と同じくらい力のぬけた状態にあります。ここでフルートをつまみあげ，手をいく分まるくして楽器のまわりにまわします。指はそれぞれキーの丸いところに置きます。小指は使わない間はまるくしておきますが，リラックスして力を入れてはいけません。

　左手親指の位置は初心者にとってむずかしい問題かも知れません。一般に親指のトラブルは親指をB♭キーのあまり下の方におくことに原因があります。親指をその先と関節の間に置くのが一番やり易いと思います。すなわち親指のつけ根のふくらみがそこになければなりません。次頁の図は私の言った通りになっています。

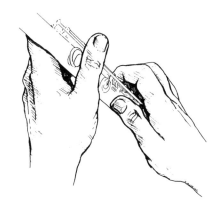

親指の位置
下から見たところ。左手親指はまっすぐにして上を向いていることに注意。右手の親指はフルートの側面を押します。

　手の正確な位置が奏者によって違うことは当然ですが，私のアドバイスは皆さんに最もよく合う左手の位置をさがすのに役に立つと思います。こうすれば先へ行って必ず出てくるむずかしい技術的問題を切りぬけることができます。

　次に101～102頁の図の中の右手の位置をもう一度見ましょう。同じ実験をやってみましょう。腕を前にのばして手首をリラックスさせ，手をだらりと下げましょう。ここで，左手の場合と同じようにフルートのまわりに手をまげる代りに，リラックスした指をおくべきキーの上にそっと置き，実験で得た柔らかくまるめた手の形をそのまま保ちます。右手をフルートにまっすぐに置き，できるだけ自然に指をまるめます。

　ここで，指をスタートする位置においたまま，全体の挺子の作用，すなわち三つの圧力点，左手人さし指，あご，右手親指の先をチェックします。全部が正しければ準備完了です。

唇

　しかし，まだ終りとはいえません。唇のことを考えなければなりません。

　皆さんがまだ御存知ないとしても，これからすぐに学ぶことになりますが，演奏する時の唇の作り方に対して木管楽器奏者が使っている言葉は「アンブシュール embouchure」です。この言葉はフランス語からきていますが，国際的なヨーロッパ共同市場の今日ではこれでよいでしょう。たしかに英語にはこれに代る言葉はありませんから，私達にもアンブシュールでよいでしょう。

　フルート演奏の全分野において，アンブシュールほど個性的で，誰にも通用するような説明が向かないものはまずありません。私達はみんなちがった体格をもっています。口のこまかい点ほど差があるものも他にはありません。口そのものの大きさ，唇の形と厚さ，口を閉じた時に唇がどのように合わさるか，口があいている時の唇のすき間，これらはみんな各人各様です。そして，これはただ外観のことだけを言っているのではありません。神と歯科医のみぞ知るフルート奏者の口の内部は，可能性という点からも相違という点からも全く新しい世界です。もしこういう可能性をコンピューターにかけるとしたら，驚くべき結果に出くわすと思います。一見同じように見えるアンブシュールでも全くちがった音を出すことができるし，一方全く同じ音も一見ちがったように見えるアンブシュールから出てくることがわかっています。この教訓は人間がコンピューターを出しぬくことが——今のところは——できるということです。

　一例をあげましょう。私はそれほど厚くない唇とそんなには大きくない口を持っていることをいつも幸福だと思っています。大きな口と厚い唇は頭部管のホールに合わせ，それに息を集めるのに特に苦労がいるにちがいないと思われます。しかし，私のひとりよがりの理屈をやっつけるフルート奏者がたくさんいます。私の友人，アメリカの黒人ヒューバート・ローズのような人達です。彼の唇は非常に厚いのですが，その演奏は一級です。唯一の安全な推論は，フルートに合うアンブシュールはフルート奏者の数と同じだということです。

こういう理由から，私はアンブシュールについてこれしかないと断言する先生はよくないと思います。そういう先生は「これこそその方法です」とか，おそらく「これはジェームズ・ゴールウェイの方法です」とか言います。そういう独断は分離帯，高速道路，外国の道路等の存在を無視してただ左側を通行せよという包括的な指示と同じくらいの価値しかありません。自動車を運転する時と同じようにフルートを演奏する場合にも規則はその時々の事情を考慮して変わるものです。

　よい先生は，唇の大きさと形，筋肉の状態を調べて，個々別々に客観的に，まず最初に生徒一人一人を一つの口と考えます。勿論先生の過去の経験は極めて貴重な基礎になりますが，これこそ生徒が自分自身の正しいアンブシュールを作る土台です。生徒を自分の生き写しにしようとする先生がいかにも多すぎます。最初から自分に合わなかった癖をなおさなければならない生徒が多すぎます。作る前にこわさなければならないということは，進歩に対する悲劇的障害です。それは相手の立場に立った教え方をすれば容易に避けることができるのですから悲劇的なのです。ですからアンブシュールについては疑いをもち，試してみる気持を持ちましょう。

　私の言うことを信じてはいけないと言いながら，アンブシュールの作り方について二三考えを述べます。

　私の考えでは，両手のバランスがとれていなければならないようにアンブシュールの上唇と下唇にはバランスのとれた緊張がなければなりません。これがいわゆる負荷の分散というもので，多くの場合に有効な方策です。例えば，荷物を運ぶ時，ばかでかいスーツケース一個もって姿勢をくずして道路をよろよろと歩くよりも，右と左に同じ重さの荷物をもつ方が楽です。同様にフルートでも両唇に同じ圧力がかかっている方が万事うまくいきます。

フルートの演奏：多くの異なるアンブシュールがあることを忘れてはいけません。硬口蓋，舌，顎の骨，頭部とフルートの断面図，空気の流れの道を示しています。

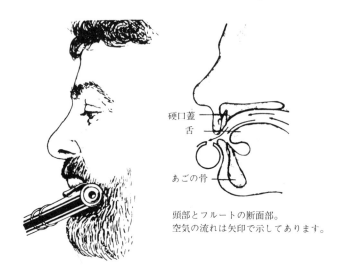

頭部とフルートの断面部。
空気の流れは矢印で示してあります。

　もう一つ条件が必要です。緊張が均等であるとしてもその緊張は下唇に対して一層均等です。アンブシュールの両唇は緊張していなければなりませんが，ホールにいく分かぶさる下唇は変ってはいけません。一方，息の流れをあやつる上唇はわずかに柔軟性をもちます。しかし，わずかにとはほんのわずかということで，他の人には全くわからないくらいという意味です。

　ここで唇のこういうわずかな動きにもどりましょう。ここしばらくはアンブシュールに必要な緊張に注意を集中しましょう。

　アンブシュールを作る筋肉は微笑するために作る筋肉と同じです。その位置を気づかせるために，口を閉じたままでほほえんでみましょう。そして，顔の下半分のつっぱり具合を意識しましょう。ほほえむことが気持を引き立たせるのであれば，それは悪いこととは思いませんが，演奏中には実際にほほえむ必要はありません。しかし，練習を始める前に，アンブシュールの筋肉のコントロールに慣れるために試しにほほえんでみましょう。違う表情を実際にためしてみることも

できるでしょう。私が初心者だった頃には微笑の形を続けることがはやりましたが，それからしばらく後に考えついたことは，必要な両唇の緊張は唇を愉快そうに上方に向けるのと同様にこわい顔で下に向けても得られるということです。大学へ行く途中，ロンドンのセント・ジョーンズ・ウッドでバスを待つ男達の列の中でこのしかめっ面を練習して彼等をほんとに狼狽させたことがよくありましたが，私はためになったと思います。私が学んだのは，アンブシュールを通してフルートの中にただ息の流れを導くことができる簡単な顔のひきつれは，たった一つではないということです。私が言うように，それは顔の形によります。ですから自分の顔のことがわかるようになったら，にやにや笑いを続けるだけでなく，しかめっ面も続けてみましょう。

ところでアンブシュールは何のためにあるのでしょうか。もうここまできたら皆さんにもうこういう質問は似つかわしくないでしょうが，とばして読んでたまたまこの段落に目がとまった人には答は次の通りです。第一にアンブシュールは頭部管のホールの必要な位置に息を流します。こうすれば必らずある種の音が出ます。

しかし，第二にアンブシュールは音の性質を決定します。第三にアンブシュールは必要ならピッチを正しくし，音をコントロールします。こういう音の改良は後の章で更に論議されます。ところで，アンブシュールは皆さんの楽器の不可欠の部分で，その訓練はこれからのフルート人生の間ずっと続くことは間違いありません。

12　Taffanel and Gaubert "17 Daily Exercises"

第8章
最初の音

　フルート奏者に与える私の最初の忠告があります。決してきたない音を出してはなりません。よい音でなければ，フルートで音を出しても全く無意味です。聴衆のために音を出して金をもらっている人々にとってと同様に，初心者にとってもこのことは真実です。音質は初心者には充分強調されないことがしばしばあります。なぜなら，音さえ出ればどんな音質でもよいと思っている先生が非常に多いからです。しかし，先生と生徒が最初の音を出そうとする時に注意すれば，美しい音というものがいつもどこかにあり，それは見つけることができ，学ぶことができ，将来のためにとっておくことができるというのが私の信念です。

最初の音の出し方

　まず初心者はフルート全体を操作せず，そして一度にいろんなことを考えないように，頭部管だけで音を出してみなければなりません。問題を一つ一つ解決し，実際に毎日の練習に精神を集中するために「個々別々に取り出してやる方法」がよいと思います。私達はみんなできるだけ心配を少なくする必要があります。ですから進歩してほしいもの，練習の中から取り出すもの，練習を効果的にするために取りかかるものを特定してなぜいけないのでしょう。
　頭部管だけを吹く練習に話をもどしましょう。初心者として第一にしなければならないことはアンブシュール —— 皆さんにやさしく感じられ，好結果を生む両唇のしめ方とリップ・プレートへのあて方 —— を実地に試してみることです。頭

部管は唇の中央においてそこで支えなければなりません —— 押しつけるのではなく，ぐらぐらしないように支えるのです。下の図をよく調べ，どのようにして頭部管を唇の中央にもってくるかを見ましょう。私達はどこで息を吹き込むかについてちがった感じをもっています。しかし，どこであれ頭部管は下唇にしっかりとあてておくことを忘れてはなりません。

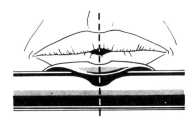

唇をホールの中心に合わせます。そうすると空気の流れが吹口の向こうのエッジの中心に向かいます。

　唇をリップ・プレートに正しくあてるには時間がかかるかも知れません。これは初心者に共通の難問です。忍耐強く勉強しましょう。

　さあ，アンブシュールを作りましょう。中央の極めて小さいピンほどの穴をのこして，両唇が互いに一線または平行になり，互いに接するように両唇を横に引きます。

唇のすき間を作る

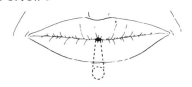

ピン・ホール：唇のすき間を極めて小さくまるくするように。そうすると棒状の空気の流れを作ることができます。

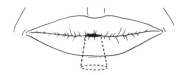

巾広い隙き間：こうすると巾広いうすい空気の流れを作ることができます——しかし巾はフルートのホールより常に狭くなければなりません。

唇は両方ともフルートの操作に参加します。ですから，前述の通り上唇は下唇よりいく分柔軟性がなければなりませんが，両唇には同じ緊張がなければなりません。しかし，どちらの唇も動いているのが目に見えてはなりません。見ている人にはフルート奏者の口はジブラルタルの岩山のように不動のものに見えなければなりません。

空気の流れの方向
唇を使って角度をコントロールしながら狭い空気の流れを手のひらに上下に吹きつけることができるようにしなさい。

両唇の間の小さい穴から手のひらに息を吹きつけましょう。これは空気柱がきまった流れを作っているか，広がっているかを調べるためです。空気柱が広がらずにきまった流れを作るようにならないうちは，たくさんの音を出してはいけま

せん。

　まだ頭部管だけを使って，まず音を作りましょう。できるだけ低い音とできるだけ高い音を出してみましょう。必ずはっきりした明るい音を作りましょう。音質は小さくてこもっているよりむしろ開放的でなければなりません。

　吹いている間に非常に楽だと感ずる箇所をきめたら，頭部管をフルート本体につけて，最初の音を出してみましょう。

空気の流れる路をきめる

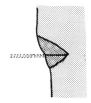 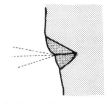

　　流れがきまっています：よい　　　広がっています：わるい

　どれが初心者の始める「最善の」音かという点については非常に意見が分かれています。私は初心者次第だと思います。そしてよい先生は最も自然に出てくるものを吹くように当の個人に教えます。何が自然であるかということについての手がかりは，頭部管だけの練習によってもう与えられているでしょう。他人のことがよくわかる先生はこの手がかりをとりあげて，それを忠告することができます。低音域のオクターヴや中音域のオクターヴの音はだれにも非常にとっつきやすい音なのですが，好結果が早く得られること，すぐにはげみになること，最初に試みたわるい音よりむしろよい音が出ることを考慮すると，皆さん自身にも適当な音です。ここではまず長く引っぱる音から始めます。それができれば出だしは上々といってもよいでしょう。

　説明のためだけですが，まずB♮で試してみて下さい。

準備万端ととのいましたか。さあ出発しましょう。大きく，はっきりと，まろやかに，そして揺れずに(例えば)五つ数えるまで吹きましょう。息をとるために一服して，くり返します。しばらく上述の練習を続け，もうすばらしくなっているB♮をできるだけ長くのばしましょう。もし先生か適当な人がいれば，大きな声を出して数えてもらってスタミナをチェックしてもらって下さい。こうすると私達は大抵チャレンジ精神が出てきて，すぐに何とかして前の音よりもっと長く次の音を出そうとするようになります。

最初の音を吹いて，それをのばすことを学んだら，実際に考え実際に聞きましょう。音は明確でなければならず，あまりうすっぺらな音ではなくて，豊かで非常にはっきりしていなければなりません。こういう望ましい状況を作り出すのに重要な要素は口の内部です。発声に必要な喉腔はできるだけ力をぬき，開き，拘束されない状態でなければなりません。フルートをしばらく口から離してもう一度音なしで練習をしましょう。あくびのまねをします。そうしている間喉の中でひろがっている ── 人間には測れません ── 空洞を意識しましょう。それは，よい音を作るのに必要な隙き間です。しかし,それだけではありません。胸も開いていなければなりません(皆さんはまだまっすぐ立っていると思います)。喉と胸を広げていると，身体全体が響板になってフルートを助けます。

二番目に出す音

はっきりした良い音が一つ出るようになったら，こんどは二番目の音に移ります。最もやさしい方法は，最初の音から半音だけ上げたり下げたりすることです。説明のために，B♮からB♭へ移ってみましょう。

運指表：

黒色：ホールを閉じる。白色：ホールを開ける，灰色：開いても閉じてもどちらでもよい。

B♭とB♮とが両方とも簡単に吹けるようになったら，二つの音が同じかどうかを比べましょう。この場合の目的は，出来るだけ同じ音にするということです。この二つの音をちがった音にする方法についてのレッスンは後で出てきますが，スタートはここです。作ろうとした音を作るということはコントロールの問題だからです。コントロールの最初のレッスンは，できるだけ音質を同じにしてこれらの二つの音を吹くことです。

　この二つの音を数回とり換え，それぞれの音を自信をもって吹き，それらの音を充分にのばして，いまどうなっているかを聞き，一方の音から他方の音へスムーズに移れるよう努力しましょう。

音を組み合わせる

　次の冒険は，B♮からB♭を通ってAに行くこと，そうしながら少しずつ低音域探索の範囲を広げることです。こうして半音ずつレパートリーに新しい音と新しい指を加えていきます。

　基本的な開拓が終ると，本当にむずかしいことが始まります。音を組み合わせるためには，いくつかの機能——呼吸のコントロール，指の使い方，アンブシュールの調節，絶えず耳をすましてよく聴くこと——が同時に必要になります。こうやって一音一音が音程正しく，全体の響きが豊かにはっきりしていることをチェックしなければなりません。

　ここしばらくは専門的なことは別にして，こういう操作の最も重要な要素は皆さんが想像する音のつながり，演奏する前に皆さんが心の耳で聴く音であると私は確信しています。精神が集中していれば，きっと身体の他の部分も臨機応変に反応する道を見出すでしょう。

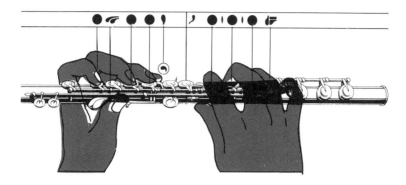

運指表におけるフルートと各指の関係
このフルートはB足部管つきです（Cの下の低音のBが吹ける特別なキーがついています）。

　しかし，身体の他の部分も関係するので，その関連を簡単に要約しましょう。確かめなければならない第一の点は，フルートは前述の三つの圧力点の間にぐらつかないように持つことです。第二は，前にアドバイスしたように，身体を動かさずに落着いてブレスすること。第三はアンブシュールをくずさないこと。その上——総合的品質管理監督官のように，全身を耳にしながら——指に注意を集中させます。指には忍耐づよく，しかしヴィクトリア女王時代の立派な親のようにきちんと躾けましょう。楽器の演奏というのは，平均的な手が普通に経験したぐらいではうまくいきません。ですから，現在指に要求されている力，別々に動かす能力，機敏さを増すには時間がかかります。

　時がたち「17の毎日のエクササイズ」を忠実に実行すれば差が出てきますが，それでも指が未熟でもたついている時には，一つの音から次の音へ移るスムーズで表情豊かなテクニックを勉強しましょう。こうなるにはいくつかのことをしなければなりません。初心者には一朝一夕でそれをマスターすることは望めませんが，初心者でもそれを肝に銘じておくべきです。

　第一は，表現力のあるテクニックはフルートに対する尊敬といったものに関係があります。楽器には，金槌でたたくような気持ちではなく，愛撫するような気

持でやさしく接します。キーをぶんなぐってはいけません。ガツンと離してはいけません。そのような乱暴な力は響きの中の生命を殺してしまうからです。存在する限り響きの中には生命がなければなりません。

　第二は，キーのタッチを均等にするよう努力しましょう。強い指がやさしいポジションで自信をもって動く一方，弱い指がむずかしいポジションでキーを見つけようとはいまわり，おぼつかなくそこらをうろつきまわるのではなくて，1音から1音へのしっかりした均一性を勉強しなければなりません。

　第三は，音はそれぞれ隣りの音と同じように強くしっかりと進まなければならないだけでなく，音と音との間の移動もスムーズでなければなりません──休止も沈黙も流れをとめるぎくしゃくした動きもあってはなりません。これを確実にするのに有効な一つの方法は指が大げさにぱたぱたたたかないように注意することです。早く指を動かすことはいいことですが，エネルギーのむだにもなります。指をキーの近くにおいてできるだけもたもたしないで動かせるような手の位置を練習しましょう。

　スムーズな指のテクニックに役立つ以上三つの要素はすべて一言で言うとこうなります。コントロールです。ヴィクトリア王朝時代の親にもどりましょう。筋肉(呼吸，ピッチ)をコントロールするには一にも二にも三にも練習です。後になって練習に関して二三言うことがありますし，フルートの演奏を考えた賢明な人達によって考案された練習をいくつかお薦めします。今のうちは自分のしていることをよく聴き，自分の欠点を見つけ，それをなおすよう最善の努力を払いましょう。

　こういう時には皆さんは助けを必要とするかも知れません。そのためには先生にお願いしなければなりません。この段階ではよい音と満足できない音の区別を知っている上手で優しい忍耐強い先生につくのが一番よいと思います。そういう先生は，皆さんがどの音をうまく吹くか，どんな勉強が必要かを教えることができます。そして，とりわけフルートへの情熱，初心者でもフルートから出すことのできる簡単な音の美しさに対する情熱によって皆さんを元気づけてくれます。

そのような先生は生涯の心の師です。私は人格形成期に三人の先生にめぐまれました。ミュリエル・ドーン先生，ジョン・フランシス先生，ジェフリー・ギルバート先生です。

第9章
音

　音楽は心をなごませる音であるだけでなく，何かを語らなければなりません。音楽はある感情，うきうきする感じかもの思いに沈む感じ，いやみな感じか訴えかけるような感じ，のどかな感じかいらいらするような感じ，そういう感じを表現しなければなりません。フルートが作ることのできる音から得られるニュアンスはロジェ同意語反意語辞典全体ほどもあります。そして，こういうニュアンスが確実に音から生まれるようにするための唯一の方法は，最初からそのニュアンスを入れることです。

表現力

　この点についてしなければならないことが二つあります。一つは音が個性を反映するように演奏することです。私の考えでは，表現力のある奏者は自分がどこを演奏してるかを知り，自分の気持をそのまま出せる人のことです。当然この自我の足どりは音楽の性格に従属していなければなりません。皆さんの気持は，いくらすばらしくても作曲家の意図を無視してまで必要とされとされるわけではありません。私が望むのは，演奏しながら耳に入ってくるこういう作曲家の意図を皆さん自身が理解することです。表現力というのは，皆さん自身の中からだけ出てくるのです。そして，皆さんが自分自身の個性を表現しながらフルートを演奏することをしりごみするなら，決して表現力をつけることはできないでしょう。
　私は技術的によく訓練された多くのフルート奏者の演奏を聴きましたが，彼等の個性をまる写しにすること —— 彼等の個性を伝えることさえ —— は学びませんで

した。自らを知るようになることが楽器演奏の重要な部分です。なぜならば，もし皆さんの音楽が言わんとすることを皆さん自身がわからなければ，どうして聴衆にわからせることができましょうか。生徒たちが私の気に入らない音を出した時に君たちは何を考えているのかと尋ねると，答はきまって「何も考えていませんでした」でした。こういう道には，荒涼と混乱が横たわっています。演奏している時にはぼけっとしていないで，一生懸命考えなさい。しばしば考えなさい，そして出来れば正しく考えなさい。

　どうやって自らを知るかは，皆さんに任せます。人はそれぞれ自分を知る方法をもっています。アレクサンダー・テクニック[13]やヨガのように身体をつかう方法もありますし，瞑想したり読書したりするようにより大脳を使う方法もありますし，またただ人と接触する――気持をいらだたせるようなものであれ何であれ――ことによることもあります。

　フルート演奏というより狭い希望に関する限り，皆さんが何をなすべきかについて私は何の疑問ももちません。それは私がこれまで主張してきた，そして将来にも主張するかもしれない点ですが，私はこの主張をくり返すことについて弁解するつもりはありません。それは非常に重要で，頭にたたきこんでおく価値があります。もし皆さんが指先と唇の先で一定の音を出さなければならないとすれば，まず第一にその音は頭の中になければなりません。それ故，初期の勉強はフルートというものが何をすることができるかについて皆さんの知識を広げることです。暇な時にフルートを吹く二三軒先の人のまねをするだけで満足しないで，本当のトップ・プレーヤーのレコードを買い，それを注意深く聴いて，想像力と希望をかき立てましょう。

　音楽に対する反応をシャープにすること（そして，そうしながら皆さん自身の表現力を高めること）は，フルート奏者だけでなく楽器奏者や歌手の名演奏を数多く聴くことと関係があります。同じ曲のいくつかの演奏を比較し，何ができるかについての皆さんの考えを広げることもためになります。私はこの点をいささか強調したいと思います。なぜならば，教師としての経験では，本当の表現力を働かせ

ないで，ただ印刷された楽譜に書いてある記譜やダイナミックを（全く教えられた通りに）再現する若くて器用な奏者がいく人かいます。なまけているという理由で，また謙遜してバッハやドビュッシーという作曲家の個人財産を侵害したくないという理由で彼等が記譜通りに再現しても結果は平凡で，そのためにその音楽は聴衆の心をひきつけません。しかし，下手な作曲家に対して一片の同情を寄せましょう。彼は他人が演奏する音楽を書くために何かある方法を持たなければならず，そして習慣が彼に与えるものは五線上の一束の音符しかないのです。シェイクスピアはアルファベットの文字にしばられていろいろ型にはまった並べ方をしましたが，名優がこういう記号からどんな意味と気持を引き出すことができるかを考えましょう。ここでは俳優は皆さんです。無表情な発言ではなくて音楽的な発言をするために，楽譜の記号の裏にある意図を見つけるのが皆さんの仕事です。

　皆さんがその他しなければならないことは，心の中の感情を自分にわからせるテクニックを学ぶことであることは勿論です。こういうテクニックの中で第一のものは音のコントロールです。

　この時点では一二の定義を述べておけばよいでしょう。話し言葉というものはあまりにも鈍感な道具なので，音楽を分析することはできません。これがなぜ演奏と実例 ── 特に名奏者によるもの ── が音楽にはかくも重要かという理由です。しかし，今のところ私達が持っているのはこの鈍感な道具しかありませんし，それを最大限利用しなければなりません。ですから，はっきり言って皆さんが出そうとしている「響き」は基本的には雑音 ── よいにしろ悪いにしろ ── にすぎません。皆さんの目的は，とにかくできるだけその雑音を美しくすることです。「音」というのは慎重に作られた響きで，一生懸命勉強すれば柔軟性に富むようになって，ちがったことをたくさん表現できます。次に繊細さ，つまり「色彩」をたとえて言う場合には耳で聴いた感じから目で見た感じに移ります。それ故「ニュアンス」という言葉を好んで用いる人もいます。この言葉は漠然としているという利点をもっているからです。しかし，私は「色彩」という言葉から離れられません。色

彩というのは，よく訓練された音から作ることができる数知れないほどの違った効果のことだからです。

いかにして響きが音になりうるか，そして音は非常に多くのちがった色彩を生むかということについていささか考えてみたいと思います。

音の柔軟性

私の考えによれば，フルートで出す音は声楽に直接関係があり，この問題を探究するにあたって私は歌手の例を学ぶことを薦めます。ウォーミング・アップする時に歌手は言葉よりもむしろ母音だけを使います。こういう母音はそれぞれ母音に特有な響きだけでなくちがった色彩をもっていて，フルート奏者は実際には音を出さなくてもそれを再現することができます。明るい色彩は口腔の前方で発音される一層の閉口母音で作られ，暗い色彩は口腔の後方で発音される開口母音で作られます。ひとりで一連の言葉を発音して，閉口母音から開口母音へ移りましょう，flit, fleet, fled, flad, flute, float, flask（長い a で——ロンドンの発音で，マンチェスターの発音ではありません）。口中でのこれらの母音の感じの違いに気をつけましょう。これからは言葉をやめて母音を使いましょう。

フルートなしで"flute"の"u"という音を使って長音階を歌いましょう。この練習を数回やると，すぐ"u"の音を作るための口腔内部のつくりがよくわかるようになるでしょう。

ここでフルートを使って同じ音階をやってみましょう。しかし口の内部は"u"を造ったときのままです。こうするにはある程度顔をゆがめる必要があります。なぜならば，唇はもうまるくなく横に引いてあるからです。でも，それは可能です。口の内部のゆるみと開いた感じを補充するためにアンブシュールをしっかりしておくことが大切です。中途半端に母音を使ってそれを促進しているフルート

奏者が何人かいますが，フルートの持ち方がしっかりしていなくて，その接触点（リップ・プレートと唇）も非常にゆるいので，その方策を充分に活用していません。フルートは接触点で上下にはねてはいけません。そうなると，息の音がして聴いていて不愉快で，芯のない，ぼけた音の原因となり，色彩を作ることができません。

ここで練習をもう一つ。二つの母音をとり上げます。今度はfluteの"u"とflaskの"a"です。最初は歌いながら，次は口と喉にそれぞれの音がいかなる影響を及ぼすかを頭の中に入れて，フルートを使ってこの二つの音をかわるがわる出しましょう。大問題はアタックです。最初は交代する音を出すのはやさしくないので，初心者はアタックだけをやってみましょう。最初の最初から思い通りに正確な音が出るまでこの練習を続けます。私達が追求することは，美しい中間と美しい終りに加えて美しい出だしです。

このようにして母音をいろいろと勉強し，音の充分な長さに注意を払いながら音のコントロールを学びましょう。目的は快い，歌うような，楽しい音で，初めは一つの音をのばします。それができたらはじめて音の流れをコントロールする練習をします。この場合には二つの要素が新たに加わって複雑になります。指と唇です。指は力をぬき，唇は柔軟でなければなりません。

唇の柔軟性

演奏中に唇は絶対に動かしてはならないという人がいます。すべての調節は横隔膜でしなければならないと教えます。こんなことはとてもできそうにないことで，身体を曲げないで床から何かをひろい上げようとするのと同じくらい馬鹿げたことです。横隔膜の収縮は音の中に動揺を作りがちで，なめらかなフレーズを作りにくくします。両唇ともとても繊細な楽器です。

空気の流れの角度（吹き口の断面図）

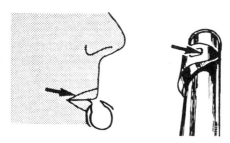

矢印は音を作る吹き口のエッジに向かう空気の流れを示します。

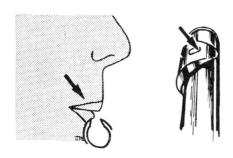

低音ではフルートの中に息を吹きこみます。

　私の主義によれば，低音のBは2オクターヴ上のBと同じアンブシュールでは吹けません。低音を出すにはフルートの中にいくらか深く息を吹き込み，高音を出すにはいくらか息を外に吹き出さなければなりません。

　しかし——一般的な注意をすれば——口の動きは目で見てわかるほどではいけません。柔軟性とはここではたるんでいるということではありません。アンブシュールは緊張したままにしておき，その調節は自分でもほとんどわからない程ごくわずかでなければなりません。

　想像することができるでしょうが，このようなごくわずかな調節をマスターするには何かをしなければなりません。しかし良い音を出すには不可欠ですから，早期に始めれば始めるほど効果的です。私が薦めたいのは，唇の柔軟練習を毎日

することで,その基本はマルセル・モイーズが「ソノリテ[14]」の中できめた原理です。

　皆さんにできる最もよい音 —— 中音域の音,例えば第2オクターヴのB♮ —— を吹くことから始めましょう。次にB♭に下がって同じ結果が出るようにします。次に半音下がってAにいき,それを最初の二つの音と比較し,全部同じ音で吹けるように努力します。このようにして上下しながら全部を吹き,吹く音がそれぞれ同じ響きになるまでしばらく努力しましょう。

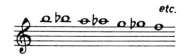

　響きの同一性に注意して聴きながら,各音にどのようなアンブシュールが必要か,各音間の微妙な差を自分で発見しましょう。どんな音がきても自動的に,そして意識的な努力なしに,唇がそれに合った形になるように,唇にその感じをおぼえこませることが皆さんの目的でなければなりません。おそかれ早かれ,すべての音を吹くようになるので,たくさんの発見をしなければなりません。こういう身体のコントロールが自動的になるには時間がかかりますが,その間時々は自分自身をためしてみましょう。練習の途中どこでも止めて,そのアンブシュールをチェックしましょう。また,むずかしい音だけをとり出して吹きましょう。もしそのような音のアンブシュールの形が実際にわからない場合には,止めてそのアンブシュールを見出し,後でその音にあった時のためにアンブシュールを憶えましょう。

　この段階では —— まだ半音ずつ音階をゆっくり上下しながら —— クレッシェンドとディミヌエンドの練習をしましょう。最初の音を選んでそれをできるだけ小さい音で始めましょう。クレッシェンドします。到達した音量で次の音を始め,ディミヌエンドします。そして,これをくりかえしていきます。

次に取り組む問題は，大きな音程を越えて音をのばすことです。狭い3度から始めて4度，5度，6度等と進んでいきますが，いつも同じ音質を作り，途中で不均等にならないように努力します。各音の始めと終りははっきりと切らなければなりません。その間に変な音が入ってはなりません。それは不幸な現象で，フィンガリングが均等でなく，連続している音を演奏するために唇が正しく調節されていない時に起こります。最終の目的は何のトラブルもなく低音から高音に移ることができることです。それにはアンブシュールの最高の柔軟性（はたの人には気がつかないほどわずかなものですが）が要求されるので，これはむずかしいのです。ずっと離れている音を吹きはじめる前に唇が正しい形になるように，跳躍の途中で唇を動かさなければなりません。アンブシュールが柔軟性とコントロールの点で進歩した段階に達するには，その前にくりかえしなすべきことが山ほどあります。

　ロング・トーンは，まず半音ずつ，次にスケールの形で，間隔をおいて，和音型で上行，下行しながら完成するのが最善の方法です。これは誰にも薦める方法ですが，危いと思ったらやめて下さい。しかし，特に注意しなければならない問題もあります。

　一つは高音域で，普通フルートでは仲々うまく吹けません。フルートの音域の最高のところで力を保持してコントロールしながら吹くには一層の空気圧を必要とし，それをうまくやるのに近道はありません。練習あるのみです。反対に，低音は非常に問題が多いので，出し方は別としてきっと音を出しただけで満足しがちです。しかし，何かそれ以上のものが必要です。低音は意味をもたなければなりません。皆さんは低音をよく響かせようとするでしょうが，二三忠告と激励の言葉を申し上げましょう。低音は無理して音を出そうとしてはいけません。低音はそれだけのおもしろさがありますが，高い音と比べるとどうしても音が弱いのです。ある程度弱くなるのは最低の音に下行することと関係があるのは止むを得ませんが，低音が表現し得る音の柔軟性と美しさをすべてその音に与えるよう努力しましょう。

上に概説した練習——この瞬間から，皆さんが毎日必ずやることの一部となるとは思いますが——の間，三つ四つの点が同時に進歩するでしょう。最もつかみどころのない問題は耳の訓練です。耳は音程の基本型にだんだとなじみつつあります。第二に指はフルート上での位置をおぼえ，機敏性を向上させつつあります。第三に，事実，これらすべての努力の主眼点であるアンブシュールは，ちがった音に対処する柔軟性を獲得しつつあります。そして最後にこれまでやってきたことのすべての結果として，音質がよくなりつつあります。私はそうあってほしいと思います。

ピアニッシモとフォルティシモを演奏する

　指導要領の欠点というものは，目的に達するために一歩一歩階段をのぼる人のようにその指導要領が一つ一つ問題点をカバーしていくことです。しかし，フルート演奏は階段をのぼる人ではありません。それは立派な作戦をたてた戦争で前線に向かう軍隊に似ています。簡単な作戦をたてようとするとどうしても私達は重要なことをいくつかあとまわしにせざるを得ません。その一つは音量です。

　ですから，この際皆さんが我慢して下さるなら，もう一度単音に帰ってほしいと思います。まだ教えることがたくさんあります。次のレッスンは異なる音量で単音を練習することです。

　一つの音を選んで普通のダイナミックで，例えば五つ数えるまで吹きましょう。止めて，もう一度それを吹きますが，音はそのままにして，いく分音量を減らします。くり返す度に音は前の音とほとんど同じ大きさでなければなりませんが，全く同じではいけません。一定のダイナミックで吹いて，次に音量を半分におとしても意味はありません。本当の表現力のためには，やっと聴きとれるところから本当にびっくりするところまでずっと音量をほんの少しずつ変化させることをマスターすることが必要なのです。ですから，音をできるだけ小さく生き生きと

吹くことができたら，今度は向きを変え，皆さんのリミットに達するまで繰り返す度に一まわり大きく吹きましょう。練習するにつれてリミットの巾が広がり，その間の段階がより多くなり，より細かくなります。

　アンブシュールの柔軟性がこの練習においても重要であることに気をつけましょう。小さい穴を通る速い空気の流れは大きい音を吹くのに必要ですし，大きな隙き間を通る遅い空気の流れは小さい音を吹くのに必要です。

　この練習のためには一つの音を選びましょう。しかし，それは必ずしも同じ音である必要はありません。フルートのすべての音をひとつずつ取りあげなければなりません。低音域の音を大きく吹くのはたいへんだと考えている人がたくさんいます。低音域の音を小さく吹くのもたいへんです。高音域の音についても同じことが言えます。ですから，小さい音から大きな音までのテクニックは三つの音域で練習しなければなりません。

　極端に行くことが非常に大切です。小さい方の端に達したら，本当に小さく吹きましょう。大きい方の端では全力をあげて吹きましょう。美しい音というのは出し続けなければなりませんから，両方とも初心者にはやさしいことではありません。しかし，二つのうちでは，小さく吹く方が厄介です。充分息のある人は大きく吹くことによってある種の効果を与えることができますが，明瞭に，音楽的に，そして小さい音で吹くにはコントロールと腹からの力が大いに必要です。従って，こういう初心者の練習は，それを忠実に一生懸命に練習する限り，非常に役に立ちます。前に薦めたように，テクニックを高める場合，皆さんが作りたいと思う音を頭の中に入れておくと非常に役に立ちます。ある音を想像するということは，その音を取り出すための解剖学をいく分なりとも教えるような感じです。想像を働かせると，小さい音は白であり，大きい音もしくは堅い音は母音に鼻音的なタッチを与えることによって縁どりされた濃い色です。こういうことは説明がめんどうです。最善の方法は聴くことと真似することです。しかし，よいモデルを選んでまねしましょう。

　音量の段階のためのこういう抽象的な練習に毎日数分間を費すのはわるいこと

ではありません。しかし，ただ一個の音だけを吹いて生活するわけにもいきませんから，メロディーを吹いてこの目的に役立たせて，時々ハッスルすることを薦めます。ただ大きく吹けばよいメロディーもありますし，小さくだけ吹けばよいものもあります。さらに，たとえばヘンデルの「ラルゴ」のような第三のカテゴリーに属する曲がありますが，それはこれまでずっと強弱いずれかの極端で演奏されています。いくつかの異なる音量の段階で「ラルゴ」を演奏していると，あっという間に一日や二日はたってしまいます。

スピード

こんどは指に注意を向けましょう。たった一つの音に釘づけになって長時間を過ごしたので，指が同じところにさびついてしまったかも知れないので，リラックスする必要があります。再びその過程は段階的に進み，今度は遅くからより速くへ向かいます。このような簡単な例をとりあげましょう。

この練習のポイントは均等性です。どんなテンポで演奏しても一つ一つの音は同じ長さで，前の音とあとの音とは同じでなければなりません。初めはゆっくり吹き，それからスピード・アップします（大切なことは，この練習を何回もすることです）。そして，軽い指のタッチを用いて，指を一つの音から次の音へしずかに滑らせるよう注意しましょう。重い不均等なフィンガリングで響きを乱さないことが大切です。

上の練習がスムーズに吹けたら，もう一つやってみましょう。

おわかりの通り，このような練習は，ピアノによる毎日必ずやらなければならない5本の指の練習のフルート版で，それはスピードを出してしたいことを指にやらせる基本的訓練です。

ヴィブラート

　ヴィブラートは専門家の意見が極端に分かれるもう一つの問題で，どの意見も正しいのです。他のものより個性的なものを表現するものが何かあるとすれば，それがヴィブラートです。この点を説明するためにヤシャ・ハイフェッツのヴァイオリンとマリア・カラスの歌のレコードをきいてみましょう。ハイフェッツは非常に激しいヴィブラートを使っていますし，カラスは巾の広いゆっくりしたヴィブラートを使っています。はっきり言って両者に共通点はありませんが，両方ともヴィブラートを正しく使っています。どんなヴィブラートを使うべきか，音楽に合わせるためにヴィブラートをどう変えるべきかについて決定的な言葉はありません。こういうことは奏者自身の音楽性と個性によって決めることです。しかし，私は少しはよく知っているので，ここで独断的になってもよいでしょう。

　まず私は一般的にヴィブラートに賛成です。フルート音楽はイギリスのボーイ・ソプラノと同じように音の純粋性をもつべきだと主張する極端な思想の持ち主がいます。ですから，その音楽ではヴィブラートをしてはいけません。ヴィブラートは音をあまりにもセクシーにし，あまりにも感覚的にし，更に全体として音を低くすると彼等は言います。私は賛成しません。私の考えでは，ヴィブラートは音に生命を与え，激しさをため，そして奏者がはっきりした音を出すのに役立ちます。音楽が静けさを求めることが時々ありますが，その時には二三の音やフレーズはヴィブラートなしで演奏する方が有効です。しかし一般的にヴィブラートなしの音楽はなにか生命が欠けているように聞こえます。

ヴィブラートが変化しないと，音楽の生命も変らず，結果もむしろ退屈でうんざりするというのが私の第二の信念です。ヴィブラートは一定の速さをもたなければならないと考えている人々がいます。そうではいけないと断言する人もいます。人間の身体は，ぐっすり眠っている状態から100ヤード競争を走る状態まで生命の燃焼の巾をもっています。音楽にもこの燃焼が要求されます。しかしその燃焼は常に意図されコントロールされなければなりません。窮極の目的は，すべての音，すべての音量の巾についてヴィブラートの速度の変化全体をマスターすることです。
　第三に，この目的を達成するには初歩の段階から始めなければならないというのが私の主張です。ヴィブラートは出来るだけ早く教えてもらわなければなりません。ヴィブラートは響きをよくし，初心者をハッスルさせるからでもあり，初心者が音をより正しくとらえるのに役立つからでもあります。
　ヴィブラートとは何でしょうか。そしてヴィブラートはどこからくるのでしょうか。ヴィブラートは息の圧力を急激に変化させることによってもたらされる音の拍動です。ヴィブラートはどこからくるのか——すなわち，呼吸器官のどの部分がこういう圧力の変化を操作するのか——という点について私自身疑問に思うことがしばしばあります。横隔膜の筋肉が関係すると一般に言われていますが，これは少なくとも真実ではあっても，全部が全部真実ではないと思います。皆さん自身で試してみましょう。皆さんの好きな音を吹き，ゆっくり切ってハ－ハ－ハと圧力をかけてみましょう。身体の中のどこで圧力の変化をはっきり感じますか。もし皆さんがよく勉強する，すなおな，感心な子であれば，横隔膜で感ずると言うでしょう。しかし，勝手ですが，私はそういう皆さんの感じについての証言には疑問を持ちます。喉の筋肉が圧力のコントロールに関係し，そして横隔膜はそれに合わせて震えているだけというのが私の感じです。その上，喉のヴィブラートをやっている奏者は好結果を得ていると思います。
　ですから，ハ－ハ－ハ——どこの国の言葉にもある音ですから，問題はないと思います——から始めましょう。はっきり切って，ハ－ハ－ハと言いながら一つ

の音を吹きます。もう少し速いハ－ハ－ハでもう一度その音を吹きます。次にもう一度さらに速く吹きます。そして，だんだん速度をはやめていってHの音をおとした時にも実際に速く，完全に周期の等しい圧力の波長で音が流れるようになるまで続けます。できるだけ速くできるようになったら，メトロノームを一目盛上げて，より速く吹きます。目的とするところは最高音域でのなめらかな揺れです。ここに皆さんがしなければならない音の流れをあげます。

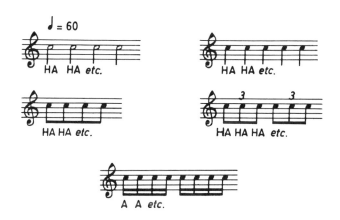

この段階では，完全に周期が等しいことが大切です。震えるような，不安定な，不均等なヴィブラートは決してつけてはならない悪いくせです。後になって，フルートの演奏がもっとよくわかった後には，解釈を表現するために一つの音についてヴィブラートを速くしたり遅くしたりすることが許されます。そうなったら，ヴィブラートをコントロールする勉強をしましょう。いずれにしても，やみくもにしてはいけません。私は今日まで朝の練習の時に約3分間，切ってするハ－ハ－ハから極端に早くて切らないでするところまでの段階を勉強しています。皆さんがヴィブラートを正しく理解したいなら，以上の方法こそ，皆さんがしなければならないことです。皆さんが速いヴィブラートまたは遅いヴィブラートをつけて，あるいはヴィブラートなしで演奏できるようになりたいなら，これこそ用いなければならない方法なのです。

初心者にとっては，ヴィブラートは機械的な練習でなければなりません。初心者は音を吹き，ヴィブラートを一寸つけますが，意識的に考えてつけることもありますし，言わば自動的につくこともあります。この練習は避けることはできません。ただ，音楽に対して生まれつきそなわっているフィーリングによって初めからそのテクニックが決まってしまうようなごく少数の人は別です。でも，それ以外の人もしょげてはいけません。腕が上がるにつれて，そして音楽の経験がつまれるにつれて，ヴィブラートは苦もなく皆さんの演奏器官の一部になります。

　勿論，問題はまだあります。フレーズを超えてヴィブラートを保持する方法，高音の場合およびどの音域でも早く吹く場合にはっきりしたヴィブラートをつける方法，ヴィブラートをゆっくりした曲に合わせる方法という問題です。確実にヴィブラートが皆さんのテクニックの一部になるまでは，練習以外にそのような問題を解決する確実な方法は全くありません。ゆっくりした音楽について最後に一言。ゆっくりした音楽では，その音楽のけだるさや瞑想的な感じに勝手に合わせて，けだるい瞑想的なヴィブラートをつけてゆっくり演奏したくなります。実はそうではないのです。ゆっくりしたヴィブラートをつけると，皆さんが考える以上にそのペースがおちます。ヴィブラートはゆっくりした音楽にはずみをつけます。このためにヴィブラートは一定のスピードでなければなりません（一定のスピードとは言っても皆さんの判断にまかせます）。同様に静かな曲はより速いヴィブラートを必要とします。なぜなら，静かな音ほどそれを保つのに緊張を要するからです。

13　音楽家や俳優の間で流行している身体の緊張をとくための一種の精神統一法。
14　Moyse, Marcel, "De la Sonorité"

第10章
練習

「どのくらい練習しなければなりませんか。」何年間もかなり定期的に耳にしてきた質問です。即答すれば「たくさんしなさい」ですが、練習というような大切な問題について不真面目であってはなりません。練習の方法とか練習時間について生徒が私にたずねる場合、私はその生徒が一歩はなれて、自分の音を聴く段階に達していないことを知っています。皆さんがこの段階に達したら、解決を必要とする問題について決して疑いをもたないものです。何を練習すべきか、どう練習すべきか、どのくらい練習すべきかは、皆さんの演奏をこういう風に判断したところから決まります。皆さんがその段階に達していないからと言って、はずかしがることも、がっかりすることもありません。練習をしていれば、非常に大ざっぱではありますが、自分の進み具合を客観的に判断することができます。練習というものは、こういうものなのです。それは、楽器を操作したり楽譜を読むことを学ぶのではなく、学び方を学ぶ、すなわち皆さんがある程度自分の先生になって自分は10点中何点かを考え、後にはもっとよい成績を自分に厳しく要求することなのです。練習するにあたって、皆さんは二つの道を同時にたどらなければなりません。その道は一つは皆さんの演奏の進歩に通じ、一つは響きはどうあらねばならないかという想像力（従って判断力）を向上させる、つまり自分自身の期待をふくらませることにも通じています。

音楽家の他の側面におけると同様に、練習においても皆さん自身がどうするかで決まるところは非常に多いのですが、練習のための大切なルールはいくつかあります。びっくりするかも知れませんが、第一は初心者はあまり練習しすぎてはいけないということです。まずフルート演奏の基本を身につけるまでは、むやみやたらに練習して皆さんのテクニックの中に欠点、弱点をとり込んでしまうのは間違いです。ここには論理的な問題があります。練習だけが欠点、弱点をなおして

くれます。解決法は，一歩一歩取り組み，忍耐づよく，小さい進歩に満足することです。初心者はどのくらい練習しなければならないかをあらゆる体型，体長，年令層に対して決めることはいささか困難ですが，大部分の皆さんには1日15分から30分位のところで充分だと思います。皆さんの学習の現時点では，先生次第できまることがたくさんありますが，その先生はアンブシュールの力やその他の進み具合を評価して，段階的にだんだん練習時間をのばさなければなりません。ブレスとアンブシュールができ，フルートをしっかり支え，音をすぐに見出すというような基礎的なことがまずできるようになれば，自分がやろうとしていることに精神を集中させることができます。こういう時こそ練習の出発点で，皆さんが耐えられるだけ，やりくりがつく限り練習をしましょう。

　他の芸術，技術，学問分野を勉強しなければならない学童と朝9時から夕方5時まで働いて生計を立てているアマチュア奏者は練習について同じ問題（簡単な問題）を持っています。両方とも練習が出来る時間に練習をはめこまなければなりません。フルート奏者になろう，いつかは音楽で身を立てようと朝から晩まで勉強している学生にとっては事情は違います。この場合には，皆さんにちょっと申し上げたいことがあります。皆さんにとっては練習は仕事の大部分ですし，人生の義務です。たしかに皆さんには他に手をつけなければならないこと——楽理，和声，ソルフェージュ等——があります。もし，皆さんがたまたまドイツで勉強しているとすれば，教育学さえしなければなりません（君達が終りなのではなくて次の世代に引きつがれるということを教育学が未来の演奏家に教えるのであれば多分教育学も悪いことではないでしょう）。こういうことはすべて立派で，大切なことですが，それはまた賢明な先生が皆さんに避けて通ることを許してはいけない義務なのです。しかし，練習は皆さんが自分できめるスケジュールの中の重要な部分です。その練習のうちどのくらいをウィークデーにするかが，スタミナだけでなく希望の大きさをきめるのです。

　皆さんがまあまあやっていくことで満足し，神の助けをかりなければちゃんとした準備ができないなら，それで結構。先を読む必要はありません。しかし，も

し頂上——いわゆる「音楽を相手に伝えることができる特別な段階」——をきわめたいなら，練習は毎日の生活の一部とならなければなりません。練習は本能，食欲，強制すらからも実際上区別がつかなくなるくらい，生活の一部とならなければなりません。皆さんは食べたり寝たりしなければならない（それを学ぶには何の苦労も感じません）と同様に練習することを学ばなければなりません。練習がこの程度に皆さんの日常生活の一部になった時に，本当に目鼻がつきつつあるのです。

　私が誇張しているとか，多くを要求しすぎるとか，ここで要求される以上に強い言葉を使っているとか皆さんは思われるかも知れません。実は，私は経験から話しているのです。大学を卒業し，仕事につきながらも練習をやらない演奏家がよくいます（誰かが私を名誉毀損で訴えるなら，すべてとは言いません）。一方その種の演奏家はそんなことはみんな知っていると思いながら，他方，もうこれ以上時間がないのです。自分の時間はすべてあちこち車を運転しながらこっちではちょっとした変奏曲，あっちでは交響詩に顔をつっこんで費しています。自分をふり返る時間なんかどこにもありません。高等教育の4年間をちゃんと練習する人は山ほどいますが，それでおしまいです。これは若い皆さん方には幻滅だと思いますが，同じようにもっと悪いことがあります。大学の生徒でも，向上心は持っていながらまだ職のない者は練習を怠ります。彼等は学期中は1日に4時間か5時間はまじめにやりますが，休みになるとフルートと楽譜を戸棚の中に入れたまま息抜きします。再び学期が始まり，学校にもどり，もう一度やりなおさなければなりません。筋肉が息抜きしすぎて，なまってしまったからです。こういうやめたり始めたりというパターンはやめた方がいいと思います。若い時というのは筋肉が非常に容易に訓練される時です。それゆえに，今は筋肉を訓練するのに時間を使って，筋肉を再びなまけさせてそのわざを忘れさせる余裕を与えないようにしなければなりません。皆さんが本当の音楽家なら，休みなどというようなものはありません。私は一生の間，毎日，家でも，旅でも，必要なら乗りかえの時にも，フルートの練習をします。私はフルートが本当にうまくなりたいのです。もし皆さんがうまくなりたいなら，同じようにしましょう。

練習はどういう内容でなければならないのでしょうか。皆さんは毎日，ブレス，響き，ヴィブラート，タンギング（この問題については次章を読んで下さい）のための練習から始め，次にスケールとアルペジオ，次にエチュード，最後に曲をする方がよいと思います。おそらく時間の3分の2はエクササイズ，スケール，アルペジオ，エチュード，そして残りの3分の1だけは曲にすべきでしょう。これは勿論，一般原則で，変えてはならないものではありません。もしコンサートの準備をするなら，最初にやるべきものは当然ちがってきます。この項の後にすぐスケールとアルペジオについて二三申しますが，詳しく説明する前にここでいくつか一般的なヒントを申しましょう。

　第一に練習は一生懸命にしましょう。吹いて吹いて吹きまくります（そして，聴いて聴いて聴きまくります）。考える練習ではありません。第二に楽しく音を出しましょう。実際に自分の音楽を退屈にしようと考える作曲家はほとんどいません。大抵の音楽は楽しいもので，悲しい音楽でもその中には生命がなければなりません。ですから練習の中に「生きる喜び」をこめて，これから必要とする表情をあらかじめ用意しましょう。練習は演奏のためであるというスローガンを思い出しましょう。第三は美しい音に固執しましょう。すでに説明した通り，エクササイズ，スケール，たとえ一つの音さえも音楽であるということが，皆さんの確信でなければなりません。そうでなければ，それらを演奏する意味は何なのでしょうか。多くの人々にうんざりさせるような音を与えることでしょうか。朝起きた時に吹く最初の音から，楽しく，生き生きした，美しい音で部屋を一杯にしましょう。最後にどんな音でもないがしろにしてはいけません。すべての音に注意を払えば払うほど，演奏全体がよくなるでしょう。

スケールとアルペジオ

　まず私が強調しなければならないことは，少なくとも皆さんがプロの奏者またはすぐれた奏者になろうと思うなら，スケールとアルペジオを練習するのに是非とも教則本を使わなければならないということです。タファネル＝ゴーベール共著の「フルートの完全なメソード」[15]にある方法がよいと思います。頭でスケールをやってはいけません。そうすると，いい加減で自分勝手になってしまいます。この二人の先生は，多くの時間をかけてフルートの演奏では何がむずかしいか，このむずかしさをどうやって解決するかを考えました。この二人の苦労を活用しましょう。自分のメソードを選んで何週間も何年間も，それを頭の中にたたき込みましょう。

　何週間も何年間もかけて，スケールを全部勉強しなければなりません。スケールというのは音楽言語の文法です。多くの音楽——特にバロック音楽ですが，それから今日に至るまでの音楽，そして今日の音楽も含めて——は，スケールとアルペジオを基礎にしています。スケールとアルペジオを完全に吹けるようにすれば，始める前に曲を半分マスターしたことになります。パリのコンセルヴァトワールでは生徒は長調と短調のスケールを一週に一度は止まらずに吹かなければなりません。名案です。皆さんにそうしてくれる先生がいなくても，とにかくそうしましょう。窮極的には，皆さんがスケールを全部——スケールの通りに，異なった音度で，異なったアーティキュレーションをつけて——吹くことができる時，そして間違いを犯すことがほとんどなくなる時が，一生の間に来るはずです。

　こういう完璧な助言を前にして，皆さんはおじけづいていますか。気を楽にしましょう。皆さんの一生は毎日毎日が前途洋々です。そして毎日毎日やっていけばひとりでに目標に近づくことができます。しかし，今スタートしましょう。

　初心者は2オクターヴのスケール，例えばヘ長調のスケールを練習する方がよいと思います。

　スケールを実際に追求しているこの時点では勿論ゆっくり吹かなければなりません。スピードをつけるのはあとです。指とアンブシュールがこの2オクターヴの上行，下行を覚えるまでゆっくり始めます。何日間かこのスピードをつづけ，それからメトロノームを一目盛上げ，新しいスピードがやさしいと感ずるまでそのスピードで同じように練習をしましょう。次にメトロノームをもう一目盛上げます。そうすれば，一目盛ごとに，一月ごとにヘ長調の2オクターヴがすらすら吹けるようになっていくでしょう。

　次のレッスンは，ヘ長調をフルートの上下全音域にまで広げることです。上の方へ行けるところまで行って，再びCまでずっと下がります。ピアニストと同様

に，1オクターヴか2オクターヴから始めますが，やがて「鍵盤」全体をカバーできるようになります。フルートにキーがたくさんついていると思ってはいけません。フルートを一つの鍵盤だと思って，鍵盤上の音一つ一つに慣れましょう。慣れたら最初の2オクターヴについてお話ししたようにスピードアップします。スケールは遅く練習するように薦める人がいます。これはばかげたことだと思います。それは4才の子供の言葉を話すのに14才の子供をつれてくるようなものです。またあまり速くスケールを練習するのもばかげていると思います。どの位のスピードでできるかを決める簡単な方法があります。もしスケールがどうしてもうまくいかない時には，吹き方が速すぎるのです。万事うまくいくテンポまでスピードをおとし，それがうまくできたら，テンポを上げましょう。

これまで私達はヘ長調だけをやってきました。しかし，こういう極意を他のスケールにもあてはめる利巧な読者を前提にしているのです。中にはやさしいスケールもあります。それを先にやるのは当り前です。複雑なフィンガリングを含んでいる変ホ短調のようなむずかしいスケールは，この先しばらくはゆっくり吹かなければならないでしょう。それで差しつかえありません。しかし，上達の計画全体を最もおそいスケールのスピードにあわせてはいけません。ヘ長調がスピードアップできないのに，変ホ短調が標準に達するまで待っていたら，上達全体をとめてしまうでしょう。テンポについては無理があってはいけません。やさしいスケールはより速く，むずかしいスケールはより遅く吹きましょう。どのスケールも，吹いてためになる速さより速く吹いてはいけません。変ホ短調が電光石火の速さで吹けたら，非常にすばらしい ── 少なくともこのむずかしさを知っているフルート仲間には ── ことです。

　次は，いろいろなアーティキュレーションをつけて，スケールを練習することです。次の章はアーティキュレーションですから，ここでは何も言わないでおきます。ただ皆さんに憶えておいていただきたいのは，練習というのは演奏することと同じであるということ，曲の中に実際に現われるタンギングやスラーのパターンでスケールにアーティキュレーションをつけなければならないということです。

　もっとややこしいことがあります。スケールはいろいろな音程──3度，4度，5度，等── で練習しなければなりません。

違った音程を識別できるよう耳を訓練しなければならないという点については
あとで説明します。ところで，スケールについてのこの一見単調な練習は，たと
えそれが骨の折れることであっても，実は音楽を理解するための近道であると言
っても差支えありません。

　次は ―― もうその時が来てもよい頃ですが ―― 表情の問題です。皆さんはスケ
ールを小さくまた大きく，楽しそうに吹いたりまた悲しそうに感情をこめて，ま
た才気のひらめきをもって吹くことができます。ヘ長調の2オクターヴだけをマ
スターしたとしても，いろいろな表情をつけてそれを演奏し始めることができま
す。曲の中でこれらのスケールの一部を演奏するようになったら，感情をそのス
ケールの中に入れなければなりません。ここでは感情をこめることを学びましょ
う。

　同様に，アルペジオは必ずしも退屈な表情等をつけて練習しなければならない
ものではありません。なぜならば，スケールと同様にアルペジオは，その上に曲
が作られる基礎だからです。アルペジオは同様に皆さんが学ぶ曲の中にいろいろ
な形で何回も姿を現わします。ですから，アルペジオも窮極の目的を念頭に置い
て練習しなければなりません。

　アルペジオはフルートの持ち方をめちゃくちゃにするおそれのある複雑な指の
変化に関係する ―― 例えば，ハ長調のアルペジオは低音域のCに始まって高音域
のGにまで達します ―― から問題なのです。最初の音では全部の指を使うのでフ
ルートをしっかりもつことは容易です。次の音では，EキーをあげながらCキー
からEsキーに小指をずらさなければなりません。そして，こういう移動はすべて
アンブシュールをこわさないようにスムーズにやらなければなりません。アルペ
ジオの演奏のできない人がたくさんいます。アルペジオを吹く時には指がもたも
たするので唇の方でも音をミスするからです。それ故，アルペジオを吹いている
間はフルートが絶対に動かないようにしておくよう心掛けましょう。

はっきりした音を出す

　スケールは指に始まり指に終ると間違えている奏者がいます。そうではありません。話し方と同じように，スケールとアルペジオはその背後にある表情に始まりその表情に終るのです。

　表情のコントロールはアンブシュールへの集中と関係があります。若い奏者が響きのエクササイズをしているのを聞くと，テンポが遅い時は美しい音を出していますが，テンポが速いと美しい音が出るのは最初の音と最後の音だけで，間に入ってくる音はいささかぼけているということにしばしば気がつきました。これはアンブシュールへの注意不足が原因です。

　スケールを吹いている時に，誰かが真中辺で急に演奏を止めさせると，その音が大体それまでの音のうちで一番美しい音であるということを知らなければなりません。音は全部が間違いなくはっきりしていて，音同士の関係も正しくなければなりません。練習すれば——あまり速くも遅くもなく，全部がよい音のする速さで——そうなります。

練習について言い忘れたこと

　毎日のスケジュールの次の項目はエチュードです。これはここに一項を置くほど重要なことです。

　しかし，練習の問題を終る前に，私は皆さんにいくつかの指針を示しておきたいと思います。第一に，たとえ皆さんが全く気分が悪くても練習は楽しみながらするということを想い出してもらいたいのです。大西洋を越えて，または同じ退屈な経験をした後でコンサートを開かなければならない時がくるかも知れません。皆さんの身体は苦しんでいても，気持は爽快でなければなりません。ですから最初から楽しく練習をする必要があります。皆さんがなにをやっていても——スケ

ール，エクササイズ，エチュード——すばらしい音でなければなりません。

　第二に愉快にやりましょう。フルート演奏は重労働ですから，練習も重労働にちがいありませんが，不愉快であってはなりません。働いてばかりいて遊ばないと性格にどんな影響があるか，遊ぶことと働くこととが緊密な関係にある音楽家の性格にさえどのような影響があるかということは誰でも知っています。ですから，皆さんがちゃんと練習をした時には知っている好きな曲を何か初見で吹いたり，楽譜を見て吹いたりすることに時間をかけましょう。経験をエンジョイしましょう。自分の作る美しい音に聴きほれましょう。そのような瞬間にはインスピレーションが感じられ，重労働も価値あるものとなり，皆さんをハッスルさせて退屈でいやな翌日の勉強に向かわせます。

　第三の指針は，ある意味では以上の点からの当然の帰結です。練習は定期的に，出来れば毎日やらなければなりませんが，刑罰とはちがいます。もしある日練習に集中することが全くできないことに気がついたら，実りなき努力できめられた時間（または何かの時間）を埋めて時間を浪費せずに，皆さんがしようとしていることに全く専心できるくらいになるまで，一服したり散歩をしたり，コーヒーをのんだりしましょう。一方，もしインスピレーションと溢れ出るような独創力が急にわいてきたら，いつもの時間が過ぎてしまったので止めなければならないなどと思わずに，スタミナがあればその日の残りの時間をずっと続けましょう。

　私達はみんな人間です。こういう見方をする時には普通は欠点を大目に見ようとしているのです。しかし，こういう考え方は議論のもう一つの側面をも言っていると思います。たしかに私達は人間であるという理由で意志の力，自制心——そして最後の手段として——創意をふるいおこして欠点を克服することができます。皆さんと同様に私は朝起きると何かをしなければならないと思います。練習は時にはつまらないものであることは重々知っています。私が言う通り根性が役に立たない時がありますが，そんなことはまれだと思います。気がすすまない時のために，次のような独創的な提案をしておきます。たしかに今日は練習するのは無理だけど，その代り演奏しようと自分に言い聞かせましょう。私はこういうエク

ササイズとエチュードを，ちょうどそれが今までに作曲された最高の曲（百パーセントそうでないことが多いのですが）であるかの如く扱い，私の演奏を聴くために金を払った聴衆がいるかの如く演奏します。

そのようなちょっとしたコツは気分的にも，更に音楽的にも不思議なほど効果があります。

しかし，練習ばかりにとりつかれて皆さんが人間として成長することをやめ，3度のニ長調のスケールを吹く人間として成長するだけではいけません。こんなことになったら，皆さんは聞いてもらう価値はありませんし，知ってもらう価値はいわんやありません。皆さんが練習で生きていくことができないのは，一日24時間眠ったり食べたりしては生きていけないのと同様です。ですから，他の人の音楽，他の芸術，友達，スポーツ，娯楽――円熟した人間のすべての楽しみ――のために時間をさきましょう。音楽とフルート以外の皆さんの人生経験を豊富にしましょう。皆さんの演奏法は皆さんの人格を反映します。従って皆さんの個性が豊かであればあるほど，皆さんの演奏はますます興味深いものとなります。このように練習だけに集中しすぎることを禁止するのは，完全であることを求める良心の呵責からであり，前述の厳しい警告をあまり気にしないでほしいためです。しかし，私の経験ではそれは大抵の人が忘れることができる禁止事項です。練習のしすぎはみんながみんな犯す欠点ではありません。

残りの指針はより実際的なもので，哲学的なものではありません。

――いつもフルスピードで吹いてもいいとは限りません。勿論速く吹くことを学ばなければなりませんが，時々テンポをおとしましょう。そうすれば，現在どうなっているかを実際に聞くことができます。

――もちあがった問題を避けて吹いてはいけません。むずかしいパッセージは何回も吹きましょう。10回とは言わず，必要なら100回でも吹きましょう。

――こまかいところにいつも注意しましょう。

――勇気を出していろいろな日課をこなしましょう。

――練習は窮極的には皆さん自身のためであることを，いつも頭の中にたたきこ

んでおきましょう。皆さんの問題とその解決法を発見するのは皆さん自身の責任です。他の人々は皆さんの演奏の質（その進歩を期待しましょう）を聴いて有益な意見を与えてくれるかもしれませんが，練習している時には皆さん自身の演奏の第一の審判官になることが皆さんの目的でなければなりません。

　上に述べたことはすべて真面目な生徒向けのものです。真面目な生徒とはいつかフルートで身を立てようとするフルート専門の生徒のことだけではなくて，人生の楽しみを増やすというだけの理由でフルートを吹く，週末や余暇を楽しむ奏者のことでもあります。自分の時間を他のことにも使いたいと思っているアマチュアは，名人の域に達するためにフルートに長時間を費すことができないことは明らかです。だからと言って意気消沈してはいけません。もし皆さんが充分意を用いれば，すばらしくもなり，満足もし，完璧にもなります。そして，その程度まで行けば一般人としては上出来です。私が申しあげた通り毎日の日課を少しでもやりましょう。そして，マイペースでやって行きましょう。

　アマチュアの皆さん。皆さんは自分が役に立つ，かけがえのない人だということを忘れてはなりません。皆さんはきっとフルートから多くの楽しみを得るでしょう。しかし，これとは別に皆さんは特にフルート奏者という職業に対して貴重な方々です。私達は皆さんの熱意に対し，そして若い才能を見出して激励し，音楽の世界においてフルートにより高い地位を与えるのに手を貸してくださる皆さんの鑑識眼に対して敬意を表します。

15　Taffanel and Gaubert, " Méthode Complète de la Flûte "

第11章

アーティキュレーション

　アーティキュレーションというのは非常にむずかしい言葉ですが，非常に簡単なことなのです。私達が使う時にはアーティキュレーションとは言葉に関係しています。英語をはっきり発音する法とは言葉を話すのに舌や声帯などをどういう風にするかということです。それはまたそういう言葉の効果でもあります。言葉のはっきりしている人は言葉のあつかいがうまいのです。そういう人は自分の言いたいことを言うことができ，またそういう人は雄弁です。同じことがフルートにも言えます。アーティキュレーションはレガートまたはスタッカートを吹くためのテクニックのことで，テクニックがあってこそできる雄弁という意味でもあります。

　ですからこの章では表情をつけて演奏することを学びます。表情というのは，巾広い課題で，感情，心，個性に関係します。しかし，私達は技術的なところから始めます。

タンギング

　大抵の音楽家はイタリア語の「スタッカート」という言葉を使いますが，これは「分離した」という意味です。フランス人は「デタシェ」と言いますが，これも「分離した」という意味です。そして，私達イギリス人には独自の表現「タンギング」があります。思い通りの効果を出すのが舌，つまり「タング」だからです。歯の上の口蓋の硬い部分にちょっと触れることによって舌は空気の流れを止め，一つの音を他の音から「分離」します。「分離」というのがどういう風に分離するのかということは後にならないと決めることはできませんし，それどころか見つけることも学ぶこともできません。タンギングにはいろいろなスピード，硬いア

タックから軟らかいアタックまでの巾があるからです。スタッカートは短いということではありません。短いことを表わす一つの指示は弦楽器用語のピッツィカートで，これは特別な効果のために用いられることが時々ありますが，若い奏者がこの二つを混同することがあまりにも多すぎます。

　タンギングを学ぶための方法はいろいろあります。ある先生は生徒に"tu"と言いなさいと言い，ある先生は"du"の方がよいと言い，ある先生は"tee"の方がよいと言います。専門家の間にこういうわずかな違いがある理由は，まず先生の半数が同じ言葉を話さないということ，そして半数の先生ですらいろいろな地方の出身で，いろいろな方言を話すということです。私自身はどちらかと言うとフランス語の"tu"を用います。その"tu"は，ドーバー海狭のこちら側では知られていないいくらか特別な響きを持っています。もし皆さんがそれを話しているのを聞いたことがなく，私のやり方を試してみたいと思うなら，フランス語の先生にきいてみましょう。他のものより"tu"が好きなのは，"tu"と言うと舌が充分前方に出てフルートを吹くのに一層自然な位置にくるからです。フランス人は誰でもなんの苦労もなく意識せずに"tu"と言います。フランス人が過去2世紀にわたって多くの名手を輩出した理由はここにあるのかも知れません。

　いずれにしても上述したもののうち1つを選んで tu－tu－tu（またはその他のどれか）とくり返しながら息の続くかぎり1つの音を吹いてみましょう。はじめは好きなようにゆっくりします。長さも強さも均一にしてくり返しましょう。ここからは進むべき道が二つに分かれます。一つはタンギングをスピードアップすることです。もう一つは口蓋に舌をほんの少し非常に柔らかく静かにあてるところから，音がするくらいの本当に堅いアタックまでタンギングを変える勉強をすることです。

　非常に速いスタッカート，すなわちデタシェを吹くためには，ダブル・タンギングが必要です。これは硬口蓋に舌の先端をあててつくる"tu"と口腔上部の奥の部分に舌のまん中辺をあてて作る"ku"とを交代させます。それは始めに出したほど早口言葉ではありません。もう一度，皆さんの選んだ音を吹きましょう。今度

は吹きながら息がなくなるまで tu−ku−tu−ku−tu−ku …と言います。本当に早く吹けるようになるまで練習しましょう。初心者だった頃，私は"tu"と"ku"は別々に，つまり一つの音で"tu"，もう一つの音で"ku"を，一緒にしてもよどみなくできるようになるまで練習するよう教えられました。今ではこれはよいアイデアではなく，"tu−ku"は教わる人がダブル・タンギングしようと思った瞬間から一緒にすることが可能だと思っています。

　シングル・タンギングとダブル・タンギングを学んだら，スケールの練習や指を速く動かすためのエクササイズの練習の中にその技法をとり入れましょう。この技法のために考えられている曲を練習する時に，いろいろな種類のスタッカートをつけて —— ある時は速いもの，ある時は非常に生き生きしたもの，またある時は滑らかなものを一緒に吹きながら —— 試してみましょう。スタッカートのつけすぎはいけません。スタッカートは一定の限度を超えると，楽しみの源泉どころか，耳に苦痛を与えることにもなりかねません。どんなことがあっても，スタッカートは美しく，聴きやすく，そして一般的に楽しい響きでなければなりません。

レガート

　美しいレガートの最も重要な要素は（タンギングが影響しない限り）指の動きです。音楽の中に静けさがなければならないとすれば，キーはいそがしいタイプライターのキーのようにおさえる時もはなす時も音をさせてはいけません。誰でも一つの音から他の音へ移ること —— これこそレガートなのです —— ができますが，しかしそれらの音はただ大事に吹きさえすれば，すばらしい音が出るはずです。滑らかな，やさしい，のどかな感じが皆さんの心の中になければなりません。そして音を大事にする気持を指を通してキーに伝えなければなりません。

　インドのフルート奏者は「バンサリ」でレガートを吹くのが特に上手です。こう

いう竹のフルートにはホールが七つあります。吹くためのホールは一つ，音を出すためのホールは六つで，邪魔なキーは一つもありません。バンサリは一つの音から他の音へなめらかに移ることができます。そして，私達には不可能な滑らかな音の移動が可能ですし，レガートを長くのばす――これはバンサリの特長です――ことができます。

これに反して，私達のフルートにはキーがあり，それをうまく使いこなさなければなりません。ですから私達は指の動きをできるだけ少なくして，フルートから何とかして音を引き出します。

レガートを練習する最善の方法の一つは，こういう歌い方，ベル・カントの滑らかさを要求する曲を吹くことです。例えばヘンデルの「ラルゴ」，サン・サーンスの動物の「謝肉祭」から「白鳥」，グノーの「アヴェ・マリア」です。

アーティキュレーション

皆さんがもうタンギングとスラーを学んだとして，次のレッスンはこれらのテクニックを互いに結びつけることです。フルートのアーティキュレーションは煎じつめるとタンギングした音とスラーをつけた音とを古典のスタンダード・ナンバーに共通なパターンで組み合わせることです。曲を演奏するためには，このパターンをまず理論的に知らなければなりません。

再びスケールが役に立ちます。スケールに時々ちがったアーティキュレーション，例えば2音のタンギング，2音のスラー，3音のタンギングと3音のスラー，1音のタンギングと2音のスラーというようにいろいろなアーティキュレーションをつけましょう。

こうすれば1週間や2週間はすぐ経ってしまいますが，こういうアーティキュレーションのパターンが要求されるモーツァルトのコンチェルトをもうすぐやらなければならないことを考えれば，決して時間のむだ使いではありません。

そうは言っても，アーティキュレーションについては，みんなあまりに知ったかぶりをしすぎます。事実フランス人はアーティキュレーションに夢中になり，いろいろな組み合わせを作り出しては学生たちをきりきり舞いさせています。フランス人は――コンセルヴァトワールの試験曲として使わなければ――作曲者が決して使わないようなパターンを発明します。フォーレがコンクールのために書いたフルートのための「ファンタジー」がその例です。その中には，彼がほかでは決して使わなかったアーティキュレーションがあります。きっと彼はコンセルヴァトワールのフルート教授のところに行って，フルートでは何がむずかしいのか尋ねたのでしょう。そこでその教授はいくつかの問題――ロング・トーン，トリル，デタシエのスケール，その他複雑なアーティキュレーション――を列挙しました。フォーレはそれをノートに書きつけて，教授に感謝し，家に帰って音楽のスープを作ったのです。ところで，もし皆さんが「ファンタジー」をこなすことができたら，他のところでは決して必要のないものも少しはありますが，大抵のアーティキュレーションはできるようになります。

アタック

タンギングには，二つの機能があります。それは，スタッカートの演奏の他に音にアタックを与える方法です。音やフレーズに対する美しくて明確な立ち上がりのために"tu"でタンギングを始めましょう。スタッカートのためのタンギングの場合と同様にアタックのエネルギーの巾を学ばなければなりません。曲のどれ一つとしてベートーヴェンの皇帝協奏曲の大胆さで始まるものはありません。立ち上がりの"tu"のどれ一つとして同じ激しさを要求するものはありません。ただ皆さんに忠告できることは，どんな情況を与えられてもアタックの力を自分で決め，舌が皆さんの指示に従うよう訓練するということです。

「牧神の午後」の出だし

　曲の冒頭または休符の後，フレーズの始まりにある最初の音にはどれも情況に従って生き生きとした，または他の感じをもったタンギングによってアタックを与えなければならないと言う人がいます。

　私の考えでは，音はアンブシュールを開いて舌の動きを邪魔しないように吹かなければならないことが時々あります。ある音を子音よりも母音で始める歌手と比較することができます。母音で始めると，その音が非常に小さく始まり，先へ進むにつれてだんだんと大きくなって，一層その存在を主張するようになるという利点があります。

　「牧神の午後」の冒頭はこういう扱いを要求しています。ここは最も著名なフルート・ソロの一つで，作曲家がブレスの余裕を全く与えていないので，最もむずかしい曲の一つです。しかし，こういう困難を克服してスタートすることは，最初の音を正しくとることによって可能です。タンギングなしで最初の音を吹くことが私の練習ですし，私の忠告でもあるのです。アンブシュールを開けたままその音を吹く用意をして，その音がどこかわからないところから漂ってくるくらいにそっと吹きましょう。

　こんどは問題のブレスです。私は薦められるような技術的なコツを持っているのではなくて，ただ皆さんに最善の努力をしなさい，もっと努力をしなさいと激励するだけです。そして特にこのブレスをこわがってはいけません。ここに私自身の経験から一つのお話をしますが，これは忠告というより模範的な例と思ってほしいのです。

　ベルリン・フィル——このオーケストラは演奏しようとしているものは何でもできる大人のオーケストラと一般に考えられています——と一緒に「牧神の午後」のソロを初めて吹いた時，私は渡された楽譜の中のソロの最初のフレーズに書き込みがしてあるのを見てびっくりしました。それにはブレスの箇所，いざという時のブレス，郵送の赤十字救援物資のように＋印が非常にたくさん書いてあった

ので，フルート奏者が取り組まなければならないものというより喘息患者の病院のように見えました。そこで私はひとり考えました。私はもう10才の子供ではない。大人なんだ。作曲者の意図はこのフレーズを一息に吹くことでしたから，そうなるように一息で吹きました。その結果，私は文字通りもう少しで気絶するところでした。しかし，一度そうしたら二度目はやすやすと出来ました。1マイルを4分で走るランナーのように皆さんはゴールに達しなければなりません。そこで私は考えさせられました。ここでなぜ止まるのか考えました。他の曲の場合にはなぜこうしないのか。ですから，私は不必要なブレスはずっと節約しています。

　こういう呼吸の離れ技をやりとげるためには準備が必要です。皆さんの心は泰然自若としていなければなりません。ずっと前のブレスのところで述べたように最後のところですばやくもっと息をかきこんで一杯に肺を満たさなければなりません。次にアーティキュレーションをつけないでこの曲を浮かび上がらせます。ソロですから，お互い同士話をしている観客は別にして他の楽器と張り合うことはありません。ですから，運よく教養のある観客がいれば，最初のかすかでどきどきするような響きの糸は聞いてもらえるのです。

　最後に一言。「牧神の午後」のソロは座って吹きます。ですから，もしダンス・バンドの中で吹くのでもなければ，座って練習しましょう。

ゆっくりした楽章を演奏する

　おそらくゆっくりした楽章はより深い意味をもっているので，その真意を把むのは非常に困難です。速い楽章は感情をかき立てます。言いたいことはすぐに伝わります。勿論，速い楽章では奏者は一層大きな技術的問題に直面しますが，技術的なむずかしさが一見なさそうに見えるようカバーするために，ゆっくりした楽章は特に雄弁であること，特に表情豊かであることが要求されます。

　話すことについて同じような比較をすることができます。アレグロ，それどこ

ろかプレストで相手を黙らせ，全体に力強い印象を与えながらも非常に幻惑させるので，実は何を話したのか聞く方がわからなくなってしまうとてつもなく歯切れのよい演奏家もいます。一方，聞く人に話の内容をかみしめる余裕を与える人もいます。チャーチルがこの前の戦争の際に英国民は追いつめられていると演説し，この経験を生かすよう国民に期待した時，彼はレガートとレントで話し，国民に自分の言葉をかみしめる余裕を与えました。チャーチルの演説には深い味わいがあり，真摯で，国民に理解してもらう必要があったのです。

　ゆっくりした楽章の場合も同じです。こういう楽章の内容は人に聞かれ，理解されなければなりません。このことは，奏者の観点からすれば第一に奏者自身がその内容を理解しなければならないという意味ですし，第二に奏者がその内容を実現する腕をもっていなければならないという意味です。

　ゆっくりした楽章はすべて同じように荘重で重々しいカテゴリーに入るものと考えてはいけません。ヨーロッパで最も壮重でゆっくりした曲を書いたJ.S.バッハでさえも私達に比較的ゆっくりした陽気な曲を書いてくれました。そして勿論皆さんは「カルメン」第3幕の「間奏曲」(ゆっくり歌うようでなければなりません)や「ダフニスとクロエ」の中のソロ(ニュアンスに富んだ曲です)のような後世の音楽には全くちがった考え方や演奏法をもってこなければなりません。

　皆さんは表情，つまり創り出そうとしている感じを理解しなければなりません。そしてその表情をつくるムードになっていなければなりません。時にはこれは微妙な問題です。ちょっとした遅い部分のあとですぐ何か全く異なった気分をしばしば演奏しなければならないからです。古典に備わった標準的なものといえば速い楽章，遅い楽章，メヌエットか何か，そして終結として速い楽章でした。皆さんのやることは，テンポ，感じ，意味のこういうすべての変化に対して準備するということです。ですから皆さんは変化のそれぞれの場合に言いたいことをあらかじめ知っていなければなりません。

　ゆっくりした楽章のアーティキュレーションについては，レガートの演奏についての説明をもう一度よく考えましょう。そして特にキーをただ上げ下げするよ

りもむしろキーを大事にするということを忘れてはなりません。アーティキュレーションは表情に関係します。ゆっくりした楽章を悪い感じで吹いたら，歯切れはよくなりません。皆さんが正しい感じを持ちながらどうしているのか，音はタンギングしているのかスラーをつけているのかがわからないような素人くさい下手な指と舌を持っていたら，これまた歯切れはよくありません。音楽の理解と理解したことを表現するテクニックは，一緒に進歩しなければなりません。そうなれば，皆さんはその作曲家を正しく評価し，聴衆に何か聴く価値のあるものを与えることができるのです。

第12章

ピッチ

　最初にきめておかなければならないことは，音程のよいフルートを持つということです。音程のわるいフルートはごろごろしていますが，ロンドンのアルバート・クーパーがその道を示して以来，方々の楽器メーカーが，何世紀も引き継がれて来た大ざっぱな方法によるよりも正確な数学的原理に従ってフルートを作り始めました。

　この基本的な数学的事実は管の長さとそれが作る音の関係です。この関係が理解されると，フルートはどんなピッチが要求されても作ることができます。もし皆さんが新しいフルートを買おうと思えば，私はA440のもの（もしこういう重要な数字を知らなかったら，A♮に対して1秒間440振動ということです）を買うことには断然反対です。440というのはイギリスのオーボエ奏者の夢物語だというのが事実で，イギリスのコンサート・ホール以外にはもう存在していませんし，オーボエ奏者が吹いている最中だけの話です。私はA442のフルートを買うよう薦めます。ピッチが低い時に高く合わせるより，ピッチが高い時に低く合わせる方が容易だからです。ピッチは世界中で驚くほど差があります。私の経験では最高はドイツです。アメリカのピッチよりかなり高いです。従って，調節を国毎にしなければならないことが時々ありますが，皆さんは旅行をする音楽家になるまで国毎にピッチを変えることにそれほど気を使う必要はありません。

　しかし，皆さんも時々ピッチを変えなければならないことは当然です。皆さんは音程の悪いフルートをおしつけられるかも知れません。そういう楽器はぎりぎりまで高い音ではフルートの中にいく分下向きに息を吹き込まなければなりませんし，逆にぎりぎりまで低い音ではいく分フルートの外に息をはずさなければなりません。更に，音のはずれたピアノの伴奏をつけてそのピアノに皆さんが合わせなければならないこともあり得ないことではありません。そして最後に皆さん

の仲間のことも考慮に入れなければなりません。彼等にも音程のわるい楽器について問題があるのかも知れません。

楽器全体のピッチは別にして、フルートを製作する時に考慮に入れなければならないことが他にもあります。ホールの位置ぎめ(これも数学にもとづいています)と全体をいかにうまくまとめるかというような問題です。皆さんが最善のフルートを買いたいと思い、その余裕があるなら、私はクーパー自身が作ったフルート、その他正しい数学的計算にもとづいたクーパーの寸法を使ってフルート・メーカーが作ったフルートを買うよう薦めます。そういうものは結果的に音程がすぐれています。そうすれば、とにかく楽器としては心配がありません。

ピッチ感をみがく

皆さんが心配しなければならないことは、自分自身がピッチをどう理解するかということです。このピッチ感をよくすることは皆さんが想像するほどむずかしくはありません。完全なピッチはいささか神秘的で不思議で、持っていると時に非常にためになりますが、そんなお伽話に出てくるようなものを私達は求めているのではありません。私達が磨こうとしているのは、違った音の間の関係のためのセンスです。「ああ、私は音楽を聞く耳を持っていない。一つの音と他の音との区別がつかない」とみんな言います。しかし、そういう人にイギリスの国歌 "God Save The Queen" の第一行を歌わせてみましょう。10人中9人までが完全に歌えます。彼等が無意識のうちに吸収していたものは音と音との関係、私達音楽家のいわゆる音程についての最初の漠然とした考えです。この漠然とした考えは全くの音痴でもない限り努力と経験によって誰でもどんどん鋭敏になります。運転を習う時に縁石はどこにあるか、車間距離はどのくらいでなければならないかという感覚をみがくのと同じように、この音程についての考えは普通の人間の能力の範

囲外のことではありません。運転を習うまではこういう感覚を持っている人は誰もいません。ほとんどの人がピッチ感を磨くことはできるのです。

　ピッチ感を磨くために意識して勉強する場合に，特に辛抱強く注意を向けなければならない音程が三つあります。オクターヴ，5度，4度です。この三つはすべて完全音程です。完全音程とは，それをオクターヴの中にはめ込んでも，快い調律になるようにいじることは全くないという意味です。その音程は正しく作られたフルートのように数学的に完全です。この完全な数字を皆さんの耳にたたき込むには，オクターヴ，5度，4度のスケールをゆっくり練習しなければなりません。ここでゆっくりと言うのは，極端にゆっくりということです。皆さんは自分のしていることに耳を傾けなければなりません。続いて出てくる次の音を吹く前に皆さんの心の中で聞くことができるくらいの余裕を持たなければなりません。こういうスケールは，集中力をゆるめずに全身を耳にして，音程が皆さんの身体の一部になるまで繰り返さなければなりません。

　ヴァイオリン奏者は音程については不公平なくらい得をしています。なぜなら，彼等は5度に合わせれば，あとは実際に何も試さないでこの音程をとるからです。皆さんは実際に試さなければなりません。4度，5度，オクターヴがうまくスタートできたら，練習計画に他の音程を加えて，はじめはピアノに合わせて——よく調律されたピアノが使えて，ピアニストがいれば——たしかめましょう。

　与えられたどの音のピッチも吹き方の強弱によって変わることに注意しましょう。強く吹けば吹くほど高め——これは高音では特に顕著な傾向です——になります。こういう傾向を正すためには，この本の中で既に二度，三度議論したアンブシュールのごくわずかな調節に頼らなければなりません。あごをほんの少し手前にひき，上唇を同じくほんの少し横にひくと空気の流れがフルートの中に深く入りこんで音が高めになるのを防ぎます。この点に関連して，ピッチはクレッシェンドまたはディミヌエンドの間に変化することを忘れてはなりません。柔軟性のあるアンブシュールと鋭い耳がこの解決法です。

　前述のように完全音程のゆっくりしたスケールはピッチ感を磨く最善の方法で

す。しかし，皆さんがたまたまどんな音楽のパターンを演奏するにせよ，ピッチをいつも意識していて悪いはずがありません。この段階までは，すぐ出せるようにスケールとアルペジオは頭の中で鳴っていなければなりません。唇が柔軟になり指が一層すらすら動くようになると同時に，皆さんの洗練されたピッチ感はこういう練習によって良くすることができます。後になってフルートからその音を出したかったら，まず皆さんの心の中にその音がなければならないということをもう一度思い出してほしいのです。

　正しいイントネーションは音楽には極めて基本的な条件です。それ故,正しいイントネーションを得るためにどんなに努力してもしすぎることはありません。しかし，全身を耳にして聞く――私が皆さんに練習するよう薦めています――と，もっとよいことがあります。ピッチ感のほかに，耳が音，色彩，表情について区別できるようになります。耳はいろいろな調性のいろいろな色彩をおぼえます。なぜなら，調性は個々の作曲家に独特の意図だけでなく，言わば個性を持っているからです。例えばへ長調はもともと明るい感じですが，一方変ニ長調は一味ちがいます。イ短調は演奏してみると快い調ですが，私は一般的に言ってそれは伝統的な背景のせいだと思います。バッハとその一族は18世紀にイ短調でフルートのための曲をたくさん書きました。イ短調は昔のシステムのフルートでは吹きやすかったからです。ですから，技術的なアクシデントによってイ短調はずっとフルート奏者にとってらくな調性になりました。皆さんが余生を楽していられる道はありません。ですから他の調もすべてよく理解して，どんな調のどんな音も完全になるまで練習しましょう。

移調

　移調は指には言うまでもなく耳にとっても大へんな訓練です。移調は楽器に対するセンスを磨くためにも良い方法です。最後に移調能力はいざという時に――

歌手が声をこわしたまま本番に現われて高いCにまで声があがらなくて全部を半音下げなければならない時に——必要なことが時々あります。または私自身の経験のような時です。ある日私はレコードの録音に来て，スコアはハ長調で書いてあるのにピッコロのパートが変ニ長調で書いてあるのに気がつきました。私は全体をその場その場で移調しなければなりませんでした。フルート奏者にとっては移調は比較的簡単な作業です。ピアニストの苦労を考えましょう。ピアニストは絶えず誰かを伴奏していますから，いつも最も複雑な音楽を鍵盤のどこにでも移調し，もし彼等が仕事についていたいと思うなら，移調の方法をすぐおぼえます。

　厳しい要求は別にして，移調は楽しみです。短い簡単なメロディー，例えば民謡やヘンデルのソナタから数小節を取り出して(例えば)ト長調で吹きましょう。それから全体を半音高くして変イ長調で吹きましょう。そこで止まらずに嬰ヘ長調に下げ，徐々にこういう民謡などをある限りの調で吹きましょう。書いたものなしでできれば移調は書かない方がよいのです。こういう課題によってためされている音楽を読むことは皆さんの能力ではなくて，皆さんの耳と調性の知識です。そのうちに皆さんは全くすらすらと移調することができるようになるでしょう。移調ができるようになったら，皆さんのピッチ感(他の技術と才能にまじって)は本当に進歩しているのです。

第13章
エチュード

　エチュードは歯科医のドリルと似たところがあります。エチュードは良くない箇所を見つけて，遠慮会釈なくその箇所をとり除いてくれます。音楽の場合，テクニックの面はそれだけ独立していて——例えば特定の音程とか特定のアーティキュレーションとかです——エチュードの始めから終りまで調の内外で転調しながら何度も奏者に与えられます。このようにくり返すことによって奏者はいまどんなテクニックが検討されているかという点に徹底的にずっと注意を払うようになるだけでなく，スタミナもつきます　しかし，皆さんがエチュードから何かを得ようとするなら，歯科医の処置との比較は脇においてエチュードを音楽として扱わなければなりません。エチュード——フランス語では étude ——は実際は曲であることもあります。ある技術的なむずかしさとそれとなく関係しながら，エチュードは導入部，展開部，通常は反復，そして勿論和声的な変化を通って動いていく基本的なメロディーと一緒にその目的を音楽的構造の中に包み込んでいます。
　一層きびしい種類のエチュードというものはメロディーに気をとられてテクニックへの専心を忘れさせるようなことはありません。例えばスケールとアルペジオに基礎を置いたエチュード，音と色彩をみがくエチュードです。それでもこういうエチュードにも皆さんの好きな曲に対してとるのと同じ真摯な音楽への態度で接しなければなりません。皆さんに学んでほしいのですが，美しくなければ決して一つの音も一つのスケールも一つのアルペジオも吹かないというよい習慣は，エチュードを練習する時にいつも守らなければなりません。
　これまで言ったことは誰れにでも通用することです。もっと一般的なことを言いますと，エチュードというものは自分を知る力，特に自分自身を客観的に判断する能力を養うチャンスを一層与えてくれます。こういう素質は引っ込み思案な生徒には授からないものです。それを得るには皆さんの方に努力と熱意が要求さ

れます。当然のことですが，先生，その他の音楽家，フルート仲間は皆さんの気持を明るくし皆さんの耳を鋭くするよう助けてもくれますし，元気づけてもくれます。更にエチュード自体は腕と音楽性の客観的なテストとして存在しているわけで，それに照らせば皆さん自身の能力を測ることができます。こうは言っても進歩を保証するのは結局は皆さん自身がどのくらいよくエチュードを理解するか，そして皆さん自身がどうやってエチュードをさらうかです。

　進歩は一晩で目につくようにはなりません。だからと言って皆さんが努力をしていないということにはなりません。何故なら，人によって進歩の度合がちがいますし生まれつき理解度もちがうからです。最終結果は到達する速さよりもずっと大切です。目的地が遠いからといって，また皆さんと目的地の間に障害がごろごろしているからといって，がっかりせずにエチュードを最大に利用してエチュードによって正しい方向に導いてもらいましょう。

　自分自身に要求する時にあまり控え目ではいけません。どういう意味かと言いますと，何か抱負をもっていればおそらく皆さんの進歩をとめてしまうようなことはありませんが，まあまあのところであきらめてしまえば，それでもう進歩は止まってしまうということです。私はそうしてほしいのですが，皆さんの判断力が技倆と並んでみがかれれば，虚栄心の塊になる心配をしなくてもよいのです。同様に，皆さんがどのくらいエチュードを理解しているかを先生に判定してもらうことを恐れてはいけません。自分より経験の深い局外者の見解というものは常に興味深いものですし，通常役に立ちます。おまけに，そういう人は皆さんが要求する点をくわしく考えていなかったかも知れません。その場合に皆さんの質問は皆さん自身にとってと同様にその人にとっても大変価値があるはずです。

　音楽(そして確かに他の創造的芸術)をしているとどんどん成長し，そして生まれ変わりさえもすることがあるのには，まったく驚かされます。皆さんももう一度始める，心を新たにするという貴重な感じを経験することはできます。その感じをいつも持って，それを育てますが，もうこれでおしまいと思ってはいけません。常に見直しと今後の進歩に前向きにとりくみましょう。アインシュタインの

言うことが半分でも正しければ，宇宙には終りというものはないのです。

初心者

　宇宙の始まりというものは必ずしも正確にはきまっていませんが，皆さんの場合はそれよりはずっと簡単です。個人がしなければならないことについてはこれまで多くを語りましたので，ここでは皆さんのためにその制限をもうけなければなりません。皆さんはスケールやアルペジオの時と同じように，技術的な問題については，自分だけで，人の助けを借りずにやってはいけません。初心者に私が推薦するのはマルセル・モイーズの「フルートの初心者」[16]です。

　これまで申しあげた忠告を要約しますと，こういうエチュードは一生懸命やり，完成への道としてそれを大切にし，エチュードを曲と考えましょう。

　この段階では皆さんはよく理解するために先生の指導をうけなければなりません。もし先生が忍耐強くて独創的であれば，あなたが辿るべき道を見つけてくれるでしょう。しかし，もう皆さんは独力で始めることができるのです。それ故，私達のためにエチュードの底を流れる目的，エチュードが強化しようとしているテクニックの側面をいつも探しましょう。

　新しいエチュードに取り組む場合，そのエチュードがとんでもない調で書かれている時や，そのエチュードの中にむずかしい指の変化が出てくることを知っている時には，特にはじめから終りまで暗譜して始めなければならないと思います。このようにして皆さんは自分の暗譜力をたしかめ，もっと重要なことですが，皆さんの弱点を見つけます。

　アーティキュレーション，フィンガリング，ピッチ等について既に学んだことは，たとえそれが今のところ大して役に立たなくても実際に使ってみましょう。足りないところは工夫と——他にいろいろやってもだめだったら——想像力によ

って補いましょう。いつも問題解決の方法を考え出すことによって皆さんはもっと勉強に興味がわきます。

　曲の和声パターンを調べましょう。目と頭で調の変化を追わずに，その調が表現する音を耳に入れましょう。目が次にそういう調や転調に会った時に，一目で感じとれるようになるためにこれらの音をおぼえましょう。

　イントネーション，滑らかさ，全体的な明瞭さのために音程を練習しましょう。

　むずかしい指のパッセージを何度もくりかえし，耳と指が同調するかをもう一度たしかめましょう。

　エチュードを暗譜しましょう。エチュードを前記のように徹底的にやればすぐにどうやっても自然に暗記することができるようになります。必ずそうしましょう。何週間かかけて，皆さんがこれから取り組もうとするエチュードを一生懸命おぼえましょう。そうすれば，どんな場合にも参考になるフルート演奏の標準的手引がやがて頭の中に入るでしょう。曲をおぼえるということは訓練するためにも耳をトレーニングするためにも，将来恐らく先生やソリストになるためにもよいことです。楽譜を知っている先生は信頼されますが，楽譜をいつもチェックしなければならない先生は信頼されません。一般にソリストはコンサートではスコアなしで演奏するので，エチュードだけでなく曲を暗譜することに慣れることもよいことです。しかし，たとえ皆さんが人前で演奏することがなくても，暗譜することは耳にはとてもよい訓練です。

　最後に皆さんにとって自分の名前と同じくらいにエチュードにも慣れたら，半音上に移調したり半音下に移調したりしてみましょう。

上級の生徒

　上述のことは，言わばエチュードを活用するための練習計画の概観です。練習ははじめから一生懸命にやらなければならないということ，そしてエチュードの

中でも最も簡単なものからは得るところが多いということ，この二つのことを堅く信じて初心者へのアドバイスの中にもその計画を含めました。このアドバイスは，上級用の勉強をしている上級の生徒にもあてはまります。

　私が皆さんに第一に薦めたいのは，マルセル・モイーズの「ソノリテ」を勉強することです。是非このエクササイズをやってほしいのですが，私がこれからする話もこのエクササイズをもとにしています。第一には，ところどころ実例を置かずにテクニックの全貌を役に立つように概観するのは困難です。第二に「ソノリテ」はすぐれた曲集です。おかしな話ですが，ひょんなことから，上達を熱望するフルート奏者のためのすばらしい教本が生まれました。モイーズは旅行に出かけるために金が必要でした。そこでこの本を作り，それをさっさと売ってなにがしかの金を手に入れ旅に出かけました。彼が何気なく書いたものは「禅とフルート奏法」といったほどのものでした。皆さんがこのエクササイズの意味がわかって，それが役に立つようになるまで毎日このエクササイズをやっても約4年はかかります。こうなれば皆さんはよい音を出すテクニックのことなんかもう考えません。なぜなら，その音は皆さん自身の中から出てくるからです。それは自動的に皆さん自身のものになっているのです。こうなれば皆さんは実際にその音をつかって何かができるのです。

　私達がテクニックの別の側面を考えようとする前に，私達はあえてテンポと音量について一般的な話をしたいと思います。皆さんは私がスケールを速く吹くよう勉強しなさいと言ったのをおぼえているかもしれません。上級の生徒にとってはこれはたしかに必要な技巧です。スケールは，昔は言うに及ばず指を動かす場合のエクササイズです。テクニックのこういう側面をみがくためのいろいろなエチュードが，モイーズの「技術的なエチュードとエクササイズ」[17]と「毎日のエクササイズ[18]」の中に見出されます。この二つは完璧に勉強したら，スピードをつけて練習しなければなりません。

　しかし，モイーズの音の響きに関するエクササイズはゆっくりと，極端にゆっくりと吹かなければなりません。それぞれの音が楽器のどこにあるかを正しく知

る——つまり吹いてみたり指を動かしたりしないで，すぐにその音を実際に出す——ためです。皆さんがあまり速く吹きすぎると，何が起きているのかを聴く時間もなければ調整する時間もなく，唇に教え込むこともできません。

　音量については，卒直な答えはこうです。常識に訴えなさい。エチュードの性格は考慮しなければならない一つの要素です。例えばモイーズのエチュードの一つは「小さい音」，「中くらいの音」，「大きい音」，「より大きい音」，「本当に大きい音」の反復進行，それからこの段階を通って逆にもどる反復進行——また，音楽性のために同じ過程を通ってヴィブラートの変化——を要求しています。もう一つの要素はどんな音量についてもエキスパートになりたいという皆さん自身の必要です。これは，音量のどれ一つをとってもほんの微妙な相違までもコントロールして出せるよう練習するということです。しかし，もし練習中に本当にむずかしい問題に出くわしたら，自分にも，時には聴き手にも聞こえなくなるくらいあまりに小さい音で吹かずに，大きくはっきり吹いてむずかしいところをおおっぴらにしましょう。精一杯やってしまえば，今度は小さくすることはらくにできます。美しく吹く方が大きく吹く，その点ではまた小さく吹くより値うちがあるということを忘れてはなりません。決して下手に演奏する練習をしてはいけません。下手に演奏することを学べば，それは誰のためにもなりませんし，とりわけ皆さんの演奏を聴かなければならない人のためにはなりません。

　特に順序をきめないで，皆さんが毎日しなければならないいろいろなエチュードの例をここに挙げましょう。最初にマルセル・モイーズが考えたいくつかのエクササイズを見ましょう。第一にはちがった音にアンブシュールを調整し，音を中断させずに一つの音から他の音に移る訓練をするためのエチュードです。

「技術的なエチュードとエクササイズ」第3番より

次の二つのエクササイズを練習する時には，例えばB，B♭，1オクターヴ下のB♭，それからすべての他の音のためのアンブシュールをどうやって作るのかを見つけましょう。それから，吹いてアンブシュールの形が音に全くぴったり合うことを確認しましょう。そうしないと，皆さんは最善の音を出せませんし，音を響かせるために使った時間は無駄になってしまいます。それには先のことを考える必要があります。それには時間がかかります。なぜならば，こういうエクササイズはゆっくり練習しなければならないからです。例えばFを吹いているとしましょう。次にはEが出てきます。Fをちゃんと吹けるようにしますが，EのためにFの音（とアンブシュールの形）を考えます。このFからEへの移行がうまくいったら，それを更に数回練習し，頭の中にたたきこみましょう。

「ソノリテ」第1番より

「いかにして私は自分の形式を維持することができたか」第 7 番より[19]

アンブシュールのための前記のエクササイズは指の訓練にもなりますが、一方一般的には音のコントロールを上達させます。これこそこういうエチュードの実にすばらしい側面なのです。こういうエチュードをやっていると完璧になり、一度にいくつもの点が上達します。しかし、もっと特別なフィンガリングのエクササイズとしてはマルセル・モイーズの「スケールとアルペジオ」——欠かすことのできない本で、同じく欠かせない「毎日のエクササイズ」の続きです——から以下の例をやってみましょう。指がますます強くますます敏捷、正確になるだけでなく、こういうエチュードをやると最小の動きで最大の効果を得ることを学ぶことができます。

「スケールとアルペジオ」より

前に触れたエクササイズのいくつかは,実際にフルート奏者の腕を伸ばす技術的問題を提示しています。142頁から144頁にのせた「毎日のエクササイズ」と「演奏を通しての音の発展」からの例はアンブシュール,指,音のコントロールの練習ですが,一方もっとやっかいな極端な音程にまで及んでいます。私にとっては低音から高音へ,高音から低音へと動くのは全く厄介で,それをすらすらやるには何年もの練習が必要です。

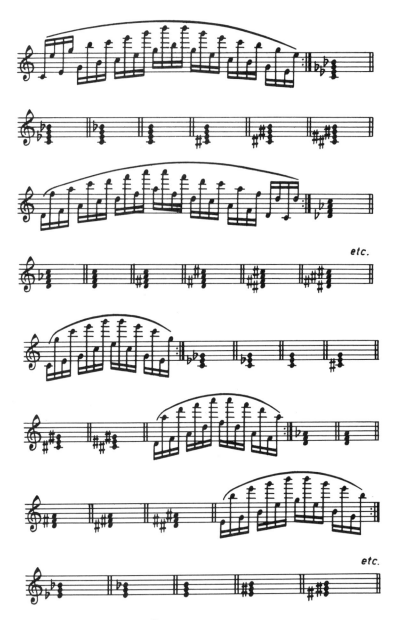

「毎日のエクササイズ」より分散アルペジオ

「演奏を通しての音の発展」より

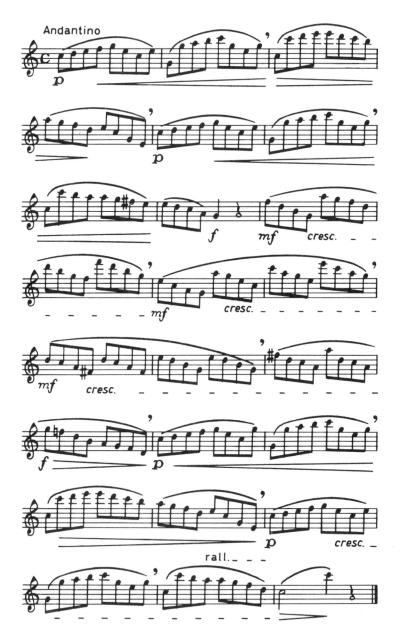

その他，特別な問題として低音(173頁――「技術的なエチュードとエクササイズ」第1番から――のエクササイズの中で扱っています)，スーパー・レガート奏法(「25の旋律的なエチュード」第1番から，174頁の譜例参照)，トリル（タファネル＝ゴーベールの「17の毎日のエクササイズ」第17番からここにあげた一つをやってみましょう）があります。

私の印象ではだれも正しくトリルを練習していません。トリルについて皆さんの自己満足をしぼませるエチュードが「グラン・リエイゾン」[21]という本の中に含まれています。

しかし，モイーズのエチュードはすべてこのような技術の進歩の基礎でありながらその意図は皆さんの演奏を聴く価値のあるものにしてあげようということなのです。このような幸福な結果への道は唇のコントロールにしてもフィンガリングにしてもブレスにしても出そうと思う音(音と色彩)を出すために無意識のうち

に反応するようになるまでの峻しい道です。実につらい例が「ソノリテ」の23頁にありますが、この頁まで行けるのは信念のある人だけです。このエチュードの中では一つの音をとりあげて、それからどのくらいたくさんの色彩が出せるかを練習します。上級の生徒としてフルートから出る最初の音の音程が正しいからと言ってそれだけで満足することはできません。まず第一に最初の音は最初の最初から健康的な響きでなければなりませんが、第二にその音は選ばれた音でなければなりません。曲に取り組む時にはなにはともあれ音のことを学ばなければならないことは勿論ですが、次にはどのようにしてそれらの音を出したいかを考えなければなりません。考えられる音は数限りなくありますが、いまその音を出すことを学ばなければ、将来その音を選ぶこともできないでしょう。更に色彩はでたらめに選ぶのではなくて、むしろ何かを言うために選ばなければなりません。色彩と表情はこの点では同じことです。この特殊なエチュードは色づけのための非常によい練習です。同じ表情を用いて、丁度壁をぬるのにペンキを重ねていくようにだんだんと音量を増やしていきます。壁は1回塗りではすけて見えます。2回塗りでは前よりぼんやりしますが、すかせばまだ見えます。3回塗りで色が勝ちはじめ、4回塗りで色は際立ち、5回塗りでは本当にペンキの色だけになります。それでもむらにならないように6回塗り7回塗りをします。マルセル・モイーズのエチュードが完成しようとしているのは、こういうニュアンスなのです。そうすれば次にバッハ、ヘンデル、ドビュッシーをやる時にそのニュアンスを自在にこなせるのです。

　しかし、モイーズの他のエチュードも無視してはいけません。完璧なフルート奏者になろうとするなら、それらを全部マスターしなければなりません。

　ここで私は前に話したことを強調したいと思います。いろいろな調の性格——意味といってもよいくらいです——についてです。ハ長調とヘ長調の関係は丁度緑と赤の関係と同じです。皆さんはこの相違を感じとり、それを表現することを学ばなければなりません。曲というものは、例えばタイトルにこの曲はロ短調と書いてあっても、いろいろ調を変えていきます。タイトルは一般的に言って区別

のためのものです。指示しておけば，皆さんはその曲を他の曲と混同することはありません。事実，曲は多くの調を通って動いていきます。もし皆さんがこういう微妙な点を理解しなければ，その曲を上手に演奏することはできません。幸せなことに「ソノリテ」は，すべての他の側面とともにフルート演奏のこういう面をもカバーしています。

練習で得たものを曲に応用する方法

　基本的原理は練習を演奏に結びつけることです。練習はそれ自体が目的ではありません。一般的に言って練習はひとりで，人目を盗んで，ドアを閉めてやるものですが，そうだからと言って練習は生身の人間に対して実際の曲を演奏することに関係しているのだという事実に対して目をつぶってはいけません。皆さんは練習しているかのように音を出すのではなくて，いつも演奏しているかのように音を出さなければならないというのが教訓です。

　これが確実にできる方法というのは与えられた練習をしている時にそれに似たような曲を念頭におくことです。ロング・トーンを練習しているとしましょう。そういう音が含まれている曲，例えばベートーヴェンの「レオノーレ序曲」を思い浮かべ，その曲を頭に入れてエクササイズを練習しましょう。ロング・トーンのエクササイズの間にその曲の音をいくつかやってみましょう。そうすれば皆さんの練習の表情がその曲にのりうつり，その曲が練習の中に入ってきます。例をもう一つあげましょう。「タンギング二つ，スラー二つ」というアーティキュレーションを練習しているとしましょう。こういうパターンがたくさんはいっているモーツァルトのコンチェルトを考えて，できるだけモーツァルトのコンチェルトに似た音が出るようにそのスケールやエチュードを吹きましょう。

タファネル＝ゴーベールの「17の毎日のエクササイズ」の中の第4番の毎日のエクササイズから次のパッセージをとり出してみましょう。

それをモーツァルトの「フルートとハープのためのコンチェルト」の最終楽章からの小節と比べてみましょう。皆さんはそれを入れかえてもいいくらいです。

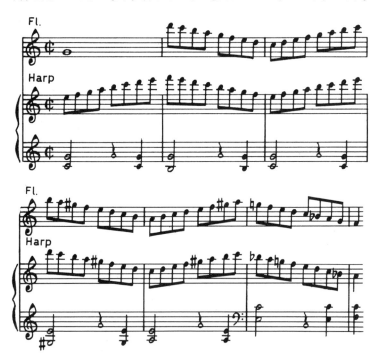

そのような同一性を考えると，エチュードというものはなにか曲に追随するものだという考えを払拭するのに役立ちます。

「タッチ」をみがく

　タッチをよくするという点について二三私の考えを述べてこの章を終ります。常にフルートを大事に扱わなければならないというのは依然として一般原則です。楽器を大切にしましょう。決して乱暴に扱ってはいけません。そうは言っても，音楽の種類が違えば，違ったタッチが要求されます。

　この点はピアノのための作品の中ではおそらくもっと簡単に説明できるでしょう。例えばモーツァルトやベートーヴェンの速い楽章は一定のアタックを要求します。ピアニストがロマン派の時代にこのアタックを持ち込み，例えばリストの「愛の夢」を同じ様に元気に弾いたら，全くおかしな結果になることは必定です。機会があればアルトゥール・ルービンシュタインがショパンの「夜想曲，変ホ長調」を弾いているのを聴いてごらんなさい。彼は非常に美しいタッチの技法を持っているので，すべての音はそっと鳴らしている鈴のような音がします。

　皆さんもこうすると，つまりフルートにふさわしい音楽では大事にフルートの音を出すこと，曲が要求する時にはより生き生きした，より明瞭なタッチで吹き，決して堅いタッチにならないように吹く勉強をしなければなりません。

　サン＝サーンスの「動物の謝肉祭」の「白鳥」は，やわらかいタッチを練習するための最高の曲です。他にはグルックの「オルフェ」の「精霊の踊り」，シューマンの「トロイメライ」，ドビュッシーの「牧神の午後」と「シリンクス」があります。もうおわかりと思いますが，挙げればきりがありません。

16　Moyse, Marcel, "Le Débutant Flûtiste"
17　Moyse, Marcel, "Technical Studies and Exercises"
18　Moyse, Mascel, "Daily Exercises"
19　Moyse, Marcel, "Comment j'ai pu maintenir ma forme"
20　Moyse, Marcel, "Tone Development through Interpretations"
21　Moyse, Marcel, "Grand Liaison"

第3部
レッスン

　本で教えることができることもあれば，本では教えることができないこともあります。後者の一つは音楽です。教えることができないからと言って，私を含めて誰もそれをやめたわけではありませんでした。印刷術が発明されて以来，印刷所は演奏法に関するアドヴァイスをやたらに出版してきました。法則がきめられ原則が考案され，ヒントが与えられ，世界はずっと変りませんでした。

　世界を変えたのは，特に私達の時代においてはレコード産業を通じての演奏です。なぜならば，音楽は聞きながら学ぶということが避けられない事実だからです。音楽愛好家（はっきり言えることは，理論だけの音楽愛好家というようなものはいません。いるのは，ただ実際に演奏されるなまの音楽を愛する人だけです）にとってこれが真実であるなら，音楽家にとってはもっと真実です。皆さんは演奏会場に出かけ，聴き，家に帰り，聴いたばかりのものを再現してみなければなりません。皆さんは物ごいをしようと借りようと盗もうと買おうと，レコードライブラリーを何としてでも手に入れ，レコードを聴きながら演奏しなければなりません。

　音楽教育の大部分は，たとえ初めの頃でも独学でなければなりません。先へ進んだらなおさらです。なぜならば，磨かれていくのも皆さん自身の理解力と表現力ですし，また磨かれないのも皆さん自身の理解力と表現力だからです。先生は不必要ですというつもりはありませんが，思いつきで先生についたり離れたりするのはぜいたくです。私達の大部分にとって，私がこれまでに会ったすべての人人にとって，実際に先生はなくてはなりませんし，何はともあれたくさんの技術的な困難を克服する近道です。人間社会はある世代の人々が常に前の世代の人々

によりかかるようにできているのです。そして，こういう構造は他の芸術や工芸におけると同様に音楽的才能の進歩においてもかけがえのないものなのです。ですから皆さんにその神秘を知らせ，響板として，批評家として，目標を設定する人，努力をかき立てる人として作用するために皆さんには先生が必要なのです。事実フルートで世に立とうと思ったら，連続して数人の先生につかなければならないというのが私の考えです。問題や解釈には常に別の側面があるのです。新しいアプローチはいいことずくめです。

これまでに私はひとりひとり教えたりグループで教えたことが数回あります。一般的に言って生徒と先生が一対一でやるのは音楽的にはより有効だということがわかりました。クラスの場合には，出席している者がその時レッスンをしている奏者のためだけに向けられた注意を心にとめる傾向があります。救急看護人としてけがをした指に絆創膏をはりなさいと一人の若者に言いながら，他の人は全然けがをしていない指を絆創膏でむだに飾っているようなものです。人は聴いてはもらいたいのですが，やみくもにそうしてもらいたいわけではありません。音楽にはものを識別する力が一番大切です。

なぜ本がよい先生にならないかという理由がもう一つあります。本というものは，読者の個人的必要に全く合わせようともしないで，広い世界の誰にでもその教えをたれているからです。

ところで，こんな本を書いたって読んだって全く無駄ぢゃないかと自身でもうんざりし，たまたま耳を傾けてくれる人をもそういう気持にさせてしまったので，私はフルート曲の主なものいくつかの演奏について試みに二言三言述べようと思います。もし，皆さんの中の誰かにクラスでこの曲をひいてもらうとすると，私はきっとたびたび中断して，たくさん注意をするにちがいありません。しかし，そういうこまかい説明をするわけにもいかないので一般的な注意に限ります。この一般的注意は，ここでやる作品についての長い経験から，それにこういう作品の演奏はその真の姿から程遠いことが多すぎるという確信から出てきていると少なくとも言うことができます。

第14章
バッハを演奏する

　特にヨーハン・ゼバスティアン・バッハは，フルート奏者が吹くと下手な演奏になることがしばしばあります。バッハは正しく演奏するにはむずかしい作曲家で，その理由はいくつかあります。一つは，まさにバッハの偉大さです。彼は一つの記念碑で，そばにおいたところでとことん楽しめるようなしろものではありません。バッハには厳粛な尊敬の念をもって接します。その結果は退屈なこともあり得ます。同時にバッハは偉大ですから，その音楽には円熟した奏者だけが判断することができる測りしれない意味の深さがあります。第三の理由として，バッハは技術的な問題を提示しています。音楽家に要求する技巧のことはまったく気にかけないで，必ずしも目的とする楽器の特徴を出すことなく作曲するというのがバッハのやり方でした。一例は――バイオリンのためには――非常によく書けている「ソロ・フルートのためのパルティータ，イ短調」です。おまけにバッハの音楽は非常によく編曲できています。おそらく彼の意図はこうです。まず曲を考える，次にそれを楽器にふりわけ，それから，もしフルートがその晩あらわれなければそれならそれでよろしい，それを第一ヴァイオリンにもっていく。たまたまそうなると，そのパルティータについてバッハの筆によってそれをフルートにした草稿は存在しません（バッハはビュファルダンのためにそれを書いたと言われています）。しかし，一般にバッハはフルート奏者のために書いた時に，フルート奏者のことをあまり考えませんでした。彼はたしかに曲を書きましたが，呼吸というようなこまかい点は無視し，奏者にやらせるだけやらせるようにしました。

そうは言っても，皆さんはバッハを演奏することなしに一生をすごすわけにはいきませんし，バッハは最高に価値があるのですから，皆さんはバッハの真価を出すべく最善の努力をしなければなりません。

私が申し上げたい第一の指針は，あまり早くバッハに取りくんではならないということです。主要作品の一つをやろうとする初心者は市の日に大通りで買いたてのロールスロイスを試乗する新米の招待ドライバーみたいなもので，無鉄砲な走り方です。みんな同感でしょう。皆さんがうまくなるまで大きな曲は放っておいて，小さい，メヌエットみたいなものから始めましょう。

呼吸

このようにやっていくと，理解や演奏解釈の面でも技術的な力量や呼吸能力のような身体的能力の面と同じペースでだんだんバッハに接するようになるという利点があります。前にも言ったように，木管楽器奏者は時々呼吸をしなければならないということをバッハはあまり気にかけませんでした。ですからバッハの音楽において最初にでくわす困難はフレーズの長さです。この困難を克服するのに魔法のような解決法は一つもありません。フレーズは長く，肺の能力は一定で，曲は肺がフレーズの終りまでもちこたえることを要求しています。例えば，ホ短調のソナタの最初のフレーズはいつも一息で演奏しなければなりません。それ故皆さんは大人の呼吸法を勉強しなければならないというのがそのきびしい答なのです。

比較のために，ここにホ短調のソナタの冒頭の数小節を挙げます。最初の譜例にはまだ大人になっていない奏者に適した自然の息つぎがついていますが，とにかく耳ざわりではありません。2番目の譜例はいつかそれをふくことを目標にしなければならないものです。

同様にバッハの曲にある他の長いフレーズの場合には、子供らしさを捨てるよう勉強しましょう。

色彩

　こういう長いフレーズについてしなければならない第二のことは、意識的に自分の希望する色彩を選ぶことです。フルートをとり上げはするが、いま音がどのように出ているのか全く気にかけず、それがこれからどのようになるのか考えないで吹き始め、予期せぬ結果によってその辺にいる聴衆同様に悲喜こもごも驚く人が非常にたくさんいます。こういう文明の時代に、そういう計画性のなさは全く困りものです。奏者は音楽の中で表現していることを知り、その結果、個々のフレーズは明るいか暗いか、沈んでいるか楽しいかを言葉で言うことができなければなりません。そしてその通り演奏することができなければなりません。前の章でこの根拠を扱ったので、読者の皆さんはムードに合う表情を選ぶにはどうしたらよいかについていくらかわかっていると思います。

私は皆さんがいわゆる長い音符クレッシェンド症候群というわるい癖をつけることがないようにしてほしいと思います。それは長い音符があれば必ずクレッシェンドしたくなるという症状です。ヴァイオリン奏者はこういう誘惑に負けずに長い音符に立ち向かいます。ピアノ奏者もそうです。しかし，フルート奏者はちがいます。私達はずっと音楽的なのです。そうではないですか。クレッシェンドには時と所があるのです。つまり，クレッシェンドが実際に目的を果たす時と所です。長い音符を見たからと言って，ただクレッシェンドをしゃくし定規に，自動的に入れることは，演奏から意味を奪い去ることなのです。

アーティキュレーション

　色彩の場合と同様に，アーティキュレーションの場合にも皆さんはやかましくなければなりません。ゆっくりした楽章では，アーティキュレーションは柔らかくなければなりません。皆さんをヴァイオリン奏者にたとえましょう。皆さんと同様にヴァイオリン奏者はいろいろちがった方法で音をひき始めることができます。一方の極端では，弓は弦にくいこむので，音は元気よく急に生き生きしだします。反対の極端では，弓は動きますが，音はやっと聴こえるか聴こえないかぐらいです。こういう両極端中の前者はバッハのゆっくりした楽章では避け，後者を手本にしなければなりません。
　要約しましょう。ブレス・コントロール，色彩を意識すること，やわらかいアーティキュレーション，これらはすべてゆっくりした楽章をより美しく，より落着いたものにするのに役立ちます。
　速いパッセージのアーティキュレーションは，もちろん違わなければなりません。この場合に避けなければならない危険は，全体的にスタッカートを誇張し，

そして各音を同じ数の感嘆符のようにとび出させる計算されすぎたアーティキュレーションです。私達が求めているのはアーティキュレーションの明瞭さであって，強調のしすぎではありません。自然の効果とまろやかなアーティキュレーションを出すよう努力しましょう。——もし，皆さんが私の言うことを完全に理解しなくても，私はとがめたりはしません。こういうことは聴いて初めてわかることであって，言われてわかることではありません。しかし，もし皆さんがバッハの名演奏に親しめば，この点はすぐわかるでしょう。

テンポ

　バッハを演奏すると，私の考えではほとんどみんな速い楽章をあまりに遅くし，遅い楽章をあまりに速くします。その結果は遅いパッセージのほんとうの奥深さは発見されませんし，把握されるどころではありません。一方，生き生きと輝かしい部分はすべて，とても手に負えそうにない重労働をもてあましているような響きになります。

　記念碑バッハについて忘れられていることは，彼が名手であったということです。当時バッハは，綱渡りをしているかの如くやすやすと危険なことをやってのけて喝采を浴びました。彼を重々しい威厳の中に包み込むには後の世代が必要でした。フレデリック大王のお相手をしたフルート奏者，クヴァンツは，それに関係のある話をしています。クヴァンツは老フレデリック大王が旅に出かける時にはいつもお供をして，作曲する必要のある時におそばに仕えているのが常でした。——フレデリック大王はひまな時にだけプロイセン国王でした。二人はそんな旅行の途次，ライプツィヒかどこかへ行き，教会に入り，それまで聴いた最もすばらしいオルガン演奏とクヴァンツが記したものを聴きました。今後の参考のためにと彼は奏者の名前，J．S．バッハと書き留め，クヴァンツの読者に，その内に

バッハの演奏をもっと聞くようになること請け合いだと言いました。私達が心に留めておかねばならない点は，バッハの演奏はうっとりするほどすばらしかったということです。無類のオルガン奏者であると同時にバッハは完璧なヴァイオリン奏者でした。そして作曲家，万能選手としての偉大な才能のおかげで他の一流の音楽家が彼に作曲を依頼するようになりました。ですから，バッハは本当にうまい，名手と言われた人達のために作曲しました。バッハはその人達の実力を見せることができるような曲を書いたのです。

こういう曲はこん度は皆さんが一般聴衆の耳に披露しようとする曲なのですから，然るべきところでは，いささか名人芸をはさむことを忘れてはなりません。このことはエネルギー，情熱，速さをもった演奏と関係があります。聴衆は保険会社といったようなところで一日中あくせく働いてから，骨の髄までぞくっとするようなものを聴こうと思ってコンサートに来るのです。バッハは聴衆を骨の髄までぞくっとさせようと思ったのです。バッハと聴衆を失望させないためには，あなたに責任があるのです。自分を全部出し切って演奏しましょう。

これが生き生きしたパッセージについての私の一般的注意です。しかし，速くひくことがうまいだけでは不充分です。皆さんは呼吸，色彩，アーティキュレーション，そしてアンダンテ，アダージョ，ラルゴ等の間の相違についての進歩した感覚に適切な注意を払って，遅くひくことにもうまくなければなりません。これらは正確な言葉ではありませんから，遅いと速いが何を意味するかを決定することはとてもむずかしいことです。メトロノームがあっても，この判断は結局は皆さん自身のものですが，皆さんはレコードの演奏を比べ，その曲についての皆さん自身の考えにもっともよく合うテンポの解釈をその演奏から選んで，判断の手助けとしましょう。一言注意。オーケストラとの演奏はほとんどいつも両者の考え方の妥協です。私自身は，ハッスルしている指揮者の棒の下では，遅い楽章を自分の好みより速くひいています。

第15章
バロック音楽を演奏する

バッハとヘンデル——同じ年(1685年)に生まれ，同じ1750年代(バッハは1750年，ヘンデルは1759年)にこの世を去りました——の作品はバロック音楽の絶頂期を画し，その後ハイドン，モーツァルト，グルックとその仲間の古典派様式にその地位をゆずりました。しかし，バッハの作品と1600年に始まる初期バロック音楽の間には共通の特徴があるとはいっても，そこには両者をへだてる一世紀以上の発展過程があります。実はそれはあらゆる面における発展でした。第一に，私達の音楽の構成そのもの，長調と短調がこの時期に作り出され，平均律の調律法が，過少評価しえない和声の結果を伴なって発明されました。第二に主要な音楽形式がすべて形をとりはじめました——オペラ，ソナタ，シンフォニー，コンチェルト，カンタータ，オラトリオ。皆さんはこういう名前で呼んでいますが，そのルーツはバロック時代なのです。第三の興味ある動きは，器楽が一般の関心の中で声楽に対抗しはじめた(古典派の時代には器楽は明らかに声楽を追い抜きました)ということでした。そして，その結果，新しい楽器が作られ，古い楽器は改良されました。最後に，バロック時代は，ソロ奏者とアンサンブル奏者に尊敬の念がますます払われた時代です。

以上が私達がバロック音楽に感謝し，それがすべてどんなものであるかを理解しようとすることによって私達の感謝の念を示す充分な理由のすべてです。私達がいくつかの正当な不満をもっていることも事実です。どういう点かというと，第一に作曲家達はフルートそのもののためよりはリコーダーのために曲を書いたということ，第二に弦が注目の的であった時代であるということです。こういう二つの難点はバロック時代が姿を消す前に克服され，フルートが技術的に優秀になり，その新しい力を見せる曲で幕を引くことになりました。

前にバッハについて簡単に話をしましたから，このレッスンではバロック時代のバッハ以下の人物に焦点を合わせましょう。――ただ，バッハ以下といってもそういう人達がなお大作曲家ではなかったという意味ではありません。モンテヴェルディ，リュリ，スカルラッティ，テレマン，ヴィヴァルディ，ラモー，クープラン，コレルリ，パーセルというような名前を列挙したからと言って，尊敬の念をもたずに扱ってはなりません。

簡単な旋律の装飾

　バロック音楽は革命をしようとしていました。その革命は他の革命と同じように進行しましたが，その意図に反して過去との関係を根本から断ち切るようなものではありませんでした。こういう勇敢な新進作曲家達は，ルネッサンスのポリフォニーに代ってソロの声部，メロディーのバスの線とのコントラスト，間にはさまった表情豊かなハーモニーに力点を置きました。こういう組み立てのソロの声部――第一に私達に関係するのですが――については，このバロック音楽の本質は簡単な旋律の装飾です。

　皆さんなら，趣味にしたがって単純さを複雑化するためのいくつもの方法，言いかえれば地味な人達のいくつもの化粧品としてその装飾を考えることができるでしょう。同じ現象を当時の建築物の中にも見ることができます（音楽のスタイルは，目に見える側面をもっているという点に注目するのは興味をそそることです）。例えば，昔は教会というものはその柱やアーチをかくすことなく人目にさらしていました。バロック野郎達が教会を完成させた時には，教会にはばらの彫刻がその割れ目から花を咲かせていました。音楽にも同じようなことが起こりました。民謡と同じ簡単なメロディーに花のような飾りがつけられています。

　ですから，これこそ演奏すると非常に魅力的な音楽なのです。民謡は明らかに

階下から上がってきて居間(すなわち「チェインバー，部屋」：「チェインバー・ミュージック，室内楽」という言葉も他の新しい発展とともにこの時代から始まります)にいる上品な人達にお目にかかりました。演奏家の義務は階下と居間という二つの部分のバランスを保つことです。つまり全体としての曲の構造は刺繍によっておおいかくされてはなりませんが，ばらは魅力的な美しさで咲かなければなりません。

　装飾というのは，一つの音から他の音へ移る優雅な方法のことですが，その過程がいかに精密になされるかは演奏者の腕次第——無理のない範囲で——です。バロック音楽は即興の要素を入れるようにできています。ですから，装飾をこうするかああするかはその時の気分で選択することができます。しかし，他の形の即興つき音楽の場合と同様にバロック音楽の即興は，きっちり規則にはめられていて，多くが当時発展しつつあった和声の構造に関係があります。

理解を助けるために

　そこで，バロック音楽を演奏する時に大切なことは，この規則を知ることです。

　もし皆さんが外国語に通じていれば，解釈のための情報を直接手に入れることができましょう。第一部でもう触れた私達の先輩，クヴァンツの書いた本がありますが，その他にも，クープランが書いた「クラヴサン奏法」という18世紀に出た本があります。これには始めにこういう装飾がみんな書いてあり，作曲者の意図を表現するために，その装飾をどう使うべきかが示されています。

　第二に皆さんはテレマンの「方法的ソナタ集[22]」に注目しましょう。それはバロック的方法を生き生きと説明したすばらしい本です。テレマンはこういうソナタを一行ずつ二段に書き，一行はメロディーだけ，その下の一行にはメロディーとある限りの装飾をつけました（その中の一つから一頁を次にのせます）。テレマン

が自分の音楽をこのような装飾だらけの形で演奏してほしいと考えていたとは思いません。つまり，彼は典型的ドイツ人の完璧主義で可能性の巾を示したのだと思います。

　第三に，皆さんは実際にいく人かの著名な演奏家のレコードを聴くことによって事の真髄に迫ることができます。その中で最高の人はおそらくフランツ・ブリュッヘンでしょう。バロック音楽は19世紀には完全にすたれてしまいましたが，最近になって思いがけなく復活の兆を見せ，現在では全く特別な分野です。ですから，皆さんはお手本にはこと欠きません。

テレマン「方法的ソナタ集」ト単調ソナタより

私自身もかなり演奏します。そして，この様式をだんだん理解するようになる四番目の大切な方法は，経験だけだということはわかっています。経験というのは，時にはいささか困りものです。規則というものは，国によって，町によってさえも必ずしも同じではありません。ですから皆さんがバロック音楽を演奏して旅行するつもりなら，その方が装飾をみがくのにはよいのです。

　皆さんが規則に習熟したとして，次にのばすのは，装飾された旋律線がどうしたらバスの線に合致するかという理解力です。この関係は，前に提案したように和声的な関係です。17世紀と18世紀には，長調と短調，一つの調から他の調への転調の可能性を探ることは，たまらなくおもしろいことでした。皆さんは独力で和声発見の楽しみを再現しなければなりません。

　最後に一言。発掘された過去の音楽を演奏することは，びくびくものかも知れません。その音楽がたくさんの規則や習慣をもっているので，それを取り出して説明するのにたくさんの本がいる場合には特にそうです。こういう誘惑は絶対といっていいほど，間違いありません。この誘惑には勝たなければなりません。ある意味では演奏にあたっては，今夜の曲は，いつ，どこの国で，変遷する文化のどの段階で書かれたというようなことは忘れて，ただちょうどその曲が新しく作られたかの如く演奏すればよいでしょう。バロック音楽の場合，皆さんはそれを現実のものとする前に過去の世界の内部に立ち入らなければなりません。しかし，これは例えばヴィヴァルディの「四季」を学問的テーマとして提示することではありません。曲がいつ書かれようと，それに対する皆さんの態度は，一つの点において同じでなければなりません。即ち，作曲家が紙に書きつけたものの本質を音にするということです。ジーグはどれもダブリンの街の活力をもたなければなりません。悲しく，やさしい，物思いに沈んだ曲は，どれもそれが書かれた世紀の音楽の習慣が何であれ，聴衆にその語ろうとすることを伝えなければなりません。

　ですから，バロック音楽を演奏する時には，感情を表現することを恐れてはなりません。バロック音楽は，楽しみを与えるために書かれたということを忘れて

はなりません。そして，これこそ現在実行しなければならないことなのです。

22 Telemann, Georg Philipp, "Methodischen Sonaten"

第16章
主なソロ曲

　この章で私は普通の西洋のフルート演奏を続けていく間に避けて通ることのできない曲のいくつかについてお話したいと思います。それらは美しい曲ですし，そしてフルートの良さを示すものですから，皆さんはきっと遅かれ早かれ，そして，恐らくしなければならない時期よりも早くそれを演奏する誘惑に負けてしまいます。我々のだれもがそれらの曲をやらないではいられないということは，その演奏には必要なことが何か残されているという私の気持を説明しているかも知れません。私は，これ等いろいろな曲のいろいろな性格が必ずしも正しく深く理解されていないと特に思います。

　私が既にバロック音楽に関連して申しましたように，私達は音楽からエキスをとってしまうような音楽学の知識 ——だからフルートから出てくるものが学術論文の説明みたいになってしまうのです—— を必要としているのではありません。しかし私達は作曲家の意図も間違って理解してはならないのです。作曲家の生きた時代の考え方や習慣が作曲家の楽想の中の要素であることは否定できません。従っていろいろな時代の音楽に対して感受性をもつ方がよいのです。しかし，それだけでは不充分です。作曲家の時代の音楽の枠組の中においてこそ作曲家は自分の主張をもつ個人なのです。皆さんはこういう作曲家の言葉に耳を傾け，それを伝える方法を見出さなければなりません。

　こういうことをする際には，私は皆さんがあまり文字にこだわらないようにしてほしいと思います。記譜の限られた記号は，多くの若い演奏家に悪影響を与えるということに私は気がついています。そういう若い演奏家は，4分音符であれ，ピアニッシモであれ，アレグロの速さであれ，その他どんなものを演奏するにし

ても，何か規準を得ようとしているように思われます。御存知の通り，考えてみればこれらのことはすべて相対的なことです。書かれた言葉と比較すれば，理解できるかも知れません。詩を一つとってみても，それはキプリングの「長靴」のように生き生きと元気よく，テニスンの「軽大隊の突撃」のように陰気で凄まじく，グレイの「教会の墓場の悲歌」のように内省的で思索的かも知れませんし，たくさんの愛の詩のように優しくて魅力的かも知れません。その他にいくらもあります。しかし互いに重ねてみましょう。そうすれば，同じページの言葉は全く同じように見えます。速さ，リズム，気分，意味の違いは活字からはわかりません。音楽の場合もそうです。

　もう一つ，レッスン。民謡は楽譜の恩恵を蒙らずに演奏によって世代から世代へと伝えられてきました。その結果，民謡はすばらしい自由をもっています——時には花ひらいて，村といわず，国といわず，大陸といわず，次から次へと美を競い合う多くの版となって認められるにちがいありません。はっきり言って私達は，何年間も，場合によっては何世紀も知られ愛されてきた音楽の真正のテキストを必ずしも思い切って捨ててしまうことができないことは勿論です。しかし，印刷されたものからよりもむしろ演奏からこういう音楽を学ぶという考え方は，不必要ないくつかの窮屈さをゆるめるのに役立つかも知れません。

「シリンクス」

　もしあるとすれば，この曲こそ誰もが演奏しなければならない避けて通ることの出来ない重要なスタンダードナンバーで，ドビュッシーが書いた唯一のフルート独奏曲です。皆さんがたまたま10才であれば，たぶん実際の音がむずかしいので今年も来年もこの曲をやるのを思いとどまるでしょう。それは全くよいことです。

なぜならば，10才やそこらのティーンエイジャーでは，シリンクスが一体何であるかわかるはずがないからです。十代の子供でも，一人か二人いるかいないかが事実だからです。ドビュッシーは，神の不品行をうるさいほど人間くさく示しているギリシャ神話の一つからインスピレーションを得ました。そこで言うパンの神は半分が羊，半分が人間の見るからに粗野な男でした。姿はよくなかったのですが，彼は妖精シリンクスに愛情を抱きました。みだらな好意を寄せてシリンクスを非常に悩ませたので，彼女は川の一本の葦に身を変えてやっとのがれました。パンが持っていた唯一の才能は音楽によるすばらしい方法でした。彼はシリンクスが変身した葦から一本のフルートを作りました。シリンクスというのは実は妖精へのパンの歌で，それは彼女を求め，彼女が姿を現わさない時には甘言で人を誘って言いくるめるところから始まり，先へ行くと彼のエロティックな欲望の激しさを表現し，ひそかな愛情，淋しさの痛みを語り，全く荒涼のうちに終ります。まさに感情をめぐる「離れ技」です。

　この曲が演奏される場合に，通常欠点が二つあります。第一は切れぎれに演奏されることが多すぎます。切れぎれに演奏すると曲から意味を全く奪ってしまいます。音を確実にマスターし，技術的な問題を解決していると仮定した場合，皆さんは一般に許されているよりももっと自由にこの曲を演奏しなければならないというのが私の考えです。それはいちゃつく音楽であり，おだてたり，すかしたり，さからったり，説きふせたりする音楽です。そういう音楽では，フレーズはすべて，全く感情のほとばしりをもっていなければなりません。皆さんは，きちょうめんなテンポといったものに拘束されて感情を扮装してはそうはいきません。

　私の第二の不満はほとんど常に演奏が遅すぎるということです。起こると思っていることはこういうことです。シリンクスには技術的な要求がいささか分不相応であると思っている若い奏者がまず取り組みます。こういう状況では，きまって若い奏者はパンの愛の歌をまあまあ最後まで行ける速さまでおとします。時は過ぎ，技術は進歩しますが，シリンクスは依然として速度を上げないままで，答えない葦への悲しい語りかけは何年も前に考えられたテンポでは動きがとれませ

ん。ですから、ゆっくり吹いてははずみと緊張感を失い、また激情が曲から取り除かれてしまいます。

　私は常識のある人々に話しているのだ信じているので、もっと自由にもっと速く演奏しなさいというこういう提案を極端に聞きいれることはないと思います。必要なのは、普通より少し自由で、少し速いということです。しかし、まずその曲が何を言おうとしているかを学びましょう。そうすれば、今度は皆さんがそれを語る方法を見出すでしょう。

「精霊の踊り」

　これは全く別のものです。ここでは、肉体の喜びと苦しみは我々には関係ありません。この曲ではより純粋で厳しい情緒を表現するようつとめましょう。

　この曲は、間違いなく悲しい音楽です。悲しい曲の演奏にはどうやって取りかかるべきでしょうか。聴衆の眼から涙をしぼりとるのは悪いことではないかもしれませんが、聴衆を全く憂鬱にさせて家に帰したり、自分自身が意気消沈するのは望むところではありません。皆さんがグルックの「精霊の踊り」で、座を白けさすという危険は決してあってはなりません。なぜなら　悲しい音楽（同じ様に悲しい文学）は、もし、それが正しく与えられれば、気持をしずめるというよりはむしろ高揚させ、悲劇の中にさえ美があるということを承認せざるを得ないようにするからです。これは、芸術が人生にまさる点の一つです。

　もっと特別なことを言えば、「精霊の踊り」の悲しさは、意のままに希望の要素を刺戟しなければなりません。この曲は静けさと深さをもっています。どこか大きなところがあります。これらの点は、皆さんがこの曲の中で見出し、それを演

奏する時に表現しようと努めなければならない性格です。グルックの同じオペラから、エウリディーチェに対するオルフェウスの悲しみを歌うキャスリーン・フェリアーのレコードを皆さんはほとんど聞いたことはないと思います。（そして，もし皆さんがこの歴史的名盤をまだ聴いたことがないなら，すぐにでも出かけて行って見つけましょう）。彼女は圧倒するようにすばらしく，この静けさと深さを見出すことに成功したので，本当に悲しい音楽の演奏はこれまでずっと彼女のリクエストのプログラムに出てきます。前にも言いましたし，これからもう一度アドバイスすると思いますが，キャスリーン・フェリアーのように傑出した力量をもった演奏家を聴きましょう。そしてその長所を再現するように最善の努力を払いましょう。

　小さい技術的なヒントを一つ。「精霊の踊り」の真中に，付点音符のパッセージがあります。音符についている点は，皆さんが御存知の通りスタッカートです。しかし，スタッカートは，私達がこれまでに見てきたように「切る」ということで，「短い」ということと同じではありません。こういう音符は勿論「デタシェ」でなければなりませんが，空中に漂っていなければなりません。ですから，それをきびきびと，短く，元気よく吹いてはいけません。

ピアノと一緒に演奏する

　シリンクスは本当のソロです。「精霊の踊り」はオーケストラ伴奏付きです。これから私は，前者でも後者でもなく，両方の性格を合わせ持っている音楽に移ろうと思います。ここでは，私達はピアノ伴奏付きのフルート・ソロではなくて，フルート・プラス・ピアノの曲を考察しようとしているのです。そういう曲に対して同じ様に皆さんはピアノとフルートの曲と呼ぶことは一向にかまいません。一方の楽器が他方にまさっているのではなく，二つの楽器が作る曲は二人で語る

のです。このジャンルを説明するために私はマルティヌーのソナタとシューベルトの「しぼめる花」による「主題と変奏」を見ましょう。

　そのような音楽について言わなければならない大事なことは，各奏者が完全に相手のパートを知らなければならないということです。これは明白なことと思われるかも知れませんが，一般には無視されています。子供達が最初のソナタを一緒にやろうとしていて，もし彼等とピアノがほとんど同時に最後の線に到達すればそれで充分満足だという場合には，おそらくそれでよいでしょう。不幸にもピアノでは何がおきているか全くわからずに，そしてそれ故，自分達が吹こうとしている曲について本当のことを知らずに，終りまで行ってしまう大人のフルート奏者も多いのです。

　二人の奏者が互いに相手のパートを知ろうとする場合，ピアニストの方が有利です。ピアニストの前にあるページには全部が書かれていますが，一方フルート奏者の楽譜は，一本の楽譜しか書かれていません。しかし，フルート奏者はなお相手のスコアを勉強し，自分のパートと並んでピアノのパートを暗記しなければなりません。自分自身のパートを暗記することは，ソロ，ソナタ，そして普通のオーケストラのいろいろな曲以外のどんな曲にも理想的な方法です。自分のパートを暗記することは皆さんが自分のやっていることを知っているというしるしですし，全体が首尾一貫してうまくやり遂げられるように問題の曲を本当に一生懸命に考えるのに必要な下準備です。たまたまピアノのパートを完全に知っていれば，こういうタイプの曲ではフルートのパートを暗譜するのにも非常に役に立ちます。なぜならば，暗譜するには目印をあてにしていて，それはフルートのパートと同様にピアノのパートにもあるからです。

　両方のパートナーがこういうアドバイスを取り入れ，自分と相手の音を両方暗記したと仮定して，次にやらなければならないことは解釈を一致させなければならないということです。私の経験では，説明の言葉にはそれ程害があるわけではありませんが，議論している時よりも演奏している時に一定の解釈に達するものです。しかし，何よりもまず大事なことは，聴くことです —— 勿論相手を聴くこ

とですが, 皆さんの心の中の理想の音楽も聴かなければなりません。

　楽譜に書いてあることを何も考えずにそのまま演奏する危険については既に二三触れ, そういう気持を少しゆるめてほしいと申しました。ピアノと一緒に演奏する場合にどの程度自由に考えるかは二人の間で決めるのは当然ですが, 上述の点はソロの時と同様にピアノと一緒の時にも考えなくてはなりません。例えば, 作曲家はソナタ楽章の冒頭で, それはアレグロとかモデラートとか示すかも知れません。しかし, おわりまで厳格に同じテンポで演奏するのは賢明なことではありませんし, しかも音楽的にみてもセンスがよくありません。作曲家のアイデアは, 最初のテンポ指示が示すよりももっともっと柔軟性があり, 繊細なことが非常に多いのです。速さの変化を全く指示しなくても, そのアイデアは, はっきりよりレガートであり, ムードはより静かであり, また反対に, 緊迫感や興奮の急激なほとばしりをもつことも非常に多いのです。こういう細かい点を聴き, それに合わせてテンポをゆるめたり速めたりすることは, 作曲家によって唯一よいこととされています。更に, 作曲家が新素材を導入する場合, 旧素材に与えられた方法でこと細かに新素材に取り組まないで, その変化が意味するものについて考えることが大切です。

　二人の音楽的感受性がこの問題にとり組むので, いずれか一方の自由は必然的に制限されます。しかし, この種の音楽は二つの対話ですから, 皆さんが言おうとしていることについてあらかじめ合意をしておくことが不可欠です。台本は一般の人に見せる前に整理しなければなりません。読むことは二人ですることであって, 誰かがピアノのパートをもって乱暴なフルート奏者のあとを追いかけていくといったものであってはなりません。

　ピアノ奏者のことを考えることは, マルティヌーのソナタをしようとする人に何よりも大切なことです。皆さんがある程度うまくやろうとするつもりなら, 本当にすばらしいピアニストと一緒でなければなりません。なぜなら, ピアノ・パートが非常にむずかしいので, 最高の奏者だけがそれを正しく扱うことができるからです。フルート奏者は簡単には乗りこなせません。特別の難所が三箇所あり

ます。まずこの「ソナタ」は名手向きで、ほとんど大部分がスケールから出来ていて、その音はすべて作曲家の意図の通りに魅力的に響かそうとするなら、ピアノと完全に合わなければなりません。第二に、シンコペーションが惜しみなく使われていて、下手に扱うと、ピアノとフルートが互いにぎくしゃくすることは間違いありません。第三に、この「ソナタ」の大部分は高音域にあって、そこで完全に楽々といけるフルート奏者はそうざらにはいません。

　音楽にほんの一寸でも興味を持っている人、ジャズ時代より若い人はだれでもシンコペーションが何だということは知っていると思います。つまり、シンコペーションとは強勢が予期に反した箇所に落ちるように普通のリズムを故意に変えることです。この言葉は「シンコペ」に関係があり、このシンコペは ── 人間の生物学においては ── 目まい、卒倒、意識不明をもたらす、血液の循環を一時的に狂わせるものだと言えます。音楽は、そのように極端にはいきません。自然の脈拍がシンコペーションによって混乱させられると、結局は興奮を高めますが、聴衆を完全にまいらせるわけにはいきません。ですから、作曲家は何世紀にもわたってシンコペーションをやって来たのです。しかし、それは20世紀に好まれる言葉であることは疑ありません。

　この「ソナタ」の第一楽章の冒頭の主題提示部は歌わなければなりません。そうすると急に音楽は、組み込まれたレガートのシンコペーションによって柔らかく、訴える感じになります。この進行のダイナミックな性質を強調するには、終りの最も繊細なところまで演奏するよう注意する必要があります。しかし、シンコペーションのむずかしさは同時におこる他の多くの点と共にシンコペーションが速く現れる最後の楽章まで効果を発揮しません。ここでは、少なくともこの「ソナタ」に初めて取りくむ場合には、ピアノ・パートをただ知っているだけでなく、意識的に万事心得ていなければなりません。二つの点、つまりピアノの拍と皆さん自身のシンコペーションされた拍は皆さんの頭の中で時を刻んでいなければなりません。こういう分離したリズムは、皆さんがその技巧を忘れ、ピアノ・パートを忘れ、そして作曲家が心に描いたように全体をうまくまとめる時がくる

まで心にとめておかなければなりません。

　シンコペーションはこれ位にしておきましょう。フルートの音域の最高のところで演奏するという問題は、演奏がむずかしいということとそれほど慣れていないという二つの理由が相まってないがしろにされがちです。しかし、前にも強調したように、皆さんがすることはすべて美しくなければなりません。最高音から最低音まで、そして最低音から最高音までどの音にも優雅なところがなければなりません。もし他の多くの人々と共にこれまで高音を一生懸命に勉強することを避けたことがあるとしたら、マルティーヌの「ソナタ」をこの問題解決の最初の冒険とするのは、たしかによくありません。しかし、最後にはこの「ソナタ」に取り組むための準備は、フルートの音を下げる代りに、上げていくロング・トーンの練習で今始めることができます。そうすれば、音は最高のところでもどうにか柔らかく表情豊かになります。これはやさしくありませんが、やってできないことはありません。

　ボフスラフ・マルティヌーは、ちょうど第2次世界大戦直後にボストン交響楽団のソロ・フルート奏者だったジョルジュ・ローランのために、この「ソナタ」を書きました。当時マルティヌーはニュー・イングランドに住んでいました。このことが最後の楽章の中に入れられたヨタカの叫びとなってこの音楽に重大な影響を与えました。勿論このように詳細な説明をしたからと言って、私達が風景の効果、響きとしての一種の自然音をここで扱うつもりはありません。この「ソナタ」は、本当に、非常に高度な音楽です。

　ゆっくりした楽章は特に私がこれまで聞いた最も美しい曲の一つです。それは音楽による祈りのようであり、その祈りは宇宙の真理に非常に近づいて、るので、演奏家が個性を表わそうとすると、この曲の言わんとするところを邪魔をする危険があります。それを演奏する時には、誠実と謙虚を求めなければなりません。誠実と謙虚は個性を消し去るので、音の伝達手段しか残しません。演奏家の個性の主張を絶対に要求する音楽のタイプがいくつかあります。このゆっくりした楽章はそんなものではありません。皆さんは背景を隠して、心底の静けさを求めな

ければなりません。

　夢から醒めて，ゆっくりした楽章は，その祈りにみちた性格と無関係とは言えない，楽章自体のいくらか技術的な問題を呈示します。これは息を充分とってフレーズを吹き終えるというこれまでに詳しく述べた問題です。もう一度，私達はここで一曲取り挙げましょう。若い時にまずそれをやろうとすると，たくさんのブレス記号なしではすまされないような曲です。もう一度くりかえしますが，大人になるにつれて，そのブレス記号のいくつかをとらない人が多すぎます。そういう人達は，最初にやったままでその曲を聴くことになれているのだと思います。その人達には正しく響いていますが，それがどう改良されうるかというそのヴィジョンを，どういうわけかさまたげています。力説したいことは，成長するにつれて，もしこういう表現が許されるなら，音楽の子供から音楽の大人へ変身しなさいということです。

　この「ソナタ」——ここでは，最後の楽章——は，私がいつも言っていることのもう一つの側面を説明しています。たくさんのスタッカート付き音符が現われます。それらは，前にもしばしばお話したように，必ずしも短い必要はなく「デタシェ」です。この楽章の中の最初の提示部から何か意味を引き出すためには，皆さんは，それらの音をあまり短く演奏するのではなくて，それらの音が一つの余韻をもっていると考えるよう心がけなければなりません。

　私は前にスケールのことを語しました。この「ソナタ」だけでなく，マルティヌーの作品の他の箇所でもまたしばしばスケールは下部構造です。父が消防士だったので，彼の青年時代前期の大部分は，家族と一緒に塔の上で過しました。ですから，何年間も若きボフスラフの生活は全く上がったり下がったりでした。私はこういう境遇が音楽にあらわれていると思います。ですから，多くのスケールのパッセージが丁度，マルティヌーがはしごをおりて，最後にしっかりと地面に足をつけるかのようにゆっくりと下行します。

　シューベルトの「テーマとヴァリエイション」についての大障害はイントネーションです。この曲は，ホ短調であるという単純な理由から，イントネーション

のむずかしさで有名です。おそらくもう見つけていると思いますが，E♮というのは，フルートには何とも具合がよくないのです。低音のEは低すぎ，中音のEは音程がぴったり合わず，高音のEは高めなのが一般的傾向です。「テーマとヴァリエーション」においてイントネーションの問題は，ピアノの何小節か後にフルートが再び入り，聴衆に不快感を与えたくないなら全く同じピッチで入らなければならない場合には，危機的状態になります。

　勿論この曲だけにこのような問題が生じるわけではなく，この問題は例えばオーケストラの団員がいつも出くわすものなのです。彼等の解釈法の中には，かなり単刀直入なものもいくつかあります。ベルリン・フィルの中でいつも隣合わせで演奏していたオーボエ奏者ローター・コッホは演奏が始まる前にその音をかなり大きな音で試してみるだけでしたが，演奏しはじめると，彼のピッチはいつもぴったりでした。オーケストラ音楽においては，音程正しく演奏する法の一つはたとえ前にいる人のピッチが悪くてもその人と同じピッチで演奏しつづけることです。そうすれば先へ行くにつれて調節し，最後には正しいと思うピッチに到達することができます。

　問題のすべてがフルートとピアノと作曲者シューベルトである場合には，事は必ずしも同じとは限りません。ピアノのピッチは，ずっと一定であることは期待できます。主役を演ずるのがフルートです。こういう状況では，フルート奏者はローター・コッホをまねして，完全に聞こえる試し吹きをすることはできません。しかし，ピアノは何かもっと人目を盗んだ試し吹きのための援護部隊を派遣してくれます。私は，吹こうとする音を聴衆に聞こえるか聞こえない位低く，最も小さいブレスで試しに吹くことがしばしばあります。従って私はフルートを外に廻して高めにするべきか，内に廻して低めにするべきかがわかります。

　イントネーションを別にすれば，「テーマとヴァリエイション」は，フルートの持てるものすべてを発揮させるために，その完璧な技量を要求します。この曲は熟練したフルート奏者に，楽しみと見せどころと，情緒の巾全体を表現するための機会をたっぷり与えます。私自身の好みは，できるだけ止めないで，ヴァリエ

イション7曲を全部通して吹くことです。しかし，私が必要だと認める止める箇所が1つだけあります。ヴァリエイション第5番は，フルートが息を使いはたす曲なので，一息入れて，ひたいの汗をふき，先へいくために全力を集中しなければならないと思います。

しかし，最後まで死にそうにならないようにという一般的な理由から，私はいつもはシューベルトが指示した繰り返しをいくつか抜かします。テーマでは，繰り返しを全部しますが，ヴァリエイション第3番のゆっくりした楽章までに一つも繰り返しをしません。8小節が3回も繰り返されると，ニュアンスを伝えることがむずかしくなり，こういう繰り返しにあまりこだわると，どうしても聴衆の目がいささかとろんとしてしまいます。繰り返しをいくつかやめると，こういう不幸は避けられ，その結果この曲はずっと密度の高いものとなります。

いつも同じ響きがしないよう何とか工夫するということは，導入部において，最初から奏者に直面している課題です。事実，導入部は素材全体に対する導入部なのですから，そこには当然非常にたくさんの楽想，提示部，表情が含まれています。あるものはよそよそしく考えにふける感じですし，あるものは明確で，名人芸的で，輝かしいものです。処理の巾が要求されるのは当然です。私は特に二つの点に注意してほしいと思います。

第一は，速さです。この導入部は，この曲のいわんとすることを非常に深く求めているので，半分を抜かして，木を見て森を見ずというような演奏家によっては極めてゆっくり演奏されるのがごく普通です。この場合は適切な速さが第一の要件ですが，すぐに調節でき，いささかおそくするフレーズだけでなく先へ先へと進んでいくフレーズをも考慮することができる速さでなければなりません。特に導入部の終り，テーマの前のところには，多くの演奏家がそうとは認めていない小カデンツァのようなものがあります。それは今ひいている，進行中の調子の一部として印刷されていますから，彼等はその本当の性格を見のがして，それを厳格なテンポで演奏します。このテンポは，このカデンツァに自然の流れを与えて，最初にピアノに出てくるメロディーに導くために，ここでは少し速くなけれ

ばならないというのが私の感じです。

　第二に音色に非常に注意しなければなりません。この導入部におけるシューベルトの楽想の多様性を表現するためにできるだけ多くのちがった色彩を用いること、そしてその色彩はむやみやたらにかきならすオルゴールではなくて、実際に言うべきことがいろいろあるということを聴衆に確信させることが賢明です。

　勿論こういうアドバイス——素材にてらして速さや色彩を勉強することについての——は、このヴァリエイション全部を通してすべての作品にあてはまります。しかし、このヴァリエイションの異なる性格はすぐに理解されます。ただ音楽的に未熟な人達なら、そのヴァリエイションを同じに演奏しようと考えるでしょう。そのような柔軟性は導入部にももたらされなければならないというのが私の要点です。

　私が重視しなければならない他の点はすぐに片づけることができます。まず、ヴァリエイション第1番は、イントロダクションと同様に、あまりゆっくりと演奏してはなりません。この曲は譜面上はおそろしく真黒に見えますが、少し練習すれば、皆さんはこれをかなり正しい速度で演奏することができます。

　ヴァリエイション第3番のゆっくりした楽章は、ある程度特別な注意を払う価値があります。私はフルート奏者が何をしているかということが実際にわかる演奏を聞いたことがまれにしかありません。私自身の練習は、この楽章を演奏する前に、私の頭の中にシューベルトを歌うフィッシャー・ディースカウの響きを想い出させることです。フィッシャー・ディースカウがその楽章に意味を与えるために手を加える方法は注目に値します。シューベルトの彼のレコードを勉強し、ゆっくりした楽章の演奏はそれを基礎にしましょう。

　ここでやっとスタッカートの名人——私はいつも押さえようとしています——にいいニュースを一つ。この「テーマとヴァリエイション」には皆さんがヴァリエイション第6番でたくらんでいるように短く吹くチャンスがあります。しかしそれが効果的であるためには、スタッカートを弱く弾くことができる名ピアニストが必要です。

最後から2番目のヴァリエイションの終りで、失礼ながら私は、音を一つ変えて、それを一オクターヴ上に押し上げて、シューベルトに改良を加えます。彼が書いた(A)を私は(B)のように演奏します。

私の生徒の一人がある日、この方法はどうかと提案しました。私はグッド・アイデアはとり入れる方ですので、すぐにそれを採用しました。第一に、皆さんは改訂した音は実際に聞くことができますが、一方シューベルトの選んだB♮は、大きな音の中で実際にはかき消されてしまい、第二に、(B)の場合それはピアノと一緒だとずっとよい音がします。

私は最後のヴァリエイションは非常に小さく音をいく分短めにして始め、次の8小節では少し長めに、大きめに演奏したいと思います。このヴァリエイションは行進曲で、私が演奏している時は、いつも小さいバンドを心に描きます。バンドがまだ舞台横にいる時はまず音だけ聞こえ、次に舞台に出てくるにつれて、だんだん大きく、はっきりしてきます。

コーダは、シューベルトの最も輝かしい瞬間の一つです。ですから、それを謳いあげるために、私は大いにアクセルを踏み、音楽をトップギヤにします。終結

にいくにつれて速さをゆるめません。あるきまった所へいくと，別に必要かどうかも考えず，質問されてもどうしてそうするのか説明できずに，癖としてラレンタンドする人がいます。私には賛成できません。特にここでは賛成できません。時々終りまでゆっくりしないでいき，最後のコードを全然遅らさないで吹くのは最高にすばらしいことです。

　ソロ・フルートのためのレパートリーは限られていて，ある他の楽器のために書かれた音楽と比較すると，私達の中にはこの主張を否定できる人は一人もいないと言われています。こういうレッスンでは，限られたレパートリーが必然的にますます限られてしまいますが，私はいくつかの興味のある項目と領域に触れてきたと思います。私自身が演奏のためにいくつかの曲をどうやって準備するのかということをお話しする場合に，私は少なくとも何人かの修業中の奏者の中に反省と野望の気持をかき立てたいとも思います。

　私自身にとって，ソロ・フルートのレパートリー —— 勿論いつも私がくりかえし吹いているレパートリー —— は決してその魅力を失うことはありません。限られているとも，すり切れているとも，親しくなりすぎているとも思われません。その理由は，一つの曲を演奏する度に，その曲は個人，即ち私の生まれかわりになるからです。今日の私は昨日の私とはちがったジェームズ・ゴールウェイです。そして，明日はきっと別のゴールウェイでしょう。こういう異なる人間がすべて新しい眼で音楽を見，先輩達を満足させたアクセントやテンポのこまかい点までは意見が一致しないこともあるのは当然です。この問題について最後の手段を私が言おうと誰が言おうと危険はありません。こういう性格の音楽は，発見のための無限の可能性を与えています。

第17章
レコードを聴く

　念のため申しあげます。だれも一冊の本を読んだくらいで大音楽家になったものは一人もいませんでした。大音楽家はみんな音楽を聞き，音楽を演奏し，音楽仲間と音楽を語り，それに先祖から引き継いだものからのある程度の助けと絶えざる努力によってそうなったのです。そして，私達の時代には，前者の要素は放送とレコードという二つの発明によって途方もなく容易になってきました。この章をよく読んで皆さんがレコードやカセットを最大に利用することを強力におし進めるためにトランジスター・ラジオで何をするかは，皆さんにおまかせします。

先生としての蓄音機

　蓄音機が楽しみの源泉であっただけでなく私の先生でもあったということは，私の経験からやっとわかったことです。私の家族が蓄音機を買った最初の日から——その蓄音機は今日博物館でだけお目にかかる手巻き式のもので，レコードはその時点では全部でたった2枚でしたが——私の一生を通じて非常に重要な役割を演じました。そのうちの一枚では，フリッツ・クライスラーがコンサートの聴衆を楽しませるために作曲したアンコール曲を何曲か演奏していました。もう一枚は，アル・ジョルスンが「マミー」を歌っていて，私達兄弟はその曲の奥にある真実の感情が何もわからずに，気晴らしに一緒に歌ったものでした。この二枚

のレコードはすりへって，ほとんどつるつるになってしまいましたが，それをかけると，クライスラーのヴァイオリン演奏に感心して，今日に至るまで変ることなき感嘆の念を禁じ得ません。

　何年かたって私達は電気蓄音機を買うことができましたが，幸福なことに，何人かの隣人が居ました。私がフルートを吹くようになった時に，私はすぐそばに住んでいた一人の婦人のところに定期的に押しかけて行ったものでした。彼女は自分の小さい客間で子供にモーツァルトを聞かせては得意になっていました。この婦人のたくさんのレコードの中にはフルート奏者のものがずいぶんあって，この時こそ私が大いに勉強ができると悟り始めた時だったのです。私は当然それらの奏者のまねをしようと努めました。モーツァルトをどう演奏することができるか，どう演奏しなければならないか，どう演奏することが許されるか，ということは誰も言葉では説明できませんが，ここに耳で聞く見本があったのです。皆さんは音楽についてどんなことでも話すことができますが，もし皆さんが聞くことができず，聞くことを通して音楽が語らんとすることを理解することができなければ，やめた方がよいのです。

　後になって，私は一人のガールフレンドを持ちました。彼女の家族は一台の蓄音機と山のようなレコードをもっていました。そのレコードの中にはブランデンブルク，ユーディ・メニューインのひいたベートーヴェンのヴァイオリン協奏曲があったことを特に憶えています。私は彼女のところへ出入りして，曲が本当に頭の中にこびりつくほど繰り返しこれらのレコードをかけたものです。ですから，私がすでに演奏したもののレパートリーではなくて，知り始めたもののレパートリーがだんだん増えました。いろいろなクラシック音楽に魅せられてから，私はポップ・ミュージックを耳にすることはありませんでした。

　長ずるにつれて，蓄音機で聴く範囲が，言わばますます限られてきました。ロンドンの私の先生，ジョン・フランシス先生が，立派な蓄音機，それにその日まで私のフルートの英雄だったマルセル・モイーズのレコードを持って居られました。それに加えて，フルート奏者がいろいろなオーケストラでどのように演奏し

たかを知るというはっきりした目的で管弦楽曲を聞いたものです。寒くてじめじめした晩に，コンサートに行く途中で公共交通機関と悪戦苦闘するめんどうを省くのは別にしてレコードは皆さんが聞きたいと思えば2度聞くこともできますし，1小節を5度聞きたいと思えばそれもできます。ライブ・コンサートの興奮に比較できるものがあるとは言えませんが，曲や演奏法の勉強にはレコードは大切です。楽器を演奏したいと思う人がその楽器の名手によるレコードを聞き，その響きにひたり切るということはあまりおすすめできません。

フルート奏者を比較する

　おそらく，フルートの名手の名前をあげるべきではないでしょうが，これらがまさにでたらめの意見であり，ほとんど完全なリストではないという了解のもとに，あえてしてみます。フランスからは，ジャン・ピエール・ランパル，イギリスからはウィリアム・ベネット，アメリカからはかなりな数の奏者，最高の奏者の中でもジュリアス・ベーカーが出ています。

　こういう水準の奏者をきくと，ちがった流派の最高のものを知るようになります。数人の奏者の同じ曲の演奏を比較するというのはよいアイディアです。おそらくある者はより輝かしいアプローチをし，ある者は感情のこもったアプローチをするかも知れませんが，一方ある者は前二者とは全くちがった性格をもっています。世界最高の奏者の間のそのようなちがった良さに注目することは，非常にためになる練習です。私がいつでも考えていることですが，一人の先生（この場合，一つの見本）につきっきりで，仏様は持っている知恵は何でもわけ与えるということを全く否定する根本主義者のキリスト教徒のように，他の筋からの忠告をはねつけるのはいささか危険です。どんな考え方にせよ，フルート演奏の最高のものから選び出すことはとてもよいことです。

　私が今さしあげた忠告は金持ち向けのように聞こえます。皆さんが私の青年時

代の蓄音機についての上述の個人的な余談から推測できるように，私には一つの曲について一枚のレコードを買うという話はよくわかりますが，二枚も三枚もということになるととても理解できません。しかし，図書館というようなものがあります。皆さんがのっぴきならぬことになれば，両親，親戚，誕生日のプレゼント，レコード券を利用することができます。異なる奏者による同じ曲のレコードをダビングする代りに，その費用を割りふりして，モーツァルトを演奏している人とバッハを演奏している人のレコードを買って，様式の比較もすることができるでしょう。まずどんなレコードを買ったらよいかについては，先生の言うことをきくこともよいでしょう。皆さんがしてはならないことは，フルートの技法と音楽の解釈についてのこういうすばらしい源泉に耳をふさぐということです。

フルートを越えて

　フルートだけにとどまってはいけません。たとえどんなに小さい子供でも，他の楽器奏者と歌手に耳を傾けなければなりません。これはきびしい忠告だと思います。子供というものは，私自身の場合も含めて，ものにとりつかれたようにめくら滅法に熱中する傾向があるので，熱がさめるまでは，フルートだけを吹くということから気をそらそうとしても，そうは問屋がおろしません。しかし，二つの理由から，皆さんがフルートの音楽だけを聴くほどめくらになってしまうのは賢明ではありません。フルートは，アンサンブルやオーケストラの中で演奏されますから，もし皆さんが，そのような情況の中で演奏しろといわれたら，他の楽器のこともわかっていると有益であるということがその理由の一つです。第二というかもっと重要な理由は，音楽の表情というのは多くの声をもっていて，それらの声の中で皆さんがそれに答えるようになるものが多ければ多いほどますます皆さんは窮極的にオール・ラウンド・プレーヤーになるということになります。私には，（もし皆さんが私の言っていることがわかれば）絶えずレコードをかけて

いるソリストの三人組があります。ヴァイオリンはハイフェッツ，ピアノはホロヴィッツ，それにマリア・カラスです。カラスの歌には，フルートでは得られないほどたくさんの色彩と表情があります。性格の深さ，ドラマ性と激しさがあります。私達はみんな完成度とは何かを理解するためにカラスのような偉大な音楽家を聴かなければなりません。

　区別することを学ぶことが目的です。今日では何百万もの人々がレコード・プレーヤーを持っていて，むやみやたらとレコードをかけます。しかし，大抵の場合，私達の多くは実は聴いていないのです。響きが押しよせて来ても心ここにあらずです。もし皆さんが区別と評価の能力をみがこうとするなら，ある程度の注意が必要ですが，見込みがない状態でも注意は可能です。私の友人に，オペラにのめりこんで現在ではいささかオペラ馬鹿がいますが，彼は仕事の行き帰りに車の中でカセット・レコーダーから音楽を勉強しました。彼はブラームスのピアノ協奏曲から始め，最初はそれを全く理解しませんでしたが，あきずにやっている間に進歩して，今では朝飯代りにアリアを聞きます。彼は自動車の中の時間を自分の進歩のために使い，私達にもできることですが，音楽を理解することは一杯飲む時のバック・グラウンド・ミュージックとして聞くよりもずっと楽しいものだということを悟りました。

　レコードは私達に選択できます。私達は低級にあまんじる必要はありません。あれこれ好きな曲の競演があり，非常にバランスもよく，同じようにすばらしいので，それを聞いた後でも選択に全く困ります。ですから，レコード・ライブラリーや，よくわかる友達に助けてもらう余地があるのです。しかし，一枚は買い一枚は借りて，両方楽しみましょう。

　最後に一言。もしも皆さんの先生がたまたまレコード録音をいくつかしたら，たとえ値段がいくらでもそれを皆さんのコレクションに加えるのはお付き合いというものです。

23　進化論などの近代的な考え方を否定し，天地創造など聖書の記述を正しいとする考え方。

第4部
フルート奏者であるということ

　フルートを習い始める人は必ずしも誰もが最後にそれで生計を立てることになるわけではありません。ごくわずかな仕事にたくさんの志願者が押しよせれば，ある程度の悲嘆と挫折感は犠牲になりますが，途中で誰か落ちこぼれがでても仕方がありません。もし親愛なる読者の皆さんがいつの日かフルートの演奏で金を得たいならば，私は次のように忠告したいのです，現実的になりなさい。最初に自分自身の適性には現実的な態度をとりなさい。寛大な友人や親戚の判断は，この点については全く指針にはなりません。田舎のかわいらしい小フルート奏者に感嘆する地方の人々にとって子供達が激励されることがあまりに多すぎます。そういう人達はみんな世の中には彼等を食いものにしようとしている詐欺師がうようよしているということを全く知らないのです。
　これから先で私は第一に皆さんにはフルートを吹いていくだけの実力がありますか，第二に就職をするに際してどうしたら皆さんの実力を発揮することができますかという二つの点について説明しようと思います。しかしいまプロになることができないからといって，フルートの終わりではないということを申し上げたいのです。私の昔の生徒の一人は弁護士で，彼女はまだフルートを吹いています。もう一人は看護婦で，患者の間にまじってフルートから多くの楽しみを得ています。更に音楽は非常に柔軟性がありますから，演奏以外のいろいろな分野，つまりプロデューサー，録音技師，オーケストラ・マネージャー等になるというような分野に才能を向けることがいつでも可能です。フルートの知識の出発点からはたくさんのことをすることができますし，たくさんの道をたどることができます。
　しかし，これからの章では，フルートで身を立てようとするフルート奏者に焦

点を合わせます。皆さんも御存知の通り，おおわれた大地は不案内で種々様々であるかも知れませんが，私達は給料袋，つまりオーケストラへのはっきりした，まっすぐな道から始めましょう。

第18章
オーケストラ

　私の知っているオーケストラ団員の中には百万長者はいませんが、一般的に彼等は夜露をしのぐ家と車を持ち、何とかかんとか家族に衣、食、住を与え、子供を学校にやっています。ですから、経済的な観点からは、彼等はまあまあよくやっていると思われます。しかし、次のようなことはもっと大事なこと、とにかくまあ同じくらい大事なことです。彼等はちゃんととりかかりさえすれば、すばらしい一生を過ごすことができるのです。よいオーケストラですばらしい仲間とうまく演奏することほど楽しいことはまずありません。よいオーケストラでは、言葉は大切ではなく、音楽は全体として自分自身を表現するために個人間で毎日使われる言葉です。それは非常にすばらしくて充実した経験です。他の人々は一週間ずっと保険会社に埋もれるという疑問を感じている仕事に対して給料を得ているのだということをその著しい違いから忘れてはなりません。

　問題はオーケストラを見つけることです。現在この世にオーケストラはそんなにたくさんあるわけではなく、相当大きなオーケストラでもおそらくフルート奏者はたった三人しかやとっていませんし、一方小さいオーケストラとなると通常二人ですましています。ですから、このような楽しいバンド仲間にとび込もうとする新人の若い奏者には就職運動のプランが必要です。その運動は彼等がまだ大学にいる時から始まります。

いろいろなオーケストラのスタイル

　いつか皆さんに仕事をくれるかも知れないオーケストラも含めていろいろなオーケストラのスタイルを勉強することは市場調査の欠くべからざる部分です。顧客が何を望んでいるか皆さんにわからなければ，どうして相手を満足させられますか。レコードで音楽を聴くというノルマを定期的に実行することによって皆さんはオーケストラがお互いに違う個性をもっているということに気づくと思います。そういうオーケストラにはわざわざ選んでなるのであって，たまたまそうなるのではありません。ですから，入団を希望する新参者は自分の好きなスタイルを考慮しなければなりません。

　同じように優秀なオーケストラでさえ，その範囲は技術的なすばらしさから音楽的な表現力にまで及んでいます。すばらしく多彩な技術をもっている例としてはシカゴ交響楽団があります。奏者はみんな技術的に高度な腕を持っていますし，演奏する曲はすべて出来上がっていて，計算され，まとまっています。速くて輝かしい音楽——例えば，ベルリオーズの手のこんだ曲——の場合，シカゴ交響楽団の響きは全く神技です。これを（例えば）ブルックナーの交響曲をやっているベルリン・フィルと比較してみましょう。ベルリン・フィルの団員は技術的には悪くないのですが，ずばぬけているのは彼等がみんな長くしたり短くしたりするのはどの音なのかを正確に知っていると思われることです。フレージングは全体として非常に美しく，オーケストラはちょうど一つの知識，一つの解釈によって指示されているようにぴったり合っています。事実そうなのです。なぜならば，奏者が一緒に仕事をすること，20年間もずっと引き続いて同じ指揮者をもつことに慣れているので，みんな同じ考え方で生きるようになっているのです。

　もっとはっきりしているのは，スタイルが木管のセクション，特にフルートのセクションに影響を与えています。例えば，ヴィーン・フィルでは木管楽器はヴィブラートを使いません。すべての音は全くはっきり出てきます。一方フランスとイギリスではみんなヴィブラートを使い，アメリカでは大部分が使います。

ヴィブラートの問題は全く別にして，フルートの演奏には言わばお国柄というものがあります。フランスでは柔らかくてチャーミング，ドイツではよりアカデミック，アメリカでは非常にまとまっていて，イギリスではこれらが混ざり合っています。もしイギリス流というものがあるとしても，私の知るかぎりまだ誰一人としてそれを指摘したことはありませんし，フルートの演奏がオーケストラ毎に違うというのがその傾向です。それは皆さんのためになるかも知れません。日本人は西欧から取り入れたものを選択する方法を知っていますが，多かれ少なかれフランスのスタイルを模倣し，その中にアメリカ流のまとまりのよさをちょっと入れています。

　皆さんはこういういろいろなスタイルを勉強し，仲間に入りたいと思っているグループの方法で演奏してみなければなりません。しかし，皆さんの最初の就職口もそう遠隔の地というわけにもいかないのですから，地元のオーケストラに全力投球することから始めるのもよいでしょう。

　主にやるべきことは，オーケストラのコンサートに実際に行くことです。次に皆さんの将来の仕事仲間になる(皆さんが希望する)奏者と知り合いになることです。就職戦線の作戦をいざ実行しようとする時には，オーケストラの中に友人をもっていることはとても有利です。

技術的に上達する

　唯一つ疑いのない点は，皆さんがこういう仕事をする能力を持っていなければならないということです。楽器，それにスケール，アルペジオ等をマスターすると同時に，皆さんがオーケストラの一員となる前にレパートリーに習熟するということです。

簡単に言えば(しかし，これで全部だとは思わないで下さい)このレパートリーには次のようなものが含まれます。即ち，名前のついているハイドンの交響曲は全部，モーツァルトの最後の三つの交響曲，ベートーヴェンとブラームスとチャイコフスキーの交響曲全部，マーラーの大きな作品，モーツァルトとプッチーニとヴェルディーの主なオペラ，バッハの受難曲というような大オラトリオです。これらの曲は最少限知らなければなりません。

　それらを知るようになるということは，スコアを勉強し，フルート・パートを練習する以上のことを意味します。それ故，皆さんはコンサートに行って耳をそばだて，批判的精神をもって聴かなければなりません。音楽家になりたい人は，オーケストラがしていることに傾倒し，いつか聴衆の前で演奏したい曲のコンサートには定期的に行くぐらいに少くとも一生懸命にならなければなりません。

　初見が非常にうまい人がいることはいますが，初見がうまいということは時には非常に役に立つ才能ではあっても，レパートリーを知る代りになる才能とは言えません。こういう才能にたよる危険性は，作曲家が表現しようとした感情を移入することは一切せずに音をただ機械的に有りきたりに演奏するということです。それはエキスパートの速記者が点や短くて曲った線を，それが何を意味するか全然気にかけないで英文に翻訳するようなものです。これでは充分ではありません。皆さんは楽器のことを知り，自分のパートを知り，そしてまた音楽が全体としていかに鳴るかを知らなければなりません。その時にこそ皆さんはその音楽を理解して演奏することになるのです。

オーディションの受け方

　皆さんがフルートの演奏に調子がでてきて，目標の下検分ができたと仮定して，こんどはいよいよ正念場，一戦交える時です。

前に全く経験がないと，いささかとまどうかも知れません。そこで私はまずオーディションがどんなお膳立てになっているかを概略説明しましょう。もちろん事情はオーケストラ毎に違いますから，一般的なことを申し上げてもそれぞれに変わった点を全部はカバーしませんが，皆さんが直面する問題についての大体の考え方は無いよりましでしょう。

　オーディションをする側の人は少なくとも指揮者，フルートのトップ，その他のトップ，理事者側から数人が含まれていて，おそらく全部で12人位でしょう。しかし，ドイツでは民主的な投票制度が行われていますから，全オーケストラが新人の選考の場に出席することもあります。

　大抵のオーケストラは前もってオーディション曲が何であるかを発表します。応募をすれば，リストを送ってきます。リストの中には大抵ブラームスの交響曲第4番，ティル・オイゲンシュピーゲル，牧神の午後，ダフニスとクロエ，家庭交響曲，おそらくシュトラウスのオペラから1曲——フルートにはむずかしいパッセージをもった曲——が含まれているかも知れません。オーケストラのオーディションの考え方は——例えば——ハイドンの初期の交響曲については皆さんの能力をしらべることではなくて，むずかしいちょっとした曲で，いざという時，フルートがスター的役割を果している時に，皆さんがどのように響かせるかをしらべることです。組織のしっかりしているオーケストラは，やってほしい個々の部分のコピーを用意して送ってくれます。入団しようとしているオーケストラの組織がよくなくて，こういうサービスをしてくれない場合には，自分の常識とレパートリーの知識をもとにして，必ず出るオーディション用の曲を練習してもよいのです。

　今日では普通になってはいますが，私自身は間違っていると思う習慣はオーディションをカーテンの蔭でやることです。審査員が誰を審査しているのかわからなければ，審査に予断が入ることはないという意見があります。そして，仕事を求める側の人々は自分の技倆と音楽性によってだけ決められます。私はこの意見にはいくつかの理由で反対です。第一に，スクリーンやカーテンなんかがあると

音が明瞭でなくなり，音がみんな同じレベルになってしまう傾向があるからです。閉め切ったドアの向こうだと，誰でも同じ音になってしまい，隣の部屋だと誰でもよい音になります。

奏者を見ないでオーディションをする方法が馬鹿げていると思う理由がほかにもあります。演奏の現場を考慮に入れていないということです。ある意味ではすべてのオーディションは決まっているのです。正確に言えば，フルート奏者の仲間意識というようなものがあり，既にオーケストラの団員になっている人はこれから出てくる志願者の中で誰がいいかはよくわかっているからです。皆さんはこういう事情を自分の有利になるようにすることが可能です。一般的なオーケストラのスタイルはもう勉強してありますから，仕事を求める応募者は一番フルートはどういう演奏の仕方をするかを特に勉強しなければなりません。一番フルートとその演奏とを皆さんがよく知るようになるためには，その人のところへ行ってなん回かレッスンをしてもらえば賢明でしょう。そうしておけば，彼が皆さんの演奏を知り，好きになり，皆さんがこの仕事にむくと信じてくれるという理由でオーディションの時に皆さんに有利な意見を言ってくれるかも知れません。専門家の意見は一般的に他の出席者に強烈な影響を与えるものです。

こういう事の成り行きで，オーケストラに職を得たいと思う人は誰でも既にオーケストラの人達と付き合っているのです。こういうことは人間の一生における最も重要な利害関係の結果として普通のことです。皆さんの場合にもしこういうことが起こらないとしたら，起こすよう努力しましょう。もし皆さんがこういう人達と付き合えば，相手は皆さんのことを知るようになるでしょう。もしなにか特別な演奏のためにフルート奏者が一人か二人必要な時には，彼等は知っている人が頭に浮かびます。友達というものは——私が提案したように——常勤の仕事を得るために応募する時に皆さんが手にしていなければならない貴重な切り札的手段なのです。

オーディションに合格することが非常にむずかしいのは，それにまつわるいまわしい事実のためです。全く無名の奏者は予備試験でさえおとされることが多く，

この最初の障害を越えるためには，個人的な推薦こそ皆さんが手に入れることができる最も有効な後押しです。皆さんの先生の手紙だけでは充分ではないかも知れません。もうオーケストラに入っている人からの口添えは非常に説得力があります。私が最初に職を得たのもこういうやり方でした。当時私はパリで勉強しており，私の友人ウィリアム・ベネットはサドラーズ・ウェルズ・オペラ・オーケストラで演奏していました。二番フルートが必要でした。彼は二つのことをしてくれました。彼は私にロンドンに来て運試しをしてみろと言ってくれましたが，もっと大切なことは彼が他の多くの志願者の中から私をとってくれとオーケストラに言ってくれたことでした。

オーディションの志願者の数を制限しないところもいくつかあります。アメリカのあるオーケストラがフルート奏者を一人探していたのですが，１回目の演奏をずっと聴いて数をしぼるだけでまるまる１週間もかかるほど事態が手に負えなくなったことがあります。こういう行きすぎは国際連合ではルールにかなったやり方だったかも知れませんが，オーディションを無意味なものにしてしまいました。なぜなら，一人の審査員が恐らく187人の音楽家の演奏をひとりひとり１週間の間に審査する——またはしっかり心の中にとどめておく——ことがどうすればできるでしょうか。そのオーケストラのおおざっぱなオーディションが原因で生まれたものは，結局より厳正なオーディションの結果と全く同じでした。つまり，天才の発見どころか地元の人が選ばれたのです。

すでに概略述べた理由で，地元の人がほとんどいつも選ばれます。そういう人はフルートのセクションとは顔見知りで，その演奏は聴いてもらったことがあり，頼まれたこともあります。そこで教訓。地元の，有名な，信じられる人になりましょう。このようにして，まずオーディションのための伝手，そしてオーディションから仕事への伝手を手に入れます。

オーディションをしてくれることになり，必要とされる曲の用意がしてあると仮定しましょう。この過程は美人コンテストや他のコンテストの場合と同じように，おそらく最優秀の志願者までだんだんと落とされていって，音楽の面でも人

付き合いの面でも最高に適応性があると考えられる人が他の人達からとり残され，契約を与えられます。志願者が前もって指定された曲をすべて演奏しなさいと言われることはないでしょう。そして，その演奏が悪ければ悪いほど演奏を要求されることは少くなります。

少なくとも最悪の演奏者は，公正な運営がなされているオーディションではさっさとおとされてしまいます。しかし，必ずしもすべてのオーディションが公正に運営されているとは限りません。私は，審査員が二人の著名なフルートの権威であったコンペティション（実はオーディションではありませんでした）のことを聞きました。その二人の権威は一人はフランス人，一人はドイツ人です。私がその名前を言えば皆さんもよく知っている人ですが，そうはいきません。この二人が，全く出場すべきではなかった一人の演奏者のことで議論しました。あがったか何かの理由で彼は課題曲をつっかえてしまいました。フランスの審査員は彼を即座に落として次の演奏者に移ろうとしました。

ドイツの審査員は「ちょっと待ってください。彼の持ち時間は20分です」と言いました。

「でも，それはおかしいですね」

「あいにく，彼は私の生徒なんです」

「そうでしたか。だから20分間我慢しろと言うんですね」とフランスの審査員は言いました。

「いや，そうじゃないんですよ。彼は地元の警察音楽隊の一番フルートなんです」と彼の仲間は答えました。

私は，ドイツの審査員の頭には今後の駐車違反の切符のことがあったのだと思います。オーディションというものは奇々怪々なことがあり得るわけです。

奇々怪々であろうとなかろうと，オーディションはあそびだと思ってはいけません。何はともあれ，志願者がよいコンディションでなければならないという意味です。ですから，酒を飲んではいけません。前日でもいけません。将来の仕事への扉を開いたり，はっきりもうおしまいという表情をして扉を閉じたりするこ

ういう決戦に望むと，大抵の人は神経質になります。万事がオーディションにかかっているのですから気を使うのが普通ですが，アルコールは全く役に立ちません。かえって害になります。アルコールは，修得したかも知れない技巧をすっかり駄目にしてしまいますし，頭の回転をにぶらせ，空想力をそいでしまいます。

　これこそゴールウェイの珍しい意見だと思うなら，ちょっとした話をさせてほしいのです。それほど以前のことではありませんが，ある時パリで1週間コンサートを開き，毎晩同じ時間に演奏し，練習の時には一日中禁酒しました。ある日私はアルトゥル・ルービンシュタインと昼食を共にしました。彼は私が一滴も酒を口にしないことに気がつきました。私は「そうです。今晩コンサートがありますから」と言いました。彼は「それはいいことです。ゴールウェイさん。アルコールは指にきますよ」と答えました。皆さんはルービンシュタインを崇拝し，彼の90年にわたる経験を信頼していると思います。そして彼の言わんとすることははっきりしていると思います。

　自分ではどうしようもできない事情によって，そして自分自身の欠点のせいではなしに，皆さんが望まれる人間になれないとしたら，よくある地元優先は皆さんにとってハンデとなり得ることは認めなければなりません。オーディションに選ばれない人々に私は言いたいのです。がっかりしてはいけません。失敗したんだと思ってはいけません。皆さんの演奏がよくなかったのだという結論すら出してはいけません。職を得た人より皆さんの演奏の方がうまいことだって大いにありうることです。これは非常に不正なことだと思うかも知れませんが，プロの世界では力量のある演奏といってもオーディションで考慮されるいくつかの点の一つにすぎないのです。どんな商売でもどんな時でも，初心者というものは経験がどんなに大切かということを悟ります。すぐにとけこめる経験豊かな人は，オーケストラの中で演奏したことがなくて訓練を必要とする新米の若者よりは重宝がられるのはもっともです。

　腹立たしい閉鎖社会から初心者がはじき出されることは非常にしばしばあります。職を得るには経験が必要ですが，経験を得るためには経験が必要です。しか

し，この社会は見た目ほど途方もなく閉鎖的ということでもありませんし，辛抱すればよい奏者はその社会への道を切り拓いていくでしょう。それ故，もし1回目のオーディションにあぶれても，へこたれずに最高の結果を目ざして，誰もが皆さんのことを知っている土地に集中して一度でも二度でもトライしましょう。

要するに，オーディションに失敗しても，不名誉でもなければ失業保険の列に並ぶことにもならないのです。代りのことを考える前に何回でもやってみたらよいと思います。

しかし，相変らず失敗するようでしたら，もう一度考えなおさなければなりません。9回も10回も駄目なら，その時は皆さんが職業として標準に達しているかどうか，オーケストラが本当に入るにふさわしいところなのかどうか，フルート一本で一生やっていけるかどうかを問題にしなければなりません。

オーケストラの中で演奏する

私は労働階級の一人と見られることは好きではありません。私にとって，音楽とは生活の糧を得る手段ではなく，人間存在の完成した姿を表現することなのです。その上，私にとってはフルートを吹くことは楽しみなのです。フルートを吹くことを楽しむだけでなく，聴く人もフルートを楽しむのでなければ，一生フルートにしばられるなんて全く無意味だと思います。音楽こそ皆さんのやりたいことでなければなりません。聴く人がみんな何か特別なことに触れているのだと感じさせるようなものでなければなりません。

こういう考えを持っているのは私ひとりではありません。ある晩スイスで私は友達とチェスをやっていました。彼はスイスのコンセルヴァトワールでクラシックのサキソフォンを教えています。彼の生徒の父親から彼あてに電話がかかり，息子の音楽についてのアドバイスを求められました。その父親は「あまりむずか

しくない曲がいいと思います。私は息子に吹ける何かやさしいものを買ってやりたいのですが。息子はただ楽しみでやるのですから」と言いました。私の友人はうその言えない男です。「もしもし，息子さんのふき方ではおもしろいはずはありません。息子さんにも，他の人にも。おもしろくなるように練習しろとなぜ息子さんに言わないのですか」と友人は言いました。フルートをふくことは，人間の他の努力に似ています。もし皆さんがそれに打ち込まず，最善の努力を払わなければ，フルートの演奏は皆さんにとっても他の人にとっても楽しみではなくなり，全く退屈なものになってしまいます。

　この注意はフルートの演奏のあらゆる面にあてはまりますが，私は特にこの章にあてはめてみます。たくさんの人がオーケストラに入り，気高い死を遂げます。若い時に彼等は懸命の努力をし，フルートから離れられないくらいに練習をし，あげくの果てに職を得ます。それから1マイルを4分で走って成功に甘んずるスポーツマンのように彼等は進歩することをやめてしまいます。彼等はオーケストラがいささか工場に似ていることを知ってがっかりします。みんな毎日出かけます。一生がきまりきった仕事のようなものになり，フルートを吹くことがだんだん少なくなり，最後にせいぜい自分の能力について自己満足するだけになってしまいます。だらけた，型にはまった奏者のオーケストラの響きほど本当に不愉快なものはありません。

　だらけた奏者は，オーケストラがいやな仕事だと思っている人，オーケストラをもう楽しんでいない人，仕事上の生活と個人の生活に失望している人達です。おもしろいと思っていない人がなん人もオーケストラにしがみついているのはつらいことです。

　一方，オーケストラのハーモニーをぶちこわす人，一緒に演奏しなければならないとなると同じように気が重くなる人がいます。これはひとりよがりの人で，こういう人は，自分はなんとしてもオーケストラの中にいるべきではなく，いるからにはオーケストラのスターになろうと考えている人です。この仕事で有名になろうと心に決めた新人は，オーケストラにいるのは特に間違っているかも知れ

ません。彼等の態度は，一緒に腰を落ちつけているプレーヤーに敵対意識を生み出し，一般的にその他の団員との関係もぶちこわしにしてしまいます。おまけにそれは顔に表われ，どちらかと言うと音に表われます。皆さんはどんな時にオーケストラがうきうきしているかを耳で知ることができます。自分のエゴを前に出そうという考えや自分こそオーケストラのスターであり大ソリストである等という考えをもって楽器を学ぶことは良くないことであり，更に片意地な態度です。楽器は人々に楽しみを与えるために学ぶものです。

　否定的な面はこれ位にしておきましょう。積極的な二つの教訓をお話ししましょう。

　第一に，みずからも日々これ新たと考え，経験も日々これ新たと考え，だらけた気持が日常的にならないよう努めましょう。ちょうど一日一日が実は初日であるかのように「最善の努力をしているか，ここでは少し小さく，そこでは少し大きく吹けるか，このパッセージはよく合わせられるか」とみずからに問いましょう。オーケストラの中で本当に楽しむためには，練習を休んではなりません。士気を高めなければなりません。そして，毎朝，新しい気持で始めなければなりません。

　第二に，スターの道への誘惑にうちかち，利己心をおさえ，チームの一員になりましょう。このことは，誰か他の人の解釈の中で愚かな歯車になり下がるということではありません。すべての楽器は独自の音をもち，その音はそれぞれ同じように大切です。皆さんには皆さんの言い分があり，いばりちらすこともすべての仲間を困らせることもなく，際立つ時があります。

　団結心ほどオーケストラに大切なものはありませんが，それは皆さんに貢献はできても，ほとんどコントロールすることはできないものです。新人として皆さんにできることと言えば，団結心がみなぎっているのを知り，それを高揚させるために努力するということです。オーケストラの中には他よりもずっと厳格なオーケストラもあります。例えば，ベルリン・フィルは非常に高度に完成されたチームで，皆さんが入れば　彼等の方法でやって初めてチームの枠内で自己の個性

を表現する方法を見出すのです。私が経験した他の無名のオーケストラでは，この団結心は団員間の仲たがいが原因で消滅します。そして，色合いから言うと，ベルリン・フィルの反対側には，レコーディングのような一回限りの仕事のために方々からかき集められたセッション・オーケストラがあります。チーム，団結心，そしてまとまりということはこういうかき集めのオーケストラにはあてはまりませんが，そういう情況ではいずれも重要なことではありません。

ですから，団結心を養うためにはどうやって各人おのれの分をつくすことができるでしょうか。一般のオーケストラ生活では，団員が互いに言葉を交すことが有効です。みんなが口をきかなくなったら，組織に危険信号がついたということです。これは，仲よく演奏するというより互いに無視して演奏するという意味です。だまりくさって反目しているよりも反目していることを認める方がよいのです。

技術的に言ってまとめるための責任はセクション・リーダーにあり，私達の場合は一番フルートです。言ってみればフルートの演奏とフルートを弦楽器等に合わせるためにフルート全体をまとめるのが仕事です。理想としては，そのようなボスは存在する必要はありません。オーケストラは民主的に動かされなければならないのです。楽想はどこからでも受け入れられなければなりません。しかし，頼るべき立派なトップのいないグループは弱々しく，ばらばらな感じです。

原則は別にして，皆さんが努力し得ることがいくつかあります。第一に，皆さんが現在所属しているオーケストラのスタイルをもっとよく理解するよう努力しましょう。二，三回リハーサルをすれば，ちょっとしたエキスパートになることができます。チーム全体の一般的なスタイルを吸収するだけでなく，例えば一番オーボエはそのように吹く，それに合わせてこう吹かなければならないということも学びましょう。

オーボエとオーボエ奏者はフルート奏者の仕事の中に大きくはいり込んできます。一番フルートは一番オーボエの隣りに坐っていますから，二人がよく合わせてふけば，団結心に大いに貢献するわけです。イントネーションはしばしば問題

になります。一つの楽器のピッチが他の楽器のピッチよりもわずかに高かったり低かったりすることがしばしばあります。ですから，相手が高めか低めかを知って適切に調整するようにすることが大切です。私がロイヤル・フィルハーモニーにいた時，オーボエ奏者デレク・ウィケンズと私はコンサートの前に互いにイントネーションをチェックする時間をもつのが常でした。これは敵意を持たないような方法でしなければなりません。そういう反目は音楽家の場合は大問題になりかねないからです。もし相手が合っていないと言えば，相手はかんかんに怒ってしまいます。しかし，デレクと私は上手にチェックし，友情を保ち，言葉通り音程も合いました。隣りの人に合わせるために音をねじまげようとすることは，よいオーケストラを思えばこそする一事なのです。

　ダイナミックについても同じです。例えば，低い音をオーボエで小さく吹くのは非常にむずかしいことです。オーケストラの中で団結心をもち親切で寛大なフルート奏者は，自分が小さく吹けばオーボエもずっとついてくるということを知っています。ですから，フルート奏者はフルートとオーボエが同じ全体的構想を心に描いている一団のように一緒に響くように少し大きくふくよう努めます。

　こういうきずなの強い光景の中では，指揮者が割り込むのはどこでしょうか。一定期間そこにとどまっている常任指揮者の場合には，たぶん性格の力をかりても団員を選択してまでも自分の考えを押しつけるでしょう。一般的にオーケストラのスタイルはまず指揮者によって決定されます。ですから，例えば本当のテクニシャン，ジョージ・セルのクリーヴランド交響楽団は，ヘルベルト・フォン・カラヤンの枠組の中で大きな自由が許されているのと比較して，いささか機械仕掛けのような完璧さをもっています。しかし，必ずしもすべての指揮者が強力な個性をもっているわけではありません。程度の低い指揮者が客演指揮者としてよくまとまった交響楽団にきて思い通りに振ると，大抵はうまくいかず，団員に振りまわされます。

　昔のような指揮者はもう育たないと言っても間違いないと思います。フルトヴェングラー，ブルーノ・ヴァルター，若き日のクレンペラー，トスカニーニみた

いな大指揮者が行ったり来たりしていた1930年代のベルリンとか、トーマス・ビーチャム、マルコム・サージェントがいたロンドンでは、それぞれコンサートをまかされ、音楽的にも社会的にも真の個性を発揮していました。こういう人達の批評や漫画が毎日の新聞を賑わしました。彼等はまた自分の指揮するオーケストラから尊敬され、オーケストラ同士も尊敬し合いました。トーマス・ビーチャムがそういうことを確信したのは、ジャック・ブライマー（クラリネット）、私の前の先生ジョフリー・ギルバート（フルート）、グウィディオン・ブルック（バスーン）、テレンス・マクドナ（オーボエ）のような非常にすぐれた奏者を選んで、有名なロイヤル・フィルを結成した時でした。ビーチャムがなくなって、ロイヤル・フィルが後継者のことを討議していた時に、マクドナは「誰に決まろうと気にしない。自分はビーチャムのために演奏し続けるのだ」と断言したそうです。つまらぬ指揮者が偉大な指揮者のあとを継げば、問題が起こるのは当然です。そして、演奏を牛耳っているオーケストラの古参連中との関係がまず問題です。

　指揮者がオーケストラを意のままにしているかどうかはすぐにわかります。それは、やりたいこと、やりたくないことを指揮者が知っているかどうかという問題です。練習している曲はおそらく前に何回も演奏されていて、その曲の構想はオーケストラの骨の髄までしみこんでいます。かけ出しの指揮者は、しばらくの間なにもしないでいて、それから「これこれしかじかのことをやって下さい」と言い、それがうまくいかないと、もう一度やって下さいと言います。よい指揮者というのは心を引き締めて練習にのぞみ、自分がどんな効果を求めているかを前もって説明します。彼はオーケストラを止めて和音やフレーズを繰り返させるかも知れませんが、それは六つのちがった方法ではどんな響きになるかを見いだすためではなくて、もっぱら音になった時の自分のヴィジョンを理解するためなのです。これが本当の音楽の指揮というものです。ディナー・パーティーのテーブル・セッティングにいささか似ています。一座を楽しませるエキスパートはその青写真を用意しています。エキスパートでない人はあれやこれやデコレーションを試し、その場の配置をとっかえひっかえし、一般的にどうすれば見ばがよくな

るかを見つけようとして時間を浪費します。

　有能な指揮者にオーケストラを指揮してもらっているからと言って，独立して音楽の新生面を拓くチャンスが団員から奪われることにはなりません。例えば皆さんによい考えがうかべば，それをリハーサルの時に演奏に組み入れます。もし指揮者が気に入ればそれを受け入れますし，気に入らなければ実行しません。私の経験では，こういうことは一度か二度ありました。ベートーヴェンの交響曲第4番の緩徐楽章の中にE♭のスケールがありますが，ピアノ，次にピアニッシモと指示されています。そうするには唇の調整が要求されます。こういう技術的な問題のためにアンブシュールを変えてベートーヴェンの要求通りピアニッシモに入るためにちょっと間をとることが習慣になっていました。トニカに入る前に導音のところでストップすることは，やってみると私には全く不自然に思われました。私は間をとらずにそうすることができましたから，ある日ベルリンでのリハーサルの時に間をとらずにやりました。カラヤンは非常に気に入って，それを繰り返すように私に言ったほどでした。以後この方法は演奏の中に残りました。そして，ドイツの伝統が一つなくなっていくのだなあと思いました。

　ところで，指揮者と意見を交換しないで自己流にやることができる場合があります。指揮者が時間節約のためにリハーサルの前にある重要なフルートの楽譜を議論するために自分の部屋に来るよう呼ぶこともあります。大切なのは演奏であって，議論ではありません。皆さんは自分の役割を実行して全体の楽想に貢献するのです。これが，なぜ本当に優秀なオーケストラの団員が曲のこと，たとえよく知っている曲のことでも常に考え，少しでも自分のパートを良くしようとしているかという理由です。

　オーケストラでの仕事の最大の利点は，仲間が概して愉快な人達だということです。他の芸術家と同じように，音楽家は他の多くの人々には欠けていると思う未知のもの，神秘的なものに対する特殊の感情をもっている傾向があります。このようなすばらしい人生観が彼等を魅力的にするのだと思われます。さらに，オーケストラが旅行している時には，バスの中でも列車の中でも空港をぶらついて

いる時でも、いつも彼等と知り合いになる暇があるのです。本拠地では団員はそれぞれ仕事が終ると郊外の「自分の」家に帰ってしまうので、こういうことはむずかしいのです。

　私はここで「自分の」と言いましたが、勿論「女性」のこともあります。私はオーケストラの中に女性がいる時にはいつも心がうきうきします。見るからに陳腐な服を着こんでぎっしり並んでいる男性の間では女性は救いです。それだけでなく女性は男性ばかりのオーケストラの中にはあまりない洗練された音を与えると思います。男性ばかりのオーケストラはどことなく大衆酒場の雰囲気をただよわせていることが時々あります。女性がいるからといって大衆酒場からそういう雰囲気が除かれるとは限りませんが、少なくとも大衆酒場をサロン・バーのレベルまで高めます。こういう充分な理由から、オーケストラの中に女性の採用を拒否するところがあるのは残念だと思います。女性の仕事ぶりは立派であるだけでなく（女性は私達男性上位の世界にいなければなりませんし、その世界で成功する女性はとび切り優秀です）、また私の考えでは誠実である点、すばらしい想像力をもっている点で申し分ありません。

　私は男性のことを悪く言っているのでしょうが、私の経験、それも生徒との経験がそうだったのです。私がベルリンにいた時、私の何人かの男生徒は練習よりも友達づきあいを大切にしがちでした。レッスンにひょっこり現われて「先生、今週は練習をしていません。ビールでも飲みに行きませんか」とよく言ったものです。最初は日中なのでビールを飲む気がしなかったのですが、次からは飲みたくても生徒とは一緒に行きたくありませんでした。女性はいつも練習してきました。女性は練習、練習という状態でしたが、とにかく練習ができていました。それは先生にとってはうれしいことでしたが、それ以上に私はがむしゃらな男性としての自信よりも女性らしさの方が音楽から多くを引き出すと思うようになりました。

　音楽家の生活には日曜日のようなものはありません。私達は他の人達が休みの時に働かなければなりません。つまり、演奏しなければなりません。ですから、

オーケストラ団員としては皆さんの週末は，子供が学校へ行っている週日にきそうだという事実を直視しましょう。

皆さんの一週間は次のようなものかも知れません。日曜日の朝にはリハーサル，日曜日の夜にはコンサート，月曜日にはいくつかのレコーディング。火曜日にはリハーサルとコンサート。水曜日と木曜日には旅行や舞台稽古も含めて市外のコンサートがなければ，おそらく自由時間。金曜日にはおそらくもう一つのレコーディング。土曜日には他の人達とラジオのための室内楽のプログラム作り。私はこれが典型的な一週間だなどと言うつもりはありません。なぜなら，典型的なオーケストラの一週間というものはあり得ないからです。しかし，このようなスケジュールを皆さんの好きなように並べかえてみたところで，とにかくいそがしい一週間になりがちです。

このようなスケジュールの犠牲になるのは個人の練習です。約束の合間にある時間に家庭生活をはめ込まなければならない人々にとっては特にそうです。しかし，毎日の練習は音楽性のためにいつも必要です。技術をみがき音を知る以上に練習は皆さんのやろうとする曲の気持に入り込むのに大切です。そうすれば，自分の言いたいことが確かに伝わるのです。それ故，練習は時と所を選ばず，どんなにわずかな時間でもやらなければなりません。私のことを練習についてはいささか気ちがいじみていると考えている人がいます。彼等がそういう意見をもっても別にどうということはありませんが，私はそうは思いません。私にとって一日に二，三時間は大事な生活のきまりです。私のオーケストラ時代には，あれやこれや練習したかったものですから，レコーディングのようなアルバイトの中のいくつかはキャンセルしたものです。

勿論誰もがこのように簡単に金をもらうチャンスをことわることができるわけではありません。イギリスでは，オーケストラは演奏する分に対して，言わば一曲いくらで支払われます。ですから，団員は申込のあった曲の全部に応じたがります。アメリカでは年俸が支払われ，その年俸は最初の序曲の最初の音符がひかれる前に契約で決められると思います。同じ様に，ベルリン・フィルは月給をも

らい，その月給は団員が10日働こうが20日働こうが変りません。しかし，ベルリン・フィルはイギリスの1曲いくらの労働者とはちがった星の下に生活しています。ベルリン・フィルは，ロンドンの五つのオーケストラ全部をたしたよりも多い公の金を1年間にもらっています。ですから，ベルリン・フィルは最も高い給料の音楽家をやとい，平和と静寂と安全のうちに落ち着いて最高のものを追求することができるのです。

　こういう違いは労働条件にも及びます。旅行を例にとりましょう。地方公演のためにベルリン・フィルは特別の列車を持っていて，甘やかされているとは思いますが，団員はその列車にのって一日一定時間以上旅行してはなりません。その後，列車は全部夜のうちに外も内も掃除されます。一方，より厄介な楽器は，道路わきにもってきて，ローダーを使って乗せたり降ろしたりします。フルートでさえ旅行の手はずがととのえられ，木管楽器のために注文された仕切り付きの箱があります。そうかと思えば，地方の恵まれないオーケストラがあります。そういうオーケストラはコンサートを開いたり寝たりする以外に全くバスから出ませんし，自分の楽器をかつぎます。ベルリン・フィルが海外旅行をする時には，ベルリンにいる時に劣らず万事豪勢です。コンサートと同じ日には決して旅行しませんし，またリハーサルもしません。着換える時間が殆んどなく，飛行機からホールへ直行するオーケストラもあります。

　もし皆さんの将来がオーケストラにあるなら，いそがしくない方のオーケストラがよいと思います。しかし，とにかくオーケストラを大事にしましょう。皆さんがオーケストラに対して正しい姿勢を持っていれば，オーケストラの演奏には楽しみがいっぱいあります。

トゥッティとソロ

　トゥッティとソロは最高の注意を集中しなければならないオーケストラの二つの側面です。ソロ（その中にはアンサンブルのパッセージも含みます）の場合には理由は明らかで，ソロの勉強を家でできなければ，音楽家は本当に使いものにならなくなってしまいます。しかし，手間ひまかけてトゥッティを演奏しない人がたくさんいます。オーケストラ・スタディはレパートリーのむずかしいものに焦点をあててトゥッティを全く除外していることがありますが，おそらくフルートは全部が響いている時にはあまり聴き取れず，それ故にその演奏法はそれほど重要ではないというのがその理由です。私の意見では，トゥッティはソロと同じくらい重要です。

　極めてむずかしいトゥッティがありますが，それは非常に速く，非常にたくさんの音符があり，全部がオーケストラの他の仲間に合わせて極めて明瞭かつ正確に演奏されなければならないというただそれだけの理由です。トゥッティを粗末にし，ここでは一つの音をとばし，あそこでは数個の音をぞんざいにほっておくといったことをすれば，完全にその効果をぶち壊してしまいます。しかし，全楽団がぴったり合って速くて大きな音をとどろかせている時は，劇的です。これこそオーケストラを作っているものですし，まあまあの楽団と特別優秀な楽団とを区別するものですし，アドレナリンで聴衆を興奮させるものなのです。

　最初ロンドン交響楽団に入った時，私はトゥッティを演奏することができませんでした。その前の私のオーケストラの経験はオペラでした。私は自分のレパートリーを増やす必要を感じていたのですが，その必要がこれほど早く到来するとは思ってもみませんでした。ですから，私は準備不足で，それに毎日ちがった新しい曲を演奏するというそれ以上の問題がありました。私は二番フルートのリチャード・テイラーによって救われました。彼は私がソロを一生懸命やってはどうかと言ってくれ，私がソロに上達するまでトゥッティをやってくれました。そうなると本当の団結心が生まれます。そして，皆さんが成功するのを望み，それを

助けてくれる仲間はいるものなのです。

　将来一番フルートになることを夢みる人はだれでもここから学ばなければなりません。また，大学にいる間に1曲のフルート・パート全部の完全な写真を頭の中にたたきこむよう努力しましょう。そして，いざという時にあわてないようにしましょう。

　ところでトゥッティには100パーセントの正確さが要求されます。しかし，フルートひとつひとつの音は全体の響きの中で影がうすくなりがちです。フルートの音を2倍の大きさにするために，指揮者が何を指示しようとも，二番フルートか三番フルートに私と一緒になってもらってこれを克服しました。

　まわりのオーケストラの騒々しさの中で影がうすくなるということは，ソロの場合にも問題になるかも知れません。30人の弦楽器奏者に伴奏されても，ソロのパッセージにピアニッシモと指示することは不可能ではありません。たった一人のフルートよりももっと小さくこの30人の弦楽器が弾くわけにはいきません。ですから，ピアニッシモの解釈には柔軟性がなければなりません。そして，弦楽器がだんだん小編成になっていったら，ピアニッシモは超ピアニッシモよりはいくぶん大きくなければなりません。誰が考えても当たり前のことです。

　ソロというのは個人の栄光の瞬間なのです。それは，通常は伴奏がついていても独立して何かを演奏し，また他の人々がたくさん割り込んでいても自分がそれにどう対処するかにかかっている瞬間です。第一にしなければならないことは，ソロを聴いてもらうようオーケストラを元気づけることですが，それはソロと弦楽器の間のピアニッシモに巾がある場合です。しかし，その効果を失わずにピアニッシモがどのくらいならよいかについては限度があります。ですから，元気をちょっと出している間，仲間にできるだけ小さくひいてもらって，まだ非常に小さくふいていると思わせなければなりません。このように，チーム・ワークはソロの場合でも大事な問題としてまた出てきます。

　ソロ演奏のもう一つの側面は，それが想像力の自由に発揮される場だということです。そのパッセージがたった1小節の長さでも——たった1音でも——何か

神秘的なものをその場にもたらすチャンスなのです。そしてもっと長いパッセージでは皆さんは本当に身をひるがえらせて音楽に身をゆだねることができるのです。これはアンサンブルの演奏にもほぼ同じ様にあてはまります。いくつかの楽器，例えばフルートとホルンが2オクターヴ離れて同じことをやっている場合です。この自由はフルートが自分だけでハイライトを演じている時よりもほんのちょっとだけ少ないですが，音楽的機会とその責任は同じぐらい大きいものです。

ピッコロとアルト・フルート

　オーケストラのフルート奏者にはある程度の融通性が要求されます。自分の楽器だけでなく，必要とあれば，ピッコロ，アルト・フルート，極端な場合にはおそらくバス・フルートも言われたら演奏できなければなりません。通常一番フルートにこういう仕事が与えられますが，この仕事は二番フルート，三番フルートまたは野心的な管弦楽法をもった曲のために特別に雇われたフリーの奏者に移っていきます。ある点ではこういう仕事は一番フルートの仕事よりもむずかしく，ずっと特殊な能力が要求されます。同じように木管楽器の他のメンバーは他の楽器も一緒に演奏できなければなりません。つまりオーボエ奏者は必要ならコール・アングレやオーボエ・ダモーレ，バスーン奏者はコントラ・バスーンもできなければなりません。

　フルートだけでなくピッコロとアルト・フルートをマスターしておく方がオーケストラの戦力として雇われるために競争する場合にある程度有利なことは勿論です。しかし，たとえ皆さんがよい音楽学校に行かなくても，独力でこういう第二，第三の楽器をマスターしなければならないかも知れません。

いずれにしても、やらなければならないことがいくつかあります。

第一にピッコロにしてもアルト・フルートにしても必ずよい楽器を持たなければなりません。第二に現在持っているフルートの頭部管と同じタイプの頭部管をもつ楽器を見つけなければなりません。この三つの楽器のすべてに同じテクニックを用いるためです。第三に毎日の練習の中にこれらの楽器を入れましょう。第四にレパートリーを学びましょう。

ピッコロとそのレパートリーを練習することに時間をさくことが特に大切です。なぜならば、この楽器はむずかしく、ピッコロのために書かれた多くの曲は非常に速いからです。その上、ピッコロで吹く音はすべてきんきんした際立った音です。楽器が大きければ大きいほど大きな音がしますが、逆も真なりと考えるのは素人の言うことです。いずれにしても、楽器のピッチが高ければ高いほどますますあらが見えます。ヴァイオリンとコントラバスを比較してみましょう。また同じように赤ん坊と大人を比較してみましょう。小さければ小さいほど一般に声は大きいのです。ピッコロでの失敗はすぐにばれます。

ピッコロはフルートより1オクターヴ高く、アルト・フルートは4度低く、バス・フルートは1オクターヴ低い楽器です。アルトとバスは両方とも一段と大きい楽器ですから、ちがった持ち方、ちがった重みに慣れなければなりません。レパートリーは特殊なものになる傾向があります。つまり、奇妙な曲からの奇妙なパッセージの集まりと言ってもよいでしょう。その多くは、こういういろいろな暗くてソフトな音を用いることを好む実験好きの20世紀の作曲家によって書かれています。そのようなレパートリーをひそかに持っていることは、皆さんをオールラウンド・プレーヤーにし、従って雇いやすい音楽家にします。

第19章
室内楽

　なにかしようとしている人が多ければ多いほど一人一人のもつ自由は少ないのです。自分だけ山にのぼるにこしたことはありません。しかし，指揮者というものは人をかき集めるのが好きです。時々マーラーのような人がいて「一千人の交響曲」かなんかをひっさげて姿を現わします。そういう曲は途方もないまとまりを要求するので，リハーサルは軍隊の作戦にひどく似ています。そんな時には，みんな喜んで指揮者の独裁者的姿勢に自分の自由を投げ出してしまいます。

　指揮者に対して公平な立場に立てば，指揮者もまた全体の演奏に責任があります。彼等の責任，つまりこういう人達全員を同じラレンタンドに従わせる責任と同じ楽想を表現させる責任は，両方とも結局は人数が多いという問題に帰着します。もし一つのことにたくさんの人が関わっていて，たった二回か三回しかリハーサルをやることになっていなければ，誰かがボスでなければなりません。

団結心

　室内楽は平等主義が一層支配する仕事です。奏者の一人が仲間の中でとび抜けている場合でも，ラレンタンドという楽想は必ずしも多数決によることなく心を合わせることによって達成される可能性が多いのですが，おそらく加わっている人が少なければ少ないほどあらゆることが論議され，前もって解決されることが多いでしょう。換言すれば，交響楽団で必要な団結心は室内楽では全く欠くべからざるものです。しかし，人数が少ないので団結心はもっと容易に生まれ，持ち

続けられます。団結心がなかったら，そういうグループに限って急にばらばらになり，それぞれ勝手な道を歩みます。

　室内楽は出世の好機と満足感を与えてくれますが，そのような結論に達する前に何となく一般に信じられてきた室内楽に関する神話を打ちくだきたいと思います。その神話というのは，常勤の音楽家は妻や子供と一緒に，またはテレビの前に足をなげ出して缶ビールを手にしているよりもむしろプライベートなクラシックのジャム・セッションのために遠い郊外から仲間を呼び寄せて暇つぶしをしたいということです。実はこういうことはまれです。音楽家は他の人々と同じように家庭を守り，住宅ローンを払い，休みの日には力をたくわえ，こうしながらも練習は忘れずにしなければなりません。実社会では，地元のアマチュアは木曜日の晩に集まってプロの人々よりもっとしばしばにぎやかに楽しみます。

　プロでも室内楽のたのしみにふけることがたまにはあります。そうなれば，もうめちゃくちゃに楽しいのです。私がベルリンにいた時，ある学生が本当におもしろい室内楽の曲をもってきました。それはベートーヴェンの交響曲第8番で，記憶に誤りがなければ8重奏に編曲してありました。そこで，私はオーケストラから友達を呼んで，みんなでベートーヴェンから始め，ブラームスが実際にそのために作った室内楽までやってみました。しかし，通常のオーケストラのプロの場合だったら，演奏というものはなにか目的 ── 例えばラジオのプログラムのため等── あってのことです。

　大交響楽団を選ばないとすると，室内楽より生きる道はありません。室内楽団はイギリス・チェインバー・オーケストラとかオーケストラ・オブ・セント・ジョーンズ・スミス・スクウェアというように言葉の正しい意味ではなおオーケストラと言うことができます。そういうオーケストラではフルートが1本か2本必要になることが時々あります。他方，自分のグループを結成しようとか，自分の演奏を将来のお客，例えば音楽クラブやホテルや特別な催し物に提供して別の働き口を得ようとかいうようなことに室内楽が関係するかも知れません。自分の好きな曲を演奏するために悪知恵を働かせることも時には必要です。例えば，フラ

ンス政府関係のスポンサーを探すというのも賢明な方法かも知れません。同じ様に，芸術協議会や地方の芸術センターは価値ある企画には補助金を出して助成することで知られています。しかし，パトロンを受け入れる一方，室内楽グループは今年，来年，再来年の連続予約のために自分自身の聴衆を掘り起こすこともやってみなければなりません。室内楽で出世し，楽しくやっていくことも決して不可能ではありません。

曲目

　音楽史を通してある程度ばらばらに散らばってはいても，演奏しなければならない名曲は山ほどあります。あまり時代をさかのぼるのはやめて，何百という曲を全ヨーロッパから提供したのはバロック時代でした。そして，バッハのトリオ・ソナタが続きました。それらの曲は名曲で，よい弾き手にかかれば本当に生気にあふれ，人々にいささかなりとも楽しみを与えることができます。しかし，まず作曲家を見つけましょう。バッハを除けば，こういうバロックの作曲家の多くはすぐれてはいますが，聴衆を魅了するとは思われません。

　古典派やロマン派の作曲家の作った室内楽では，フルートはそれほど優遇されてはいません。例えば，モーツァルトは木管楽器群のためにいくつかの大作を書きました。その中には四重奏曲が4曲，初期のソナタがいくつかありながら，フルートは全く姿を現わしません。近代ではフルートに活躍の場を与えている曲が山ほどあります。有名なところでは，ドビュッシーのフルート，ヴィオラ，ハープのための「トリオ」があります。気を入れて演奏すれば曲にも聴衆にも事欠きません。

室内楽から得られるもの

　室内楽で生計をたてるという実際的な問題を私は強調しましたが，前に申し上げたことは撤回しません。しかし，音楽は喜びと関係があるということを見失ってはなりません。室内楽は他の種類の音楽が与えない楽しみを奏者に与えます。

　まず皆さんは楽しむことができます。なぜならば，一般に好きな人と演奏するからです。時々冗談を言い合うのも良いでしょう。私はまだ青年になりたての頃，私を困らせた室内楽の演奏を想い出します。私の先生ジョン・フランシス，有名なチェロ奏者アンブローズ・ガントレット，それに私の三人が２本のフルートとチェロのためのトリオを練習することになっていて，ある日の午後，私が一番おくれました。私はふうふう言いながら一番あとに入り，フランシス先生がスタートの合図をし，演奏が始まりました。音はとても聴けたものではありません。私は何が起こったのかわかりませんでした。「あれっ，ちょっと待って下さい。うまくいきません。音を合わせるかなんかしなければなりません」と私は言いました。にやっと二人が笑ったのを見てやっとわかりました。私が着く前に二人が半音高く演奏するよう打ち合わせておいて，私を面喰わせたのです。

　もっと要領よく言えば，室内楽は特別な方法で精神力と想像力をのばします。演奏の個々のスタイルを一層理解するようになります。他の楽器奏者の問題点と可能性をよく知るようになります。ですから，グループの中であれ室内オーケストラの中であれ，結びつきが強固になります。メンバー一人一人の言うことがフル・オーケストラの中よりもずっと重要であるだけでなく，その言い方も重要性をもちます。

　室内楽グループをつきつめると弦楽四重奏団になるということを主張することも可能です。結婚式とほとんど同じ位にしっかりと四重奏団を結びつけているものは，すべてに優先する練習の必要です。弦楽四重奏団は，ほとんどどんな他の音楽家の組み合わせよりもたくさんのレパートリーを持たなければなりませんし，彼等がある地方を旅行している時にあまり繰り返してばかりもいられません。同

じ曲を翌日，隣の町で演奏すると言ったら，また同じ町で翌年演奏すると言ったら，彼等を招いたクラブや会はその曲目をことわるでしょう。この曲もだめ，あの曲もだめ，代りに他の曲がなくても，弦楽四重奏団は本当に一生懸命練習しなければなりません。私は学生仲間の四重奏団のことを忘れることができません。私は彼等と同じ大学にいたのですが，私と反対側の部屋で昼も夜も練習し，遂に椅子にすわったままねてしまったことがよくありました。

　時間を全部練習に使うと，結果として弦楽四重奏団はいずれにしてもうまくなり，一体として考え，感じ，生活するようになります。フルート奏者としては，その水準は最高の弦楽四重奏団にいるほど高くはありません。なぜなら，いかなるフルート奏者も第一ヴァイオリンとそのトリオほど他の三人と一緒に時間を使うことがないからです。しかし，室内楽もフルート奏者にグループの中の他の人との非常に高度な結びつきを要求し，フルート奏者もこういう状況のもとではフル・オーケストラの組織の中では不可能な非常に特殊なことをしてもらうことができるのだということを知ります。

　いろいろな音楽演奏法全体の中で，この小さなグループは最高のものであると言うことができます。このグループは一言も言わずに小人数の人々の間で最高に集中した意志の疎通が行なわれることを可能にします。皆さんがすばらしい室内楽のコンサートを聴く時，奏者はみんな楽器を使って互いに語り合い，そして全体がまさに美しく語り合っているのです。

第20章
スタジオで演奏する

　今度は全く別の話です。オーケストラ演奏やグループ演奏が言わば一生の就職とすれば，スタジオ演奏は全く臨時の仕事です。この契約は一回限りです。バンドもその場限りの寄せ集めで，ここだあそこだと雇われる大体がフリーの音楽家の集まりです（その内のある者は勿論暇な時間を利用するオーケストラ団員であることもあります）。

ポピュラー音楽

　しかし，スタジオ演奏をするからと言って，音楽家の地位が変わるわけではありません。それはまたすべての新しいレパートリー，むしろ20世紀の音楽スタイルに近いもの——ジャズ，スウィング，ロック等——を要求します。それに対して，交響曲形式では大きな仕事は全くありません。更に，特別な効果を求めてスタジオ・アレンジャーは非常に奇怪な管弦楽法に興味をもちます。そして，最後に労働条件はどこでも同じというわけにはいきません。
　典型的なスタジオ仕事というのは，映画，テレビ，コマーシャル，演劇，連続物の音楽です。こういう仕事はギャラがよいかも知れませんが，商売第一ですから音楽の方はあまりおもしろいとは言いかねます。スタジオで臨時の仕事ばかりしている人々は最後には人生というものは精神面を必要とはしないのだと考えるようになるかも知れません。しかし多くのフルート奏者がそのような狭い就職の道を選ぶとは限りません。今日はスター・ウォーズの背景音楽をやり，翌日はチ

マローザの2本のフルートのためのコンチェルトを演奏するということだってごく普通のことです。何でもちょっとずつやるのは報いられるところが多いものです。私は経済的なことだけを言っているのではありません。成功の目標はベルリン・フィルの一番フルートになることではありません。みずから楽しむことです。この目標はスタジオからコンサートのステージへ，リサイタルのホールへと何でもやりながら達成されるのです。

　スタジオのよい点というのは，多くの人々に仕事をくれることですが，不幸なことに一般の音楽学校は学生にこういう演奏スタイルの教育をしません。ニューヨーク州のロチェスターにあるイーストマン音楽学校は一般の大学ではありません。イギリスの大学がつちかった狭い音楽観とはちがって，イーストマンにはジャズ学部があり，大バンドだけでなく，あらゆる種類の小グループをも生んできました。しかし，それにしてもイーストマン音楽学校のゆるぎない起源は娯楽の世界にありました。ジョージ・イーストマンは，無声映画の伴奏をするピアニストを訓練するためにこの学校を建てました。彼はピアニスト達が映画を見ながら練習することができるホールを建設し，彼等を世に出しました。これが典型的なアメリカのマネージメント一括契約方式でした。無声映画がトーキーにかわった時に音楽家の仕事が何百倍にもなったことは勿論です。

　誰かポピュラー・スタイルを教えてくれる人がいなければ，自分が先生になればよいのです。そして，学生はたいてい私からのアドバイスを待たずに進んでそうするだけの分別を持っていると思います。もう一度言いますが，自習コースの最初のステップは，ジャズの音を頭にたたきこむためにレコードを聴くことです。次のステップは，演奏することです。特にジャズの場合，ルールは少なくて融通性がありますから，いろいろなスタイルを聴いて吸収すること以外に最終目的にいきなりたどりつく方法は他にはありません。

初見で演奏する

　スタジオ・プレーヤーに必要なことは，初見演奏がうまくなければならないことです。そういう曲はスタンダードなレパートリーとは全くかけ離れていますから，どんな種類のスコアが手渡されるか見当がつきません。それ故，初見演奏の腕をみがくための毎日のノルマはどうしても欠かすことのできないもう一つの準備なのです。

　初見演奏の練習ですることと言えば，頭から指へのその頁からの意図の伝達をスピードアップすることです。ある意味ではそれは機械的な熟練で，キーを見ないでタイプライターをうつのに似ていないこともありません。それはあまり込み入っていませんが，同じように宇余曲折を経ないで即座に意図を伝えます。ですから，皆さんは今日の初見演奏の曲を選びます。何でもよいのです。例えば，モーツァルトのピアノ・ソナタです。次に全体の状況をこっそり調べ，調号と拍子記号をチェックし，不可能なところが出てこないかを確かめます。次にひとつもつかえないでこのソナタを終りまで弾くのだという決心をし，その決心を守りやすくするために保持できる速さでスタートします。たとえ途中ではいささかうまくいかなくても止まらないで初見演奏をしたいものです。15回も間違えたら，いささかいらいらし始めるかも知れませんが，間違いが1回で，全く止まらなければ，合格です。後になったら，作曲家の意図したテンポでそれまで見たこともない曲を演奏することができるよう練習を速くしていかなければなりません。それができれば，いつでもスタジオの仕事につくことができます。

二つ目の楽器

　しかし皆さんがもう一度仕事に呼び返してもらいたかったら，または少なくとも本当に成功するつもりなら，もう一つの楽器，おそらくクラリネットかサキソ

フォンができると言えなければなりません。以前私がオーストラリアのシドニーにいた時，あるジャズクラブに行き，一人の男がとっかえひっかえサキソフォン，フルート，バスーン，ピッコロを吹くのを聴きました。みんな上手でした。彼が吹いた四つの楽器のどれ一つをとっても彼ほどうまく吹くのを聴いたことはありません。彼は特別でした。そのような多芸多才はそうは要求されることはありませんが，少なくとも二つの楽器に長じていることは，スタジオの仕事で立派に生活するにはためになります。このようにして職を得るチャンスを倍加する音楽家のことを「ダブラー」と言います。

スタジオで演奏する

　映画やテレビの仕事に用いられるレコーディング・スタジオでの音は通常ひどいものです。担当者は音響的には全く響きをなくしたいと思っているのです。ですから，こういうやせた音には色をつけたりエコーをつけたり，別に特殊な効果を考えて音をいじることができるのです。従って，スタジオで演奏するのは問題です。しかし，こういう場合にも皆さんはできるだけ美しい音を出すよう要求されます。どんな障害があっても，依頼されたものを提供しなければなりません。

　よくある障害というのは，特にアルト・フルートのように地味な楽器を吹いている時に，全体的なノイズのレベルがフルート独自の音を消してしまうことです。スタジオ・プレーヤーの中には自分の音を聞かせるために自分のアンプを持っている人もいます。そういうものを提供するのがますます普通になっています。ダビングもしなければ，電気的なドレス・アップもしない純粋のフルート奏者は，商売の世界では過去のものとなってしまいました。

スタジオ演奏は，未知の領域を大いに探るということもあって冒険的な仕事です。実際に最初の注文があるまでかなり待つこともあります。交響楽団が古典派のレパートリーから何かを録音する時には，途中でもたもたすることがないのが普通です。まずオーケストラは練習し，リハーサルをし，何回もその曲を演奏しています。同じように重要なことですが，録音技師はオーケストラの椅子の配置を知っていますし，マイクロフォンもあらかじめ正しい位置に置いてあります。その結果，全員が位置につけば録音がすぐに始まるという赤ランプがつきます。そういう時には，皆さんは練習をし，ウォーミングアップをし，来る前に唇を柔軟にしておかなければなりません。到着した瞬間からスタートする用意ができていなければなりません。

　これとは反対に，映画やテレビの楽譜のために考え出された不慣れなオーケストレーションというのは，マイクがどこで入ってくるのか誰も知らないということを意味しています。マイクがあちこちテストされている間に45分は過ぎてしまうかも知れません。とにかくこういう時間のおかげで皆さんは全員に挨拶をし，演奏の準備をすることができるのです。

　しかし，録音技術は常に変化しています。スタジオの仕事では，他の奏者がいない時に皆さんは自分の吹くところを全体に役立てることがあるかも知れません。例えば，ある歌が伴奏付きで録音されたとしましょう。テープを聞いて，ここにフルートを数小節，あそこに数小節つければ，ずいぶんちがった効果が出るだろうと言うことがあります。そこでフルート奏者が呼び出されて，テープの演奏に合わせて8小節か12小節吹きます。

　今年の夏にクレオ・レーヌと一緒にレコードを作ったので，こういう技術についてはいささか知っています。それは進んだ録音を経験した最初でした。とてもおもしろいと思いました。この録音は24チャネルからできていて，それはどの一つでも，また全部でも最終のマスター・テープから取り出すことができます。こういうチャンネルのいくつかがクレオ・レーヌのためにとってありました。私のためにも，他の目的のためにもいくつかとってありました。こういう特別な録音

をもとにしてクレオ・レーヌはバス，リズムを与えるクリック・トラックを加えて自分の音を録音しました。そして，全く別の日に私はスタジオへ行って，すでにそこにあったテープに合わせて私の分を演奏しました。もし私の記憶に間違いがなければ，24チャンネルのうち4チャンネルが私のために使われました。その四つから最善のものが選ばれ，あとはマスター・テープから消されました。

　演奏中に互いに密接な関係にある弦楽四重奏曲からはこういうチャンネルをとることはむずかしいでしょう。しかし，娯楽音楽については，この技術はとても好都合です。私はその間中楽しく過ごしました。

第21章

ソリスト

　ソリストとしてオーケストラの前に立ってコンチェルトを演奏することと比べて，オーケストラの中で一番フルートを吹くことはとても簡単です。ソリストになろうとする人は誰でもどんな生活を余儀なくされるかもまず真険に考えなければなりません。

　よくない話は先にしておきましょう。ソリストになるということは，こういうことです。1年のうち10箇月は家族から離れていること，いつも旅行をしていること，真夜中に起きて，小さい町への飛行機にとびのって大勢の人々を楽しませること，誰かがストライキをしているという理由で小さい町へ行くことができないこと，冬には雪で閉鎖された空港で待つこと，洋服をプレスできず，まともな朝食を出さないホテルで我慢すること，こういういろいろなひどい目にあって健康がだんだんそこなわれていくことを知り，何とかしなければならないこと，等等枚挙にいとまがありません。一つ一つをとったらほとんどとるに足りないことですが，こういうことが重なると人生が全くいやになってしまいます。

　栄光の蔭にある真実は，健全な精神状態で実際にコンサート会場につくことはごくごくまれだということです。私自身の経験から，それは嘘ではありません。

　ある晩，私はダブリンの聖パトリック教会でモーツァルトの二つのフルート協奏曲を吹くよう依頼されました。私は妻と私を早目につれていってくれるよう電話でタクシーを呼びました。私達は戸外に立ってタクシーのくるのを待ちながらダブリン湾のすばらしさに感心していました。その時，私は急に遅れているのに気がつきました。通りかかった車を呼びとめるのが残された唯一の手段のように思われました。止まってくれた最初の運転手は私達を町への道のりの半分だけつれて行ってくれました。途中彼は自分の新しいカセット・レコーダーをつけて，

ボンゴだの何やかや，とてもモーツァルトをふくような気分になれないものを聞かせてくれました。彼が私達をおろしたところへ親切な別の運転手が現われて，もうすこし走って駅までつれて行ってくれました。駅には何台ものタクシーがとまっていましたが，運転手は一人も見えません。彼等はみんな大衆酒場にいたのです。事ここにいたって私は思い切った行動に出ました。私は道路のまん中に歩いて行って，そこへやって来た最初の車の前に立ちはだかり，車をとまらせ，教会までその車をハイジャックしました。私が教会の中に入った時，ジークフリートの牧歌の最後の和音を聞きました。その後が私の吹く番でした。私は文字通り道路からまっすぐ壇上に向かいました。後になって人々がやってきて，いつも聞くお世辞を言いました。「モーツァルトのコンチェルトにこんなに夢中になれるなんて，なんとすばらしいことでしょう。」モーツァルトのコンチェルトの間ずっと私が最高の苦痛をともなった不愉快な途中のこと，時間通りに姿を現わさないタクシーの運転手の身体をばらばらにしてやろうなどと考えていたことを知る人はまずいなかったでしょう。

　幸いなことに人間は万事うまくいかないことに慣れています。人間はそういうことを我慢することを知っています。しかし，時には時計のように事がうまく運べば，それはうれしいことです。

　ソリストになろうとする人が考えなければならないことに重要なことが二つあります。ソリストとして音楽的に資格があると仮定して，皆さんに第一に聴衆との特別な関係がなく，第二によいマネジャーがいないとすれば，ソリストとしてまだ成功しないでしょう。第一の可能性は少ないのですが，第二の可能性はもっと少ないのです。どうすれば聴衆との関係を獲得できるのか，私は知りません。それこそ生来のもの，個性の一面ではないかとも思います。しかし，もし皆さんがよいマネジャーを見つけた場合，しなければならないことはマネジャーと仕事仲間となることです。この関係は対等でなければなりません。ソリストが自分のしたいのはこういう仕事だと言ったり，反対にマネジャーがソリストのしなければならない仕事を命ずるような関係であってはなりません。双方がやっている仕

事というのは，音楽を大勢の人々に聞いてもらうことです。そうするには，コンサート旅行だけでなく，レコード契約をしてもらい，テレビ出演の仕事をとってもらい，宣伝の仕事もとってもらわなければなりません。喜んでこういう風に立ちまわってくれるマネジャーをもてば，もう半分はうまくいったも同然です。

神経過敏になる

こうなってもマネジャーとソリストの関係にはまだ問題が残っています。この問題には皆さんはかかりっ切りでなければなりません。上述の神経過敏とは別に，旅行をする奏者の生活の避けることのできない側面，即ち仕事のつまった帳簿の圧力が非常に大きいこともあります。こういう状況では，皆さんはとても最善をつくすことなどあり得ませんし，一定の技術的要求が満たされることもあるはずがありません。その結果は，心配です。そして，心配が昂ずるとプレッシャーになり，悩みの種となります。どうすればソリストは神経過敏にうちかつことができるでしょうか。てっとり早く言えば，気にしないようにすることです。

誰もが経験する試練を乗り越えてきたので，私はこの問題についていささか承知しています。少年だった頃，私は神経過敏ということについては何も知りませんでした。ですから，なにも気にかけないで吹き続けました。それから二つの事件が起きました。長ずるに及んで，みんなは私のことを無神経だと言いはじめました。13才か14才になると，神経過敏のためにうまく吹けなくなり始めました。そこで対策を講じました。誰でも自分のしていることを知っていれば，神経過敏にはならないと心に決めました。そこで，私はやがて演奏しなければならない曲について練習に練習を重ねました。音が完全にわかったと意識したとたん，もうあわてなくなりました。オーケストラ演奏では話はいささか異なりました。私は

オーケストラではよく神経過敏になりました。というのは自分の生活が多くの他人によりかかっていたからです。しかし，失敗をしてもそれほど気にはなりませんでした。プレッシャーの下で生活し，時には自分自身のレベルにも達しないソリストとして私はそれにうちかつ方策を何か考え出さなければなりませんでした。この頃は全部が大丈夫だとも言えない扱いにくいパッセージが出てきても達観しています。うまくいけばよし，うまくいかなければだめ。いずれにしても私はコンサートの他の曲まで駄目にするようなことはありません。かわいそうに，ここがうまくいかないのではないかと演奏中ずっと思い悩んでいる人がいます。そんな心配をしていると，今度もうまくいかないだろうと思ってしまうことは勿論，注意が散漫になり，気持もいらいらしてしまうことは間違いありません。

　要約しましょう。自信のあることには心配はいりません。自信のないことには心配してもはじまりません。それには何もすることができないのですから。ですから，暇があれば，あわてふためくのも結構です。全く準備をしないで，二三回コンサートに出かけてみなさい。そうすれば，あわてないことに慣れてしまいます。

　しかし，長く，一生懸命に，何回でも練習しなさいという注意は，賢明な人には守られます。実際にいつでも演奏できるような状態にして自信をつけることは別にして，休みない長い練習は別の意味でソリストの役に立ちます。そうするとスタミナがついて，プログラム全体にわたってそれぞれ緊張を要する曲を次から次へ演奏することができます。脇にすわって他人の演奏に耳を傾ける余裕などソリストには全くありません。

ソリストとオーケストラ

　一般にソリストは自分の時間をピアノ伴奏付きのリサイタルとオーケストラ付きのコンサートに分けます。ソリストにたくさんの仕事をやってもらうには，無伴奏フルートのためのわずかなレパートリーだけにたよるわけにはいきません。ですから，ソリストである必要条件は他人のやっていることを知る能力です。伴奏者，オーケストラ，指揮者のできること，できないことを知って適宜に彼等の期待にそうという実際上の特別な意味からそう言っているのです。

　私がオーケストラで吹いていた時のことですが，ソリストが合わせる時にオーケストラと指揮者に馬鹿みたいな芸当を要求したことが時々ありました。そんな要求に限って，今日まで人のいない部屋でずっと練習し，コンペティションか何かの結果突然ステージに立って交響楽団と一緒にコンチェルトをやらされるようなソリストによってなされるものです。彼は大事なことがどこにあるのか知りません。ですから，ソリストになろうとする人は誰でも前もって横のつながりをいささかでも持っていなければならないと思います。理想を言えば，そういう人はあらかじめ室内楽と交響楽についての豊富な経験をもっていなければなりません。フルート演奏の問題は，他の木管楽器，弦楽器，ブラスなどの問題とは完全に別です。しかし，前述の通り，演奏がうまくいくかどうかは，互いに相手の問題を理解し，その結果作られる調和にかかっています。他の楽器奏者の問題をよく理解する最善の方法は，そういう人達と室内楽を演奏し，聴くことによってのみその楽器のなしうることを発見することです。すでにこういう発見をしているなら，オーケストラ演奏のための準備はよくできているのです。そういうオーケストラ演奏の経験があれば，指揮者がソリストに対してなしうること，ソリストがオーケストラに要求しうること，リハーサルの時になされ得ることがよくわかります。

　リハーサルの時になされうることはこれだけとは限りません。時には前日にリハーサルができれば幸運ですが，リハーサルの時と同じ人達がコンサートのために出ればもっと幸運です。しかし，自分の楽団をやとって，それを引き留めてお

くだけの金がない場合には現在集まっているような人による不充分なリハーサルで我慢しなければなりません。リハーサルによってわかることの一つは，どの程度の指揮者と演奏しているかということです。

次にやる曲を知るために骨を折る指揮者もいれば，なりゆきにまかせて指揮をする人もいます。どちらのタイプがやりやすいかはすぐにはっきりします。第一のタイプの指揮者ほど楽譜に通じていない第二のタイプの指揮者であることがわかれば，リハーサルの時に皆さんは自分のしたいことをして，指揮者，オーケストラ，皆さんの間のある種のつながりを調整することができるようになります。

前述の通り，一緒に演奏する人が少なければ少ないほど，ますます皆さんは自由です。ソロのフルート曲を演奏すると，言いたいことを正確に言うことができます。指揮者やオーケストラと一緒に演奏すると，皆さんはだんだん不自由になり，もし皆さんの趣味が命ずるままに自由に演奏するとなると，最終点までたどりつくことには決してありません。いつも小さいメトロノームを頭の中で鳴らし続けなければなりません。最悪の場合には，曲を知らないで全員がスコアに鼻をすりつけ，メノ・モッソ，ピウ・モッソ，普通よくあるモッソの区別もわからない指揮者にしたがっている70人のオーケストラが存在します。失礼ながら指揮者の欠点を長々と話しました。私はたくさんのよい指揮者を知っています。しかし，私は120と124，128の区別のできないような指揮者にも会ったことがあります。彼等にもう少し速くしてくださいと言うと，今度は速すぎてその音を吹くことができません。

私自身はコンチェルトを吹いている時には，指揮者を見ないことが度々あります。その存在を無視しようとしているわけではありません。実は，拍子にしたがうということと実際にイン・テンポでふくことの間には思ったより以上の違いがあります。自分の拍子に絶対に従わせることに非常にやかましい指揮者に会ったことがありますが，もっと不可解だったのは，その指揮者の手振りの中のどこに実際に拍子があるのかという点でした。ある解釈では拍子が振りの最高のところにあるのに，もう一つの解釈では最低のところにあるかも知れないのです。見て

いるからと言って必ずしもわかるわけではありませんが，確かなのは耳です。指揮棒が何をしようと，皆さんは拍子を聞き，足をならし，望むなら眼を閉じても平気です。

　協奏曲の解釈を決定するということになると，フルート奏者はソリストとして指揮者よりいささか優位に立っています。指揮者はオーケストラの力を握ってはいますが，ビラの一番上に名前が書かれているのは皆さんです。こういう状況で指揮者が時にフルート奏者に対してあまりにも強力な支援を与えるあまりフルートがほとんど聞こえなくなってしまうのは悲しいことです。クレンペラーは4本のフルートにバッハのロ短調組曲をユニゾンで吹かせることがよくありました。勿論それは彼の耳が悪くなる前のことでした。オーケストラ全体の大きな音から大事なフレーズを救出するもう一つのトリックは，そのフレーズを1オクターヴ高くすることです。しかし，通常の場合のルールは，ソリストとしていかに小さく吹くかという問題には一定の限界があるということを忘れてはならないということです。一番フルートが吹くソロのパッセージの場合と同じ様に，皆さんは責任をとり，際立ち，みんなから抜き出なければなりません。それは音楽のためであって，勿論オーケストラ仲間のなか以上にソリストのなかでも人目をひくひとりよがりのためではありません。

ソリストと伴奏者

　ソリストと伴奏者の関係は，まったく危険でもなければ複雑でもありませんが，万事がその関係次第できまりますから，どんな人を探さなければならないかは知っておく価値があります。とにかくフランス人が多かれ少なかれ言っているように，皆さんは選択に困ることがあるでしょう。なぜならば，人間生活の他の形式よりもこの世の中にはずっとピアノ奏者が多い（おそらくフルート奏者の数がピ

アノ奏者に追いついていないとすれば）と思われるからです。普通は最初の伴奏者は先生です。次は友達，仲間の学生等の順序です。ですから，プロの伴奏者を探すようになるまでには伴奏者について広い色々な経験をもたなければなりませんし，それほどよくない伴奏者とよい伴奏者の区別もできなければなりません。

　それほどよくない伴奏者というのは，初見演奏の能力に関係します。つまり，彼等は二三回和音を練習すれば，曲のピアノの進行につれてフルート・パートを初見で弾きます。本当によい伴奏者というのは，ピアノをとてもよく弾くことは当然ですが，それだけではありません。フルート・パートを聴いて勉強し，むずかしい部分を知り，長い時間練習して準備し，以上の点を全部たしかめてなおします。こういう者こそ一般的に言って忍耐，臨機広変，調和の鑑です。そのような鑑はまさに私の友人であり伴奏者であるフィリップ・モルです。

　こういう関係だからこそソリストも責任をもつのです。こういう情況にあっては，大抵の曲はソリストと伴奏者のためのものではなくて，互いに意志が疎通している——その仕方は情熱的なこともあれば，機知に富んでいることもあり，感情のこもっていることもあれば快活なこともありますが，いずれにせよ気心が知れています——二つの楽器のためのものです。二人は一緒でなければなりませんし，一つの頭でなければなりませんし，また一つの心でなければなりません。そして，これには努力と音楽家魂が必要ですし，成功するには何時間もの勉強が必要です。従ってもう一つ念を押しておかなければならないのは，伴奏者がその間待っていてくれるということです。

ソリストと聴衆

　ソリストが考慮に入れなければならない要素がもう一つあります。聴衆です。ソリストと聴衆の間に楽器が介在しているピアニストとちがって，フルート奏者は直接聴衆とかみ合っています。演奏中に聴衆を見るのは非常に興味のあること

です。ですから，照明器具や壁にとまっている蠅に向かって演奏するよりも大勢の人々に向かって演奏するのは，まずもってグッド・アイディアです。あるヴァイオリン奏者が初めてのコンチェルトを演奏する段になっていらいらしたという話があります。彼は眼を閉じ，家に帰ったような気分で演奏するよう注意されました。不幸なことに，彼は仕草の大げさな音楽家の一人で，身体が曲に合わせて踊ります。曲の途中の適当な休止のところで眼を開けた時，彼はオーケストラの方を向き，聴衆を背にしていたことに気がつきました。もし皆さんが意思疎通の線を断ち切りたいとでもいうのなら，そうしたら一番よいのでしょうが。

しかし，音楽家はただ単に見るのとは別の角度から聴衆を見なければなりません。人を楽しませることは音楽家の義務です。この言葉はこの頃なんとなく悪い意味にとられるようになりました。楽しみなんていつもは庶民のもの，たまには上流階級ののもので，いずれにせよあまり役には立たないものと思われています。でも私はこの言葉を使い続けます。楽しみは軽視すべきものではありません。私は音楽が深遠であり，心の奥底を動かし，言葉以上に物事を表現する力をもっていることを否定するものではありません。人々は音楽の講義があるからといって家庭の楽しみを捨てることはありません。人々は音楽そのものを求めてくるのです。なぜなら人々は音楽を楽しみ，音楽は人々を楽しませるからです。

ですから，みんなが聞きたい曲を演奏しようとするソリストは誰にも聞きやすい曲だけしか演奏できないわけではありません。彼は誰でも知っているクラシックの曲は全部演奏することができます。そうは言っても，いろいろな聴衆がいて普通の人達の趣味ではないものを好む人もいることを認めなければなりません。例えば，エディンバラ音楽祭の聴衆は音楽のことをよく知っている人達であるということに間違いはありません。彼等は言わばむずかしい曲でもよくわかり，知られていない曲を聞かせてもびくともしません。もっとでたらめに集められた聴衆ならば，私はコンサートの間にむずかしい曲からやさしい曲へ変えようとします。ですから，プログラムの前半にはニールセンのコンチェルトやプロコフィエフのソナタを入れて，休憩の後にはクライスラーのアンコール作品の編曲のよう

な何か非常にとっつきやすいものを続けるかも知れません。保育園の食事の場合と同じく栄養のあるものは先に，軽い料理は後ですが，両方ともその意図は人を喜ばせるためです。

　こういう場合には，私はフリッツ・クライスラーがうち立てた先例に従うことを誇りにしています。彼は今世紀最大のヴァイオリニストの一人で，ベートーヴェンのヴァイオリン協奏曲のレコードは依然として画期的な仕事ですが，彼はエンタテイナーとしての自分の役割を捨てませんでした。定期的なソナタのプログラムの後で，彼は楽しい小曲，聴衆に口笛をふきながら帰ってもらえるように自分の作曲した多くの小品をよく演奏したものです。

編曲

　私のクライスラーに対する尊敬の念はプログラム作りを越して彼がヴァイオリンのために書いた曲の編曲を演奏するまでに昂じました。私は恥知らずの編曲者で，純粋至上主義者から批判の集中砲火を少なからず浴びました。そういう人達は音楽に対して一種の官僚的アプローチをし，ある楽器のために書かれた曲を他の楽器による演奏用に編曲するといやな顔をするようです。この考え方は，すべてのものにはおさまるべき場所があり，実際に演奏するエンタテイナーがこのような整理の体系をくつがえすことはまったく許されないというのです。こういった学者的批判が見すごしているのは，編曲というものは何人かの非常に立派な巨匠たちによってなされた昔の習慣であるということです。ヴィヴァルディがまだ生きていた間に，ソロのヴァイオリンと弦楽器のために書かれた「四季」の第1楽章は，ソロ・フルートのために編曲されました。バッハはヴィヴァルディの作曲を数多く編曲しました。ヘンデルは――前にも申しましたように――気に入れ

ばどこからでも何でも編曲しました。現代になると，ラフマニノフはあの「精霊の踊り」をピアノ用に編曲し，更にその編曲のレコードを作りました。

　こういう才能をもった作曲家にできて，なぜ私達にできないのでしょうか。私の考えでは，音楽を人々に与え，人々に音楽への興味を持たせ，音楽についての知識をひろげるには，編曲はとてもよい方法です。学校にいる若い人々は大学の指導要領の中でやれと言われている退屈にちがいない曲の代りに自分達が実際に楽しめる曲を演奏しなければならないと思います。そして，それが編曲なら，まさに彼等にとって万々才です。私が悪く言われているもう一つのことは――私は全く悪いとは思っていないのですが――現代のポピュラーミュージック，例えばジョン・デンバーの歌を編曲すること，そしてこういうタイプの音楽をずっと尊敬されてきた名曲と一緒にプログラムの中に入れることです。私は弁解はしません。しかし，音楽をファイルするための整理棚を持つことはお断りです。

　編曲は音楽を多くの人々に結びつけるだけでなく，フルートのレパートリーを広げます。それはソリストにとっては大切なことです。みんな編曲を演奏しないで試験に合格しましたが，尊敬すべき昔のクラシック音楽を引き続き勉強することにきめることによって，彼等はそうしなければ与えたかもしれないすばらしい音楽を巾広い聴衆に与えませんでした。卒直に言って，たいていのフルート音楽は博物館もので，その良さよりも古さが取り柄であり，どちらかと言えば学問的には退屈で，完全に冷めたものです。私は，誰でも博物館の曲は歴史家にまかせ，何か音楽的なインスピレーションをもったものを編曲してもらう方がずっとよいと思います。

　ソリストと聴衆にとって都合のよいことに，編曲に私と同じ熱意をもっている音楽家によってたくさんの曲がフルート用にもう既に編曲されています。しかし，多くは自分で編曲しなければなりません。この場合に，まずはじめは努力目標を他の人々がやったところに置き，それらの例を学び，先に行くにつれてだんだん改善していきます。個人としては私はフルート・パートは自分でやりますが，一般的にはオーケストレーションは手伝ってもらいます。なぜならば，実際に全部

を書き尽くすことは大変な作業だからです。しかし，私は，例えば第一ヴァイオリンを一定のパッセージではフルートとだぶらせないとか，弦楽器に数小節ピッツィカートさせるとか，ときどきバスーンを入れるとかいう提案をする特権を行使します。初心者にとってはヴァイオリンのレパートリーは編曲可能な素材を探すには恰好の場所で，楽器の音の巾が同じだからです。ヴァイオリンは上行したり下行したりしますが，常に1オクターヴ上か下で編曲できます。さらに，作曲家はヴァイオリンによいメロディーをつけてくれました。

「盗んだ」と私がみんなに思われている曲が一つありますが，それはモーツァルトのクラリネット協奏曲です。実はその中のよくなるはずだと思ったわずかな部分を編曲したのです。編曲の大部分は実はモーツァルトの時代にミュラーによってなされました。ミュラーはモーツァルトの曲を出版しようとした人です。彼の理由は純粋に商売上の理由です。モーツァルトはこのコンチェルトを「バセット・クラリネット[24]」のために書きました。その楽器は彼の知人がたまたますばらしく上手に吹きました。それは当時もそれ以後もそれほど吹かれた楽器ではありません。ですから，ミュラーは自分が出版したものを売ろうと考え，この曲をクラリネット用とフルート用に編曲しました。そして彼の原稿は今日まで東ベルリンの図書館にあります。

作曲を委嘱する

一流になったソリストにとって迷惑なのは頼みもしない曲で，そういう曲は時流に乗りたい作曲家がうまくいけばと思って送りつけるものです。私自身の経験では，後世の人がなくて困るようなものはこういう経緯で私のところに届くことはまずありません。しかし，新しい音楽とのかかわりは本当の楽しみを与えてくれます。その一つは作曲家達の創造的な集まりです。いろいろな国の作曲家と仕事をすること，音楽の進歩のために彼等が何をしようとしているかを見きわめる

ことはやりがいのあることです。これを達成する方法の一つは，音楽を委嘱することです。

　私の最初の委嘱は結果的には励みになりました。私はゴドウィン・ロックスバーにモーツァルトのフルート協奏曲のカデンツァをいくつか作曲してほしいと依頼し，この曲でコンペティションに勝ちました。最近になって音楽の委嘱のマイナス面に気がつきました。まず，かたい音楽の作曲家は全体的に非常に高価です。作曲家がすわって，ただで何かを書くという時代を過ぎました。ハイドンの時代には事情は別でしたが，彼は当時のポップ・スターの一人で，彼の書いたものはレジの鈴の音をならし続けるほどよく売れると自信を持っていました。今日ではかたい曲を作曲する人は一般的にみんなにうけるような音楽は書きません。ですから，彼等は依頼を受ければ，家賃を払うためにしばしば作曲します。その結果，作曲料は高く，依頼をしようとしている人は誰でもまずどこからか経済的な援助を受けなければなりません。

　団体が芸術家に対して共同事業に参加するよう求めることが時々あります。例えば，BBCが作曲をテア・マスグレーヴに，その曲の演奏を私に依頼したことがあります。BBCの実験スタジオで私達は共同で仕事をし，フルートのための「オルフェオ1」と4チャンネル方式テープを作りました。後で音楽に合わせてバレーが振り付けられました。作曲家が誰か他の人から確実に金を払ってもらえるもう一つの場合は，催しもののための依頼です。1980年に私はアメリカの独立記念日にハリウッド・ボウルでの演奏に参加するはずでした。作曲者はジョン・コリリャーノで，フルート協奏曲を書くよう依頼され，ロバート・ブラウニングの詩「パイド・パイパー」をもとにしたアイデアを提出しました。

　想像できるかもしれませんが，このコンチェルトはフルートに目立つチャンスを与えています。すばらしい劇的効果がその魅力に加えられ，曲の終りに行くにつれて聴衆の中にあらかじめ並べられた子供達が席をはなれ，笛吹きのメロディーによって舞台の方に集められ，引き続いて舞台を去るのです。この催しの時，ジョン・コリリャーノは重い病気にかかり，仕事は延期され，1年半後にロスア

ンジェルスで初演されました。

　作曲を委嘱する場合のもう一つの問題は，一体なにが出てくるかわからないということです。作曲されたものが簡単なものかも知れませんし，ものすごくむずかしいものかも知れません。音楽的にとても良いものかも知れませんし，まあまあ普通の曲かも知れません。一時期ルービンシュタインはパリでストラヴィンスキーの世話をしていました。ストラヴィンスキーの調子のよい時でしたから，ルービンシュタインはもしかしたらお礼のプレゼントとして今世紀最高のピアノ・コンチェルトみたいな名作をくれるかも知れないと期待していました。ルービンシュタインは新しい曲を受けとりましたが，包みを開けてみてそれが彼の新曲，ピアノ・ラグ[25]だとわかってがっかりしました。それに，委嘱作品がどれだけ聴衆にアピールするかさっぱりわかりません。委嘱する前に用心するのは当然です。まず作曲家をあらかじめよく調べ，一番考えの合う作曲家に声をかけましょう。私がホアキン・ロドリーゴに「田園協奏曲」を委嘱する前にしたのはこういうことです。彼は本当にすばらしい曲を作ってくれましたが，皆さんに申しあげなければならないのはこんなむずかしい曲は他には一つもないということです。

　事の順序としてソリストの地位について最後に一言。それは競争ということです。私達フルートのソリストは弱肉強食の死にもの狂いの競争のまっただ中にいると思っているかも知れません。私の経験では，競争は起こらないのです。オーケストラの仕事に関しては答はイエスです。ソリストに関してはノーです。ソリストは自分自身の聴衆，自分自身のマーケットを作り出します。ですから，成功か失敗かはその人の能力次第で，切符を売るための他の人との競争ではありません。ソリストは他の音楽家から仕事を取り上げるのではなく，テレビのショー等での共演に呼んであげて，むしろオーケストラや仲間のために新しい仕事の機会を作ってあげるのです。努力する人には仕事は充分あるのです。

24　わが国では一般にバセット・ホルンと呼んでいます。
25　19世紀末にアメリカで作られたジャズの前身にあたるピアノ音楽。

第22章

今日のフルート，明日のフルート

　今日のフルート奏者，そして明日のフルート奏者は幸せです。仕事が非常に多方面に広がるにつれて，いろいろ多種類の演奏の場が生まれ，そのうちのいくつかはソリストを有名にもし，幸福にもし，そしてほどよい繁栄をも約束するかも知れません。

現代曲

　しかし，今日のフルート奏者そして明日のフルート奏者は，よく考えてみるとそれほど幸福とは言えません。多くの現代作曲家は，立派なフルート演奏の魅力にあきたらず，いろいろな実験をしては奏者をなやましています。私達は前衛作曲家を非難することには勿論慎重でなければなりません――結局，かつてヴェーバーはベートーベンは「もうすぐ精神病院行きだ」と言いました――が，多くの現代曲は演奏するのと同じくらい聴くのがむずかしいことは否定できません。本当にむずかしいのです。現代曲には少数の聴衆がいますが，需要が少ないために私は現代曲に興味をもたなければならないとは思いません。これは私が全く現代曲を吹かないということではありません。私は現代曲を吹きますし，その作曲の委嘱さえしますが，私はよいと思わない曲はどれ一つとして演奏しません。

しかし，皆さんと西欧の人々のためによいニュースをお伝えします。進歩的な作曲家の間にさえメロディーは戻ってくるかもしれないと私は思います。私が良しとし，演奏したいと思っている現代曲がなんらかの意味で過去の反映であることは確かです（この頃の現代曲はバブルンドスクイーク[26]を料理する時のように変な音がします）。1970年代のこういうすべての大胆な実験の目新しさはすり切れてしまい，作曲家達は現在では音楽市場が超主観的で特異体質の人々を歓迎しないこと，人間は実は田園交響曲やアイネ・クライネ・ナハトムジーク——すばらしいメロディーが一杯です——が好きなのだということがわかっていると思われます。例えばジョン・マイヤーのフルート協奏曲，マンダラ・キ・ラーガ・サンゲート（ラーガ曲集）は全く20世紀のものであり，過去の寄せ集めではなくて音楽的です。ジョン・マイヤーはインド人で，以前カルカッタにいた時に，乞食が昔からの物乞いの歌をうたうのを聞きました。彼はすぐにそのふしを書きとめ，一つのテーマにもとづく変奏曲の形にしました。私はこういう風に音楽を過去にむすびつけることが好きです。新しい創造であっても根のない創造ではないからです。

　ですから，私は，フルートは大勢の人々をまだ魅了し，感動させることができるすばらしい表現力と美しさをもつ楽器であるという作曲家達の再発見にある程度私の将来への期待をかけています。

録音

そうは言っても、エレクトロニクス革命が去ってしまうわけではありませんし、エレクトロニクスが可能ならしめた新しいことがすべてフルートに向くとは限りません。凝った作業についてはあとで触れることにしましょう。さしあたり最も確立した電気的方法、直接録音する方法から始めましょう。

考えてみると、レコードというのは全く驚くべきものです。一般的にレコードはもう生活の一部になっているので、どう驚くべきものなのかということなど私達は考えもしません。ちょっとの間この奇跡のことを考えてほしいと思います。人間の魂が感じたものが録音できるようです。例えば私のヒロイン、マリヤ・カラスはこの世を去りましたが、彼女の声は蓄音機のレコードで依然として聴く人の涙をさそう力をもっています。一体なにが録音されているのでしょうか。彼女の声だけなのでしょうか。何かもっと他のものがあるのでしょうか。

レコードでさえあれば、それはスタジオの状態をそのまま残します。おそらくライブ・コンサートの興奮に匹敵しうるものはありえませんが、録音は死んでいるどころではありません。聴く人のために演奏するというのは生きた催しで、レコードのために演奏するのは偉大な購買層と後世の人々のためにタイム・カプセルに入れられる催しなのです。とにかくこれこそ私がやりたい方法です。私はこの点について私なりの経験をもっています。ベルリン・フィルは録音の組み立てラインのようなもので、流れていない時はありません。この頃私は一つの録音が例えば一つの演奏旅行のために準備された曲からできるようにアレンジするようにしています。ですから、スタジオに入る前に練習とリハーサルは言うまでもなく、おそらく10回の演奏は自分のものにしておきます。その程度の準備をしておけば、当日すぐに仕事をすますことができます。

私自身は録音をすべて自分でチェックするわけではありません。録音の再生を聞くまでもなく、ここは良かった、あそこは悪かったということがわかります。一曲を2回も3回もやってみることができるのはレコード音楽の決定的な利点で

す。もっとよいことは実際には存在しなかった納得のいく演奏を作るためにこのテープからちょっと，あのテープからちょっととよい部分をつなぎ合わせることができることです。そこには冷静な思慮が存在します。私が録音をとる時には，「ああ，そこは駄目だ」と心では思いながら，この録音をレコードに使いたいと思うこともあります。百パーセント完全であるよりもっと大切だと思われる何か他の性格，何かひらめき，つまり生きる喜びがそこにあるからです。完璧をめざして想像以上に録音をとる音楽家がいます。私はどんなものでも2回の録音で充分だと思います。レコードができあがったら，私はもう二度と録音は聞きません。

録音テープと演奏する

　録音は音楽をただ大量にコピーして提供する方法であるという考え方からそれは本来音楽技術であるという考え方に移ってきました。録音は，例えば伴奏としての室内オーケストラやピアノをソロの楽器に代えます。作曲家の心をひくのは，テープ音楽とシンセサイザーによって作曲家が手にした宇宙時代のあらゆる種類の音を創り出す神のような力です。フルートとヴァイオリンに限定される代りに彼等はフルートとヴァイオリンを録音し，それを電子的に処理し，何だかわからないようなものに変えてしまうことが非常にしばしばあります。前にBBCがテア・マスグレーヴに作曲を委嘱し，こういう原理にもとづく演奏を私に依頼した曲のことを話しました。もう一度は，私がフルートとテープ・レコーダーのための曲を演奏しましたが，その結果はさほど喜ぶべきものではありませんでした。

　問題は，これがライブ・コンサートで，いろいろな二重録音のチャンスがなかったという点にありました。その時の曲はラザロフ作曲の「カデンツV」でした。舞台はベルリンでした。コンサートの前に私は二階にいた私の隣人と完璧に練習しました。彼はすごくいい男で，楽譜を読むことはできせんが，テープ・レコー

ダーを操作することができ，一緒にやっているうちにいつそれを廻すべきかがわかりました。演奏の時がきました。私はきしむような音を二つ三つ出しました。この合図で彼は自分の仕事を始めるのです。何も起こりません。私は先へ進みました。依然として何も起こりません。なおも忙しく吹き続けながら振り向いて横目で見ると，私の友人が舞台のそでからＳＯＳの身振りをしていました。そこで私は吹くのをやめて「皆さん，幕のうしろで準備ができるまで何か昔の曲を吹くしかありません」と言いました。

この時の技術的な故障は掃除のおばさんの子供が原因でした。テープ・レコーダーは午後のコンサート用にスイッチを入れるまでにしておきました。そこへそのおばさんと子供が入ってきて，子供がスイッチを廻したのです。そのスイッチというのはキャプスタンを操作するものです。舞台のそでにいた私の友人はオン・オフ・ボタンを気も狂わんばかりに廻しました。彼はエンジンの廻っているのを耳にしましたが，キャプスタンは全く廻らず，それ故テープも全く廻りませんでした。

私に電子音楽を評価できなかったのはこんな経験からです。電子音楽が多かれ少なかれ人の心に訴えかけ興味をそそる場合でも，うまくいかないことが多すぎます。またお金の問題もあります。私が自分とテープ・レコーダーにかけたお金は莫大とは言ってもそれ程ではありませんでしたが，この頃ポピュラー音楽に用いられる音響増幅空間といったようなものを作るには本当に巨額の金が必要になりました。以前私は一人のフォーク・シンガーに会いましたが，その舞台は彼女自身とギターだけでした。吟遊詩人のように彼女は身軽に旅行しなければならないのだというのが私の観察でした。「そうは思いませんか」と彼女は答えました。「舞台の組み立てと取り壊し，照明と音響増幅，そしてこういう装置の運搬は一晩で何千ポンドにもなりました」皆さんはひともうけしてこういう費用をまかなわなければなりません。

音の電子的処理の窮極的な姿は，パリのポンピドー・センター付属の音響・音楽研究所に見出されます。この研究所は，無粋にも頭文字をとってイルカム[27]で知

られています。ここでは作曲家が演奏家，技術者と並んでコンピューターの端子，デジタルの記録装置，音を作って変化させるための複雑な考案の山のなかで仕事をしています。この研究所は今では音楽室にかわっています。イルカムが1970年代の初めに登場した時にはいろいろ大げさなことが言われました。簡単に言えば音楽の感覚を変えるという約束でした。これまでこの約束は果たされていません。おそらくコンピューターのわかる音楽家が非常に少ないからでしょう。イルカムは極めて高度なスタジオですが，電子音楽のスタジオにもなりました。それは創造的ではないと言ってしまうには時期尚早ですが，メロディーが戻りつつあるという私の予言があたるかどうか，ポンピドー・センターでの底抜け騒ぎが将来と大いに関係があるかどうかを見るのは興味深いことです。私の考えははっきりしています。

最新の考案

　エレクトロニクスのおかげで私達の先祖が夢にも思わなかったような方法でフルートを用いることができるようになりました。根本的にはこの考案は上述のようにして取り扱う電子マイク，アンプ，テープです。こういう考案が与える技術の魅力は主として進歩的なジャズとか進歩的で多種多様なクラシック音楽の実験的音楽家が感ずるものです。すぐにではないにしてもやがてはこういうスタイルの音楽に出くわすと思います。

　電子的に作られる効果の一つはプレイバックです。アンプの中の反響装置によって皆さんが演奏するものは何でも1秒かその何分の一かですぐにプレイバックされ，こうしてエコーを響きの中に入れ，もう一つ別な側面を与えます。

　しかし，マイクロフォンは依然として問題です。マイクロフォンはフルートのスタンダードなレパートリーの直接的な録音には向きません。なぜならば，こう

いう場合，録音されているのはスタジオやコンサート・ホールの中の響きだからです。しかし，実験的な音楽のためには，フルートは直接マイクロフォンに向かって演奏します。こういう経験をすると，フルートにマイクロフォンを使うのがいかにむずかしいかということがわかります。この理由は楽器が演奏される方法にあります。オーボエやクラリネットの奏者とちがってフルート奏者は楽器の中に全部の空気を吹き込むわけではなく，その一部はエッジのところから外へそれます。そして，普通の演奏では耳には入らない外部のノイズをある程度電子マイクロフォンがとり込んでしまいます。その上低音は高音とはフルートの別の部分から出ます。従って，このようにほほ－あご－マイクロフォンが接近している場合にはマイクロフォンに完全無欠の位置はありません。静かに立っていたところで同じです。もし6インチも動けば，マイクロフォンのピック・アップは全く変わります。有名なアメリカのジャズ・フルート奏者ヒューバート・ローズは最新の考案に賛成しています。最近会った時，彼は頭部管にミニ電子マイクをつけて実験していました。そのマイクは口の上にとび出していて，身体の動きと共に動きます。

　おそらくデジタル録音は外部のノイズの問題を解決するでしょう。デジタル録音は音を数字に変え，ぶつかる音，引っかく音，せき，ちぇっという自嘲の言葉，おそらく外部のしっという制止の音を示す余計な数字をどれも母型上の総計から取り除くことができます。デジタル録音処理をした昔のレコードは新しいものと同じくらいよくできています。

　しかし，やむをえずすることを進んでするかのような顔をし，漏れる空気のシューというかすかな音を演奏の構成部分として実際に使う奏者がいます。外部のノイズをフルート本来の音と一緒に演奏するのは彼等の好む技巧です。

　エレクトロニクスの助けをかりて達成しなければならない気のきいたトリックはいろいろたくさんあります。奏者の中には吹きながら歌う者もいます。口笛を吹く者もいます。ホイッスル・トーンを出すには歌口の両側にスコッチ・テープをはりつけます。実際にはフルートを吹かずにマイクロフォンに向かって非常に

大きいホイッスル風のノイズを出すことができます。また他の人は——同じ人が別の機会にやったことかも知れませんが——キーをかちっとならします。この技法では，衝撃の増幅された響きが音符の音です。打楽器としてフルートを使っているのです。また，頭部管を抜き，開口部から息を吹き込み，ハミングし，歌い，口笛を吹くこともできます。また，結果は大したことにはならないと私は思いますが，指をただ頭部管の中に入れたり出したりします。きれいな音のためにフルートを働かせる以外に実際にはフルートを使って今日は何でも可能という気がします。

こういう実験のためにはすべて増幅が必要です。増幅という問題は煎じつめると基本的にはどのくらい金をかければよいのかという問題になります。安いアンプを買えば，フルートは大きな音がします。本当に高いアンプを買えば，フルートを美しく響かせることもできます。最善のものを買う余裕がないからといって最悪のものに金をかけるのはやはり考えものです。私は普通の親がポピュラー音楽を好きになれない理由の四分の三は普通のアンプが非常によくないことにあると思います。

循環呼吸

クラシック音楽はフルート奏者の呼吸組識を——たとえ必ずしも充分ではないにしても——見越しています。通常ブレスための自然の空間があり，練習をしてどたん場で真空掃除器のような音を出さないよう勉強します。しかし，その他の種類の音楽は，昔のものも今のものも，この点を全く考慮に入れていません。ここで取りあげる技術はいわゆる「循環呼吸法」換言すれば「連続呼吸法」です。

ガラス職人がこの呼吸法を用い，オーストラリアの原住民がディジャリドゥー

を演奏するために用います。また，インドのフルート奏者も用います。インドの楽団の低音はいろいろな他のフルートの伴奏をしながらおそらく3時間は一つの音を続け，休みなしにずっと息をしなければなりません。ジャズ・プレーヤーはこの技術を西部に流行させました。例えばヒューバート・ローズは息をとらないで5分間驚くほど優雅に吹き続けることができます。どうやるのでしょうか。

簡単にはできませんというのが本当の答です。循環呼吸法は息を吐くのと息を吸うのを同時にしなければなりません。人間の呼吸器官はこういう離れわざをするようにはできていませんし，従ってそれをものにするには工夫と練習が必要です。どういう考え方かと言いますと，鼻から息を吸いながら一方で口から息を出すということです。どんなにむずかしいかやってみましょう。そうすれば，ガラス職人，ディジャリドゥー奏者等に対して新たに全幅の尊敬を払うでしょう。自然にさからって働かせるよう訓練する一般的方法は，水を一杯とストローを手にし，ストローから息を出して泡を出す一方鼻から息を吸ってみることです。

循環呼吸法の実際の正面きってのこういう方法がうまくできなければ，もう一つの方法があります。一定量の息をほほの中にため，このため息を吐くのに使う一方鼻から急激に息を吸い込みます。それからこの息は再び補充され，必要ならずっと続けます。しかし，この技術も容易ではありません。どちらの方法もうまくできない人の場合には，同時におこなう「吸う」と「吐く」の間にちゅうちゅうとかごろごろという音が聞かれるかもしれません。

循環呼吸は，必要でない曲のために使うと変な響きになり，聴衆に不快感を与えます。聴衆はこのトリックがなくなるのを待ち続けます。しかし，この種の緊張感が役に立つこともときにはあります。ヒューバート・ローズが循環呼吸法のすばらしい妙技を見せてくれるだけでなく，半音上へスライドさせて非常にゆっくり音をずらすライブ・コンサートのレコードがあります。その循環呼吸はとても上手で，緊張感があり，非常に長く続くので，遂に多くの聴衆がもうこれ以上がまんできずに「助けてくれ」とか「あーあ」とか何とか他の感嘆の言葉を叫ばずにはいられません。

フルートは進歩する

　私達は楽器に始まり，楽器に終ななければならないと思います。

　フルートの水準が最近飛躍的に進歩したこと，その進歩はイギリスのアルバート・クーパー——前にクーパーに関する章があります——のお蔭によるところが大きいことに問題はありません。1960年代にはウィリアム・ベネットと私達数人の奏者が実際にクーパーの楽器を演奏し，その楽器をもち歩き，それが当時手に入る他のどの楽器よりも優秀であることを実証し，間違いないことを一般に知らせました。企業の発展を望んでいた他の楽器メーカー，特に日本のメーカーがこの機会をとらえました。

　クーパーとその弟子達によってこのフルートの進歩は事実上限界に達しました。仕事のためにこのフルートは現在あるレパートリーをこなすのに必要です。それは本当に最高のフルートです。しかし，前にも述べましたように，仕事の種類はますます増えます。新しい要求には新しいフルートがデザインされなければならないでしょう。

　新しい仕事の内容に対して新しいフルートを作るという今日の試みの一つはロバート・ディックによってなされつつあります。彼は，現在の楽器では卒直に言って全くうまくいかない複合音やダブル・ストッピングを演奏できる楽器を開発中です。ロバート・ディックが特別に作ったフルートではダブル・ストッピングがより簡単にでき，音程もずっとすぐれています。

　私はそれを見たいのですが，標準的なフルートを技術的に改良した点が一つあります。それはキーにつける一層良質のパッドです。皆さんのなかにはもう気がついている方がいるかもしれませんが，これまでのパッドはフェルトとスキンでできているので，環境の変化に敏感で，湿気や空気の乾燥にしたがって膨脹したり収縮したりして，すこしずれて完全にホールを閉じないことが時々あります。ですから，今こそ誰か天才が良質の人工プラスチック・パッドを考案して実際に使う時なのです。始めてみて下さい，発明家の皆さん。

一層良質のパッドがついているにせよいないにせよ，フルートには未来がひらけていて，その過去と同じ様に生き生きとして変化に富み，興味深いものであることを約束できます。

　私達がもっているフルートは常にポピュラーな楽器で，一般大衆がおそらくいつも気づいているよりもずっとポピュラーな楽器でした。気が変って他の道に進むまで，そこにはいつもフルートを習う子供達，まさに子供の大群がいます。フルートは魅力的な楽器です。他の楽器よりも簡単に技術を身につけることができるだけでなく，これほど柔軟性に富み，多様性のある楽器はほとんどないからです。

　おそらく過去において今日ほどフルートが一般の関心を集めたことはありません。たまたま放送局を動かしている人々の好みが他の楽器奏者よりもピアノやヴァイオリンの奏者の肩をもつ傾向がありました。クラシック音楽のプログラムにヴァイオリンとピアノが充満したのはその結果です。しかし，クラシック・ファンは落ち目になりましたが，ジャズの爆発的な世界が1950年頃からのび始めました。次にフルートの神秘的側面がヒンズー教や仏教の哲学とむすびついて，近年多くの人々の心を把え始めました。同時にキーが一つのフルートやバロック・フルートのような初期の楽器がその楽器のために作られた曲を演奏するために博物館から引っぱり出されました。こういう初期のフルートによる演奏にはこの頃本当にすばらしいものがあります。

　このようにしてフルートはいくつかの道にわかれました。皆さんがどの道を歩もうと，そこには音楽があります。そして，その向こうにはきっと聴衆がいるでしょう。ところが，重要なことは，クラシックを演奏するにせよジャズを演奏するにせよ，ロマンティックなものを演奏するにせよ実験的なものを演奏するにせよ，バロック音楽を演奏するにせよインドの音楽を演奏するにせよ，それに楽しみを感ずることです。皆さんが今のところそんなにうまくなくても，このことは通用します。フルートを楽しみましょう。

レコード目録とレパートリー

　このシリーズの本は全部レパートリーのリストとレコード目録で終っています。フルート音楽を見つけるには図書館が最適の場所ですが，かなり完全なリストが必要なら，フランス・フェスターのカタログを見るとよいでしょう。これは包括的で優秀です。

　現在出ているグラモフォンやシュヴァンのカタログを見ると，どんなフルートのレコードが入手可能かがわかりますので，ここにそれをリスト・アップする必要はありません。すばらしくて興味深いフルートのレコードがたくさん製作されています。それらを聴いてその音楽的価値を決めるのは皆さんにおまかせします。しかし，私は村松楽器販売株式会社によって編集された箱入りの「巨匠マルセル モイーズレコード大全集」を購入することをお薦めします。

　最も重要なのは，マリア・カラス，ヤシャ・ハイフェッツ，ヴラディミル・ホロヴィッツ，アルトゥール・ルービンシュタインのレコードを片っぱしから聴くことだと思います。ここに挙げたのはあらゆる時代の偉大な音楽家のうちの四人です。私自身は彼等のレコードを聴いて測り知れないほど多くの音楽的洞察力を身につけました。本当の喜びを経験したことは言うまでもありません。

26　bubble and squeak　ジャガイモや野菜を肉とともにいためた料理。この料理を作る時に出る音からその名がつけられた。

27　Institute de Recherche et Coordination Acoustique /Musique

索引

アウロス　17
アグリーコラ
　「ドイツの器楽」　23
アーティキュレーション　145, 148
　アタック　149～
　ダブル・タンギング　146～
　タンギング　145
　ゆっくりした楽章を演奏する　151～
　レガート　147
アンブシュール　104～, 107～, 141
　-からの空気の流れ　109～, 123
　-のための筋肉　106
　唇を柔軟にするためのエクササイズ　123
　低音と高音のための-　124
　実地に試す　108
イギリス・チェインバー・オーケストラ　242
イーストマン音楽学校　247
イーストマン，ジョージ　247
一銭笛　18
イベールのコンチェルト　100
ヴァイデマン，カール・フレデリック　31
ヴィヴァルディ
　「四季」　194, 261
　フルートのための曲　50
ヴァーグナー，リヒャルト　17
ヴァルター，ブルーノ　231
ヴィケンズ，デレク　231
ヴィブラート　129～, 219
ヴィルドゥング，セバスティアン
　「ドイツ語による音楽の書」　22
ウィルビー，ジョン　28
ヴィーン・フィル　219

ヴェーバー
　フルートとオーケストラのための「ロマンツァとシチリアーナ」　62
　ベートーヴェンについて　266
ヴェンドリング，ヨーハン・バプティスト　51
エステルハージ　52
エチュード　159～
　上級の生徒のための-　162～
　初心者のための-　161～
エリザベス一世
　フルートおよびリコーダー奏者　27
エディンバラ音楽祭　260
オーケストラのフルート演奏　218～
　オーディション　221
　-の実際　227
　-のスタイル　219～
　技術的に上達する　220
　ピッコロとアルト・フルートの演奏　239
　必要なレパートリー　221
オットテール・ル・ロマン（ジャック・マルタン）　38～, 61
　1707年版の教則本からの図　38, 39
　フルート演奏　38
　「横型フルートの原理」　38
音　118, 121
　ヴィブラート　129～
　唇の柔軟性　121～
　色彩　120
　柔軟性　121
　スピード（運指）　121
　ピアニッシモとフォルティッシモの演奏

126〜
　表現力　118〜
　母音によるエクササイズ　121〜
オルフ，カール
　「教育作品」　66
音響・音楽研究所，パリ　270
過去のコンサート協会　65
カラス，マリア　215, 268
　ヴィブラート　129
カラヤン，ヘルベルト・フォン　231〜, 233
ガントレット，アンブローズ　244
キットソン家，ケングローヴ・ホール
　所蔵のリコーダーとフルート　27
ギルバート，ジェフリー　117, 232
クヴァンツ，ヨハン・ヨアヒム
　音楽歴　41〜
　バッハのオルガン演奏を聴く　186
　ビュッファルダンに学ぶ　42〜
　フルートの改良　41, 43〜
　フルート協奏曲　43, 50
　フルートの製作　44
　フルートに関する教則本　45, 190
　フレデリック大王との関係　42〜
グノーの「アヴェ・マリア」　148
クーパー，アルバート　67, 82, 154, 155, 274
　オープン・ホールのフルート　72〜, 76
　同じサイズのホールのフルート　69〜
　グラフとカバード・ホールのフルート　71 76
　頭部管　74〜, 77
　フルートの製作　68〜
　フルートとその最高の金属　77
クープラン，フランソワ
　「クラヴサン奏法」　190
クライスラー，フリッツ　211, 260〜

グラモフォン・カタログ　277
クリーヴランド交響楽団　231
グルックのオルフェオ　261
　「精霊の踊り」　179, 199〜, 261
クレンペラー，オットー　231, 259
クロス・フィンガリング　24〜
芸術協議会　243
現代曲　266〜
コシュの「メソード」　58
ゴードンのフルートの図　58
コッホ，ローター　206
ゴードン，ウィリアム　57〜
　フルートのデザイン　58
コリリャーノ，ジョン　264
ザイフェルト，マックス　66
サージェント卿，マルコム　232
サドラーズ・ウェルズ・オペラ・オーケストラ　224
サン＝サーンス，カミーユ
　「動物の謝肉祭」の「白鳥」　148, 179
シカゴ交響楽団　219
指揮者　231〜, 256〜
室内楽
　－から得られるもの　244〜
　団結心　241〜
　レパートリー　243
シュヴァン・カタログ　277
シューバルト，C. F. D.　31
シューベルト
　フルートとピアノのための「主題と変奏」　62, 201, 205〜
シューマン，ローベルト
　「トロイメライ」　179
ショパン　33
　「ノクターン・変ホ長調」　179
ジョルスン，アル　211

279

シリンクス 16
スカルラッティ, アレッサンドロ 42
スタジオ演奏 246〜
  初見演奏能力の必要性 248
  二つ目の楽器の必要性 248
  ポピュラー音楽 246〜
  録音 249〜
ストラヴィンスキー, イーゴル
  ピアノ・ラグ 265
セル, ジョージ 231
ソロ
  オーケストラと演奏する 256
  主なソロ曲 196
  作曲を委嘱する 263
  神経過敏になる 254
  伴奏者と演奏する 258
  編曲 261
タファネル=ゴーベール
  「17の毎日のエクササイズ」 101, 115, 175, 178
タファネル, ポール 65
チマローザ, ドメニコ
  「2本のフルートのための協奏曲」 246
ディドロー(ダランベール)百科全書
  バス・フルート 46
  フルートの図 40, 46
テイラー, リチャード 237
テレマン, ゲオルク・フィリップ 33
  装飾つきのソナタ 191〜
  「方法的ソナタ集」 190
  リコーダーのための音楽 31
電子音楽 269〜
  トリック 272
  プレイバック 271〜
デンバー, ジョン 262
トスカニーニ, アルトゥーロ 232

ドップラー, カール 65
ドニゼッティ
  「ラメルモールのルチア」の中のフルート 63
ドビュッシー
  「牧神の午後」 64, 150〜, 179
  「シリンクス」 64, 179, 197〜, 200
  「トリオ」 243
トルニエール
  ド・ラ・バルと音楽家達 34
ドルメッチ, アーノルド
  ヘイズルミア音楽祭 66
  リコーダーの復興 32, 66
トロムリッツ, ヨーハン・ゲオルク 57
  フルートの改善 48〜
ドーン, ミュリエル 117
ニコルソン, チャールズ 59
ニードル・スプリング 61
ハイドン 264
  「交響曲・第6, 7, 8, 54番」 52
  交響曲の中でのフルートの使用 52〜
  「時計交響曲」(第101番) 52〜
  フルートのためのソナタ 50
ハイフェッツ, ヤシャ 215,
  ヴィブラートの使用 129
パーセル, ヘンリー 21
バッハ, ヨーハン・ゼバスティアン 28, 152, 188
  イ短調パルティータ 40, 50, 182
  演奏中のアーティキュレーション 185
  演奏中の呼吸 183〜
  テンポ 186
  室内楽 243
  バッハ音楽演奏の色づけ 184
  バッハのオルガン演奏 186〜
  バッハ音楽の演奏 182〜

バッハはフルートかリコーダーかを指
　定した　22〜
　バッハの編曲　261
　ブランデンブルク協奏曲，第2，4，5番
　　30,50
　「マタイ受難曲」　29
　　リコーダーの使用　30
　「ロ短調組曲」　50,22 75
バーニー，チャールズ
　フルートとリコーダーを混同した　22
　木管楽器のイントネーションについて　38
ハムレット
　「ハムレット」の中のリコーダー　21
ハーラン，ペーター　66
ハリウッド・ボウル　263
パリ・コンセルヴァトワール
　音階の練習　137
バロック音楽　188〜
　簡単な旋律の装飾　189〜
　規則　190〜
　作曲家　189
パンパイプ　→シリンクス
ビショップ，サー・ヘンリー
　「おお，聴け，ひばりを」　62
ビーチャム，サー・トーマス　232
ピッチ
　移調　157〜
　ピッチ感をみがく　155〜
　問題点　44,154〜
ビュファルダン，ピエール・ガブリエル
　40,182
　クヴァンツを教える　42〜
ビュッフェ，オーギュスト
　「ニードル・スプリング」を発明する　61
ビー・ビー・シー
　テア・マスグレーヴに作曲を委嘱する

264, 269
フィッシャー＝ディースカウ，ディートリヒ
　208
フィップル　16
　－の発明　23
フェスター，フランス
　フルート作品のカタログ　277
フェリアー，キャスリーン　200
フォーレ，ガブリエル
　フルートのための「ファンタジー」　149
ブライマー，ジャック　232
フラジオレット（フィップル・フルート）
　16〜，18
フランシス，ジョン　117, 212, 244
フランツ，アルバート　65
ブリュッヘン，フランツ　191
フリュリー，ルイ　65
ブルゴーニュ王国の公爵，フィリップ
　リコーダーの四重奏を聴く　27
ブルック，グウィディオン　232
フルート　15〜
　アルト　239
　イント・ネーション　37〜,49
　インドのフルート　18,147
　円錐型の穴の発展　36
　オープン・ホールのフルート　72〜,76
　同じ大きさのホールのフルート　69〜
　温度の問題　81
　クーパーのグラフとカバード・ホールのフ
　ルート　71,76
　古代世界におけるフルート　17
　19世紀におけるフルート音楽　61〜
　17, 18世紀フランスにおける進歩　35〜
　掃除　78
　大切に保管する　78
　頭部管　74〜,77

取り扱い　79
日本のフルート　19
バス　240
バッハからベートーヴェンに至るレパートリー　50～
バロック音楽におけるフルート　188～
バロック・フルートの断面図　37
－のケース　79～
－の材質　37，68，77
－の修理　81～
－の進歩　275～
補助キー　46～
保守　78～
民俗フルート　18～
横型フルート　16，20
ヨーロッパにおける発展　19～，33～
リコーダーとの比較　33～
レコード目録　277
レパートリー・カタログ　277
フルトヴェングラー，ヴィルヘルム　231
フルート演奏　216～
　運指表　113
　音を組み合わせる　114～
　主なフルート・ソロ曲　196～
　唇　104～，109～
　呼吸　87～，91～
　呼吸のタイプ　94～
　呼吸の練習　95～
　腰かけた時の姿勢　90
　腰かける　89～
　最初の音を作る　108～
　しっかり立つ　88～
　循環呼吸　273～
　立った時の姿勢　86～
　タッチをみがく　178
　手の置き方　101～

2番目の音を作る　112
はきよい靴の重要性　85～
ピアノと一緒に吹く　200
フルートの持ち方　97～，115
フレデリック大王　41，186
　クヴァンツとの関係　42～
　フルート奏者としての－　43～
ベーカー，ジュリアス　213
ベートーヴェン　265
　「ヴァイオリン協奏曲」　212，261
　「エグモント序曲」　56
　「交響曲・第9番」　56
　「交響曲・第5番」　56
　「交響曲・第8番」　242
　「交響曲・第4番」　233
　「交響曲・第6番」（田園）56，267
　「皇帝協奏曲」　149
　「セレナーデ」　56
　「ピアノ・ソナタ，作品31-3」56
　フルートの使用　56
　「レオノーラ序曲」　177
ベネット，ウィリアム　213，224，275
ペピーズ，サミュエル
　フラジオレットを吹く　28
　リコーダーを買う　21，28
ベーム，テオバルト　24，49，58，71～
　ウィリアム・ゴードンに会う　58～
　音楽歴　59
　1850年パリの博覧会で授賞　61
　「パテント・フルート」　59～
　フルートの音響的計算　59～，60～
　フルート・メーカー，改良者　59～
ベルリオーズ
　「近代楽器法および管弦楽法論」　57
　フルートの完成について　57，58
ベルリン・フィル　150，206，219，229，

235〜, 268
ヘンデル　42, 50　188
　「アチスとガラテア」　30
　フルートかリコーダーかを指示した　22, 30
　編曲　261
　「ラルゴ」　128, 148
　リコーダーについて　30
ヘンリー8世　28
　所蔵のリコーダーとフルート　27, 33
ホーキンス, サー・ジョン
　オットテール・ル・ロマンについて　39
　「音楽学と演奏の歴史概説」　31
　ジャーマン・フルートについて　37
ボリングブローク, ヘンリー
　家政報告中のリコーダー　21, 23
マイヤー, ジョン
　「マンダラ・キ・ラガ・サンゲート」　267
マクドナ, テレンス　232
マスグレーヴ, テア
　「オルフェオⅠ」　264, 269
マーラー, グスタフ
　「一千人の交響曲」　241
マルティヌー, ボフスラフ
　「ソナタ」　201, 202〜
村松フルート
　ショールーム　82
　モイーズのレコード　277
メニューイン, ユーディ　11, 212
メルセンヌ, マラン
　「宇宙の調和」　35
　横型フルート　35
モイーズ, マルセル　65, 212
　「いかにして私は自分のフォームを維持できたか」　168
　「解釈による音の発展」　169, 171〜

「技術的なエチュードとエクササイズ」　163, 165
「グラン・リエイゾン」　175
「スケールとアルペジオ」　169
「ソノリテ」　163〜, 166, 176
「25の旋律的なエチュード」　175
「フルートの初心者」　161
「毎日のエクササイズ」　163, 168, 169
　- が考えたエクササイズ　164〜
　- のレコード　277
モーツァルト
　「アイネ・クライネ・ナハトムジーク」　267
　ヴェンドリングについて　51〜
　「クラリネット協奏曲」　263
　「ジュピター交響曲」　55
　「ト短調交響曲」　55
　「フルートとハープのための協奏曲」　51, 178, 243
　フルートに対する姿勢　37
　フルートのための音楽　51
　「ホ短調交響曲(第39番)」　55
　「リンツ交響曲(第36番)」　55
モーリー, トーマス
　コンソート・レッスン　33
　旋律　27
　「ブロークン・コンソート」のための音楽　33
モル, フィリップ　258
ラヴェル, モーリス
　「ダフニスとクロエ」　152
ラザロフの「カデンツⅤ」　269
ラフマニノフ
　編曲者としての-　261
ランパル, ジャン・ピエール　213
リコーダー　16, 20

283

コンソート 25〜
17, 18世紀の衰退 28, 31
16世紀のタイプ 25
初期における所有者 21
初期における名称の混乱 21〜
20世紀の作曲者 67
20世紀の復興 31, 66〜
リスト, フランツ
　「愛の夢」 179
リュリ, ジャン・バティスト
　「愛の勝利」の中にフルートを入れる 35
ルイエ, ジャン・バティスト 31〜,
　リコーダーについて 31
ルイ14世 39
ルーダルとローズ 58
ルーダル・カルテ・アンド・カンパニー 68
ルービンシュタイン, アルトゥール 179,
　226,
　ストラヴィンスキーからピアノ・ラグをもらう 265
レコード
　レコードから学ぶ 212〜
　-でフルート奏者を比較する 213〜
　-目録 213
レーヌ, クレオ 250
練習 133〜, 235
　-内容 135〜
ロー, ルイ 73, 74
ロイヤル・フィルハーモニック・オーケストラ 231〜
録音 268
　マイクロフォンの問題 272
　デジタル録音 272
ローズ, ヒューバート 104, 272, 274
ロックスバー, エドウィン 264
ロドリーゴ, ホアキン

「田園協奏曲」 265
ローラン, ジョルジュ 204
ロンドン交響楽団 237

訳者あとがき

　本書は James Galway, Flute (1982) の全訳です。卒直に言って半世紀にも及ぶ私のフルート人生のなかでこれほどフルートとその音楽に対する限りなき情熱を吐露した本を読んだことはありません。演奏旅行に世界を廻るゴールウェイを駆り立てて本書の執筆に向かわせたものはこの情熱であり，更には後進のフルート奏者への深い愛情であったにちがいありません。

　ゴールウェイは「音楽は言葉だ」と言っています。ただ音を出しても音楽は生まれません。音楽家が楽器によってなにかを表現することによって音は音楽に生まれかわるのです。彼が音楽を通して表現しようとしたのは人間そのものでした。そのために演奏家はなにをなすべきかという問題を彼は技術，解釈の面から，そしていわゆる処世の面から，興味深い話題をまぜながら極めて親切に解明していきます。

　本書の魅力となっているもう一つの側面は，現在第一線で活躍している演奏家ゴールウェイの極めて現代的な，極めて実践的，行動的な考え方が卒直に語られているという点です。フルートの録音とマイクロフォンの問題はほんの一例ですが，私を長年なやまし続けたこの問題に対して彼はエレクトロニクスの技術にも目を向けながら実に今日的なアプローチをしています（ヴィルヘルム・シュヒターさん——N響の指揮者です——が放送のための録音の際にマイクの位置設定に時間をたっぷりかけて本番の演奏会での響きにあくまでも近づけようと努力なされたことがあらためて思い出されます）。

　言葉なき音楽が氾濫している今日ぐらいゴールウェイの音楽が要求される時代はありません。彼は初心者のような素直さをもって「私はフルートがうまくなりたいのです」と語っています。そのために今でもなお懸命の努力を続けるゴール

ウェイの姿を本書のどの頁にも見ることができます。ゴールウェイ同様フルートがうまくなりたい私達にとって本書は決して無視することのできない本です。

　最後になりましたが，本書の翻訳にあたっては長年イギリス等に住み，オックスフォード大学のサマヴィル・カレッジの大学院で音楽学を勉強している古新居由紀さんにいろいろお世話になりました。ネイティブ・スピーカーとしての語学力と音楽的知識をもって度重なる質問に答えてくれた彼女の好意に心から感謝します。

昭和60年8月

訳者略歴

昭和13年，慶応義塾大学法学部法律学科卒業。フルートを山口正男，春日嘉藤治，平林広志に師事。昭和30年，チューリッヒおよびウィーンに留学，アンドレ・ジョネおよびハンス・レツニチェックに師事。昭和47年より4年間毎年マルセル・モイーズ特別講習会に客員として招待される。昭和49年，54年，ミュンヘン国際音楽コンクール審査員。昭和51年，NHK第27回放送文化賞授賞。昭和59年，ライプツィッヒのバッハ国際音楽コンクール審査員。元NHK交響楽団主席フルート奏者。現在，東京芸術大学名誉教授，日本フルート協会会長。
著書：「フルートと私」，「フルート教本―演奏の原則，練習法，楽曲分析のために」，フルート名曲集その他。
レコード：モーツァルト「フルート協奏曲第二番」 尾高尚忠「フルート協奏曲」他

フルートを語る

著 者	ジェームズ・ゴールウェイ
訳 者	吉田雅夫
発 行	1985年9月
発行者	南谷周三郎
発行所	株式会社シンフォニア
	103東京都中央区日本橋蛎殻町 1-30-4
	TEL (03)3669-4966 FAX (03)3664-3170
	不良品は御取り替えいたします